에듀윌과 함께 시작하면,
당신도 합격할 수 있습니다!

자소서와 면접, NCS와 직무적성검사의 차이점이 궁금한
취준을 처음 접하는 취린이

대학 졸업을 앞두고 취업을 위해 바쁜 시간을 쪼개며
채용시험을 준비하는 취준생

내가 하고 싶은 일을 다시 찾기 위해
회사생활과 병행하며 재취업을 준비하는 이직러

누구나 합격할 수 있습니다.
이루겠다는 '목표' 하나면 충분합니다.

마지막 페이지를 덮으면,

**에듀윌과 함께
취업 합격이 시작됩니다.**

베스트셀러 1위 2,130회 달성*!
에듀윌 취업 교재 시리즈

대기업 통합

20대기업 인적성
통합 기본서

삼성

GSAT 삼성직무적성검사
통합 기본서

GSAT 삼성직무적성검사
실전모의고사

GSAT 기출변형
최최종 봉투모의고사

SK

온라인 SKCT SK그룹
종합역량검사 통합 기본서

오프라인 SKCT SK그룹
종합역량검사 통합 기본서

LG

LG그룹 온라인
인적성검사 통합 기본서

SSAFY

SSAFY 통합 기본서
SW적성진단+에세이+면접 4일끝장

POSCO

PAT 통합 기본서
[생산기술직]

금융권

농협은행 6급
기본서

지역농협 6급
기본서

IBK 기업은행
NCS+전공 봉투모의고사

공기업 NCS 통합

공기업 NCS
통합 기본서

영역별

이나우 기본서
NCS 의사소통

박준범 기본서
NCS 문제해결·자원관리

PSAT 기출완성
의사소통 | 수리 | 문제해결·자원관리

공기업 통합 봉투모의고사

공기업 NCS 통합
봉투모의고사

매일 1회씩 꺼내 푸는
NCS/NCS Ver.2

유형별 봉투모의고사

피듈형
NCS 봉투모의고사

행과연형
NCS 봉투모의고사

휴노형·PSAT형
NCS 봉투모의고사

고난도 실전서

자료해석 실전서
수문끝

기출

공기업 NCS
기출 600제

6대 출제사 기출 문제집

한국철도공사

NCS+전공
기본서

NCS+전공
봉투모의고사

ALL NCS
최최종 봉투모의고사

한국전력공사

NCS+전공
기본서

NCS+전공
봉투모의고사

8대 에너지공기업
NCS+전공 봉투모의고사

국민건강보험공단

NCS+법률
기본서

NCS+법률
봉투모의고사

한국수력원자력

한수원+5대 발전회사
NCS+전공 실전모의고사

ALL NCS
최최종 봉투모의고사

교통공사

서울교통공사
NCS+전공 봉투모의고사

부산교통공사+부산시 통합채용
NCS+전공 봉투모의고사

인천국제공항공사

NCS
봉투모의고사

한국가스공사

NCS+전공
실전모의고사

한국도로공사

NCS+전공
실전모의고사

한국수자원공사

NCS+전공
실전모의고사

한국토지주택공사

NCS+전공
봉투모의고사

공기업 자소서&면접

공기업 NCS 합격하는
자소서&면접 27대 공기업
기출분석 템플릿

독해력

이해황 독해력
강화의 기술

전공별

공기업 사무직
통합전공 800제

전기끝장 시리즈
❶ 8대 전력·발전 공기업편
❷ 10대 철도·교통·에너지·환경
공기업편

취업상식

월간 취업에 강한
에듀윌 시사상식

공기업기출
일반상식

금융경제 상식

eduwill

취업 교육 1위*
에듀윌 취업 무료 혜택

218강 이상 취업강의 7일 무료 & 무제한
+ 교재 연계 강의 무료

총 218강 취업강의

- 공기업 NCS
- 대기업 인적성
- 상식

취업강의
바로가기

교재 연계 강의

[최신판] SSAFY
SW적성진단+에세이
무료특강

교재 연계 강의
바로가기

※ 취업강의는 수시로 추가 업데이트 됩니다.
※ 취업강의 이벤트는 예고 없이 변동되거나 종료될 수 있습니다.
※ 교재 연계 강의는 2023년 3월 중 오픈 예정이며, 강의명과 강의 오픈 일자
　는 변경될 수 있습니다.

1:1 학습관리
교재 연계 온라인스터디 무료

참여 방법

STEP 1
신청서 작성
▶
STEP 2
스터디 교재
구매 후 인증
(선택)
▶
STEP 3
오픈채팅방
입장 및 스터디
학습 시작

네이버카페 '딱취업(https://cafe.naver.com/gamnyang)'
접속 → 온라인스터디 게시판 신청 후 참여

※ 온라인스터디 진행 및 혜택은 교재 및
　시기에 따라 다를 수 있습니다.

온라인스터디
신청

전 회차 온라인 응시
& 성적분석 무료

온라인 응시 서비스 응시코드

응시 방법

에듀윌 홈페이지(www.eduwill.net) 로그인
→ 공기업/대기업 취업 검색
→ 우측 [취업 온라인모의고사 무료] 배너 클릭
→ 해당 온라인모의고사 [신청하기] 클릭
→ 대상 교재 내 쿠폰번호 입력 후 [응시하기] 클릭

※ 온라인모의고사 응시 및 성적분석 서비스
　는 2024년 3월 31일까지 유효합니다.
※ 본 응시코드는 1인 1회만 사용 가능하며,
　중복 사용은 불가합니다.

온라인
모의고사
신청

모바일 OMR
자동채점 & 성적분석 무료

실시간 성적분석 방법

STEP 1
QR코드 스캔
▶
STEP 2
모바일 OMR
입력
▶
STEP 3
자동채점 &
성적분석표 확인

※ 혜택 대상 교재는 본문 내 QR코드를 제공하고 있으며, 교재별 서비스 유무
　는 다를 수 있습니다.
※ 응시내역 통합조회 에듀윌 문풀훈련소 또는 puri.eduwill.net [공기업·대기
　업 취업] 클릭 → 상단 '교재풀이' 클릭 → 메뉴에서 응시내역 확인

최신판

에듀윌 취업
SSAFY 통합 기본서
SW적성진단+에세이+면접 4일끝장

SSAFY의 모든 것!

입과를 위한! 알짜!
정보만 모았다

SSAFY 지원자격은 어떻게 되나요?

SSAFY 개요

⟳ P. 4

SSAFY는 취업 준비생에게 SW역량 향상 교육 및 다양한 취업지원 서비스를 제공하여 취업 성공을 돕는 프로그램입니다. 자세한 내용은 'SSAFY 개요'를 통해 확인할 수 있습니다.

SSAFY 모집은 어떻게 진행되나요?

SSAFY 모집 프로세스

⟳ P. 5

SSAFY 모집 절차를 한눈에 쉽게 파악할 수 있도록 정리하였습니다. 또한 1~9기 SSAFY 모집 공고일과 모집 단계별 일자 등에 관한 자세한 내용을 'SSAFY 모집 프로세스'를 통해 확인할 수 있습니다.

SW적성진단은 어떻게 출제되나요?

SW적성진단 분석

⟳ P. 6~9

SSAFY는 지원서 제출 후 SW적성진단을 응시해야 합니다. SW적성진단의 구성, 시험 시간, 출제 유형 및 응시 유의사항 등에 관한 자세한 내용은 'SW적성진단 분석'을 통해 확인할 수 있습니다.

SSAFY 에세이와 인터뷰에서 묻는 항목은 무엇인가요?

SSAFY 에세이 & 인터뷰

➡ P. 10~11

SSAFY 에세이와 인터뷰는 어떻게 구성되어 있고, 이떻게 준비해야 하는지 산세히 제시하였습니다. 자세한 내용은 'SSAFY 에세이 & 인터뷰'를 통해 확인할 수 있습니다.

SSAFY의 비전, 인재상 등은 어떻게 되나요?

SSAFY 소개

➡ P. 12~13

SSAFY 지원을 대비하기 위해 반드시 알아야 하는 정보의 핵심만 모아 제시하였습니다. 또한 SSAFY 프로그램 구성 및 취업지원 서비스에 관한 자세한 내용을 'SSAFY 소개'를 통해 확인할 수 있습니다.

SSAFY 개요

01 SSAFY란?

- 삼성 청년 소프트웨어 아카데미(Samsung Software Academy For Youth)의 약자
- 삼성의 일자리 창출 방안의 일환으로, SW 역량 향상 교육을 통해 청년 취업 경쟁력을 높이기 위한 프로그램

02 지원자격

- 만 29세 이하
- 국내외 4년제 대학 졸업자 및 졸업 예정자(학사 이상, 전공 무관)
- 현재 미취업자 대상(인터뷰일부터 본교육 시작일 전까지 재직(예정)자 지원 불가, 사업자 건강보험 및 국민연금 가입여부 기준)
  ※ 졸업예정자는 취업 여부 무관 지원 가능

03 교육기간 및 장소

- 교육기간: 1년
  기본과정(5개월) → 1차 Job Fair(1개월) → 심화과정(5개월) → 2차 Job Fair(1개월)
- 교육장소: 전국 5개 지역(서울, 대전, 광주, 구미, 부산)

04 주요 지원내용

- SW 교육 무료 제공 및 교육지원금 월 100만 원 지급
- 진로상담 및 개인별 취업지원 서비스 제공

SSAFY 모집 프로세스

01 모집 프로세스

지원서 접수 → SW적성진단 → 1차 합격자 발표 → 인터뷰 → 최종 합격 (교육 시작)

※ 지원서 제출 후 에세이 작성 기간은 별도

02 모집 인원 및 일정

구분		모집 인원	지원서 접수	SW적성진단	인터뷰	특이사항
2022년 (비전공자 기준)	9기	1,150명	10. 24.~ 11. 07.	11. 12.	12. 12.~ 12. 16.	에세이 제출 기한: 11. 8.~11. 19.
	8기	1,150명	5. 2.~ 5. 16.	5. 21.	6. 20.~ 6. 24.	• 에세이 제출 기한: 5. 17.~5. 28. • 코로나19로 중단되었던 오프라인 수업 재개 및 병행
2021년	7기	1,150명	10. 25.~ 11. 8.	11. 13.	12. 8.~ 12. 14.	에세이 제출 기한: 11. 9.~11. 21.
	6기	950명	5. 3.~ 5. 14.	5. 22.	6. 14.~ 6. 19.	교육 지역에 부산 추가됨 (기존: 서울, 대전, 광주, 구미)
2020년	5기	750명	10. 26.~ 11. 9.	11. 21.	12. 8.~ 12. 11.	
	4기	500명	5. 11.~ 5. 25.	6. 6.	6. 17.~ 6. 19.	
2019년	3기	750명	10. 28.~ 11. 11.	11. 16.	12. 3.~ 12. 5.	
	2기	500명	4. 29.~ 5. 10.	5. 13.	6. 3.~ 6. 5.	
2018년	1기	500명	10. 22.~ 11. 2.	11. 5.~ 11. 7.	11. 19.~ 11. 22.	

※ 2022년 상반기(8기)부터 전공/비전공 기준으로 SW적성진단 구분하여 실시함
※ 2021년 하반기(7기)부터 기수당 1,150명으로 교육생 규모 확대
※ 서울 지역의 경쟁률이 다른 4개 지역보다 좀 더 높은 편
※ 전체 일정은 내부 사정으로 변경되었을 수 있음

SW적성진단 분석

01 SW적성진단이란?

- SW적성진단은 지원서의 학력사항에서 본인이 선택한 전공 대분류 기준으로 구분됨
  1. [전공 대분류] – [SW] 선택: SW전공자용으로 응시
  2. [전공 대분류] – [이공계] 또는 [인문/기타] 선택: SW비전공자용으로 응시
- SW개발에 기초가 되는 사고력과 추론 능력을 측정하는 전형으로, 온라인 CBT(Computer Based Test)기반으로 진행
- 수학, 공학에서 사용되는 행렬이나 수열, 확률 기반의 문제를 풀 수 있는 논리적 사고력을 측정
- 전공 여부와 상관없이 4년제 대학 졸업자라면 해결 가능한 수준의 문제로 구성
- 지원서 접수 이후 온라인으로 각자 준비한 컴퓨터에서 진행

02 시험 구성

수리/추리논리 능력 진단과 Computational Thinking(CT) 진단으로 구성

구성	세부 사항
수리/추리논리	• 객관식 15문항 • 제한시간 30분 • GSAT 유형 및 문항과 매우 유사함
Computational Thinking (CT)	• 단답형 주관식 25문항(5세트 구성, 1세트당 5문제) • 제한시간 40분* *1~6기 30분 → 7~9기 40분으로 제한시간 늘어남 • 컴퓨터적인 사고 연산을 평가하는 문항으로, 알고리즘, 코딩 등의 문항들로 구성됨

03 출제 유형

1 수리/추리논리 능력 진단 출제 유형

구성	유형	세부 사항
수리논리	응용수리	주어진 조건을 이용해 식을 세워 푸는 유형으로 거리·속력·시간, 소금물의 농도, 일의 양, 확률 등 기본적인 수리 문제가 출제됨
	자료해석	표나 그래프 등의 형태로 주어진 자료를 분석하거나 자료를 이용하여 계산하는 유형. 옳은/옳지 않은 것을 고르는 자료이해 유형, 자료를 토대로 특정한 값을 계산하는 자료계산 유형, 주어진 자료를 다른 형태의 자료로 변환하는 자료변환 유형이 주로 출제됨

추리 논리	언어추리	삼단논법, 벤다이어그램을 통해 정언명제를 다루는 명제 유형과 주어진 조건을 바탕으로 배치/나열하거나, 진실과 거짓 조건을 통해 결론을 도출하는 조건추리 유형이 출제됨
	어휘추리	단어 간의 관계를 묻는 유형으로, 유의어와 반의어, 서로 동일한 관계 등을 묻는 문제가 출제됨
	도형·도식추리	도형이 변화하는 규칙을 추론하는 도형추리 유형과 문자와 숫자를 변화시키는 기호의 규칙을 추론하는 도식추리 유형이 출제됨
	독해추론	지문을 읽고 내용을 추론하는 유형으로 반드시 참 또는 거짓인 진술, 타당한 반론을 고르는 문제가 출제됨

② Computational Thinking(CT) 진단 출제 유형

유형	세부 사항
이산수학	연속성 없는, 셀 수 있는 것들을 연구하고 풀이하는 분야로서 컴퓨터 과학의 근간이 되는 수학적 이론의 유형이 출제됨
수열&자료구조	나열 순서의 규칙성을 생각해야 하는 수열과, 데이터의 관계를 구조적으로 나타내는 방법을 표현한 자료 구조 유형이 출제됨
동적계획법	복잡한 문제를 작은 여러 개의 문제로 나눠서 해결할 수 있는 방법으로, 직관적이지 않고 상대적으로 해결하기 어려운 복잡한 문제를 해결하기 위해 주로 활용됨
그리디	욕심쟁이 해결법이라고도 불리며, 그리디 알고리즘은 선택의 순간마다 가장 최선이 되는 방향을 택하여 문제를 해결해나감

04 SW적성진단 합격 전략

① 수리/추리논리 능력 진단
- 출제 유형에 대한 핵심 개념 및 공식 반드시 암기하기
- 취약 유형에 대한 집중 학습 및 문제 풀이 연습하기
- 실제 시험 시간보다 단축해서 문제 푸는 연습하기
- 표, 그림, 벤다이어그램 등 시각적으로 도식화하여 문제 풀이하기

② Computational Thinking(CT) 신난
- 논리적으로 사고하는 방법 키우기
- 각 문제 유형의 핵심 풀이 패턴 파악하기
- 많은 양의 문제 풀이 학습을 통해 유형에 익숙해지기

05 SW적성진단 응시 안내

▣ 응시 화면 사진 촬영 및 응시 준비

SW적성진단 시작 30분 전~시작 전까지 사진 촬영 완료해야 함

※ 진단 시작 후 촬영 불가
※ 얼굴과 날짜, 시간을 확인할 수 없거나 응시 화면을 제출하지 않은 경우 인터뷰 대상에서 제외됨
※ 마스크, 모자, 선글라스 등 착용 금지. 셀프 카메라로 본인이 직접 촬영

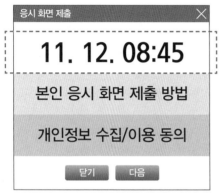

[응시 화면 촬영 팝업창]

[응시 화면 촬영 샘플]

▣ SW적성진단 시험 진행

9기 기준 1차, 2차로 나누어서 SW적성진단(SW비전공자 기준)이 진행됨. 개별 응시 일정 및 관련 사항은 사전에 공유되며, 각 차수별로 9시를 기점으로 2시간 간격으로 진행

※ 총 10번까지 같은 브라우저로 재접속 가능하며, 시험 시작 시간의 5분 후(1차수인 경우 9:05)까지는 시험에 응시해야 함
※ 수리/추리논리 진단 시험 제출과 동시에 CT 진단 시험이 곧바로 진행됨
※ 제한시간이 지나면 별도로 종료 버튼을 누르지 않아도 종료되며 답안이 자동 제출됨

구분	1차수	2차수
SW적성진단 준비화면 접속 가능 시간	8:30	11:00
SW적성진단 응시 ※ 응시 후 70분간 시험 진행	9:00 ~ 9:05 ※ 9:05 이후 응시 불가	11:30 ~ 11:35 ※ 11:35 이후 응시 불가

③ SW적성진단 시험 응시 화면 구성

※ 캡처나 단축키를 사용할 수 없도록 시험 전 프로그램을 설치해야 함

※ 응시할 때 IP 주소를 저장하며, 같은 IP를 사용 중인 인원이 몇 명인지 표시됨

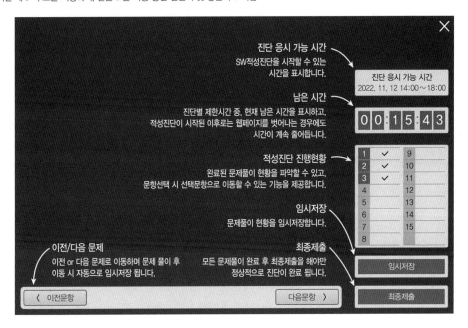

④ 신분증 사본 제출 및 응시 화면 제출

SW적성진단 종료 후, 신분증 사본과 응시 화면을 정해진 기간 내에 제출해야 함

※ PC를 통해서만 제출 가능

06 SW적성진단 응시 유의사항

(1) SW적성진단 응시 관련 메일, 문자 등의 공지사항 숙지하기

(2) 시험 응시 장소 선정 및 PC/네트워크 환경 확인하기

(3) 서버가 불안정할 수 있으므로 최신 버전의 브라우저 사용하기

(4) 본인 응시 차수 확인 후, 시험 시작 전에 여유시간늘 가시고 집속하기

(5) 간단한 필기도구와 연습장(백지), 본인 휴대폰(응시 화면 사진 촬영용), 신분증 등 미리 준비해놓기

SSAFY 에세이 & 인터뷰

01 에세이 구성

구분	세부 사항
7~9기	• 1문항 구성, 500자 이내 작성 • 지원동기+향후 목표 기술
1~6기	• 각 기수별 2문항 구성, 각 500~1,000자 이내 작성 • 지원동기/SW에 관심을 갖게 된 계기/향후 목표/취업을 목표로 했던 활동 등에 대해 기술

→ SSAFY는 강도 높은 교육을 제공하는만큼 IT에 관한 흥미, 열정과 교육 과정을 통해 발전시키고 싶은 것을 중점으로 작성

02 인터뷰 구성

인터뷰는 사회 동향, 이슈 전반에 대한 관심도를 확인하고, 이를 SW기반으로 해결하는 능력을 알아보는 전형

1 인터뷰 의도

구분	세부 사항
IT 관심도	일상생활에서 IT 분야에 대해 어느 정도 이해하며, 호기심/관심을 가지고 있는지 확인
사고/추론	IT 개발자에게 요구되는 역량(사고력, 추리력, 추론 능력 등)을 점검
열정	SSAFY 교육과정을 성공적으로 이수할 수 있는 열정, 학습 의지, 성실함을 확인

※ SW전공자의 경우 SW비전공자보다는 조금 더 난이도가 있는 질문(기술적 기반, 전공 지식 관련) 출제 가능

2 인터뷰 구성

• 2차 SW적성진단 + PT 면접 + 자유 Q&A(인성면접) 구성
• PT 면접 + 자유 Q&A: 프레젠테이션 준비 시간(30분) + 프레젠테이션(10분) + 실무자와 인터뷰(20분) 구성

구분	세부 사항
2차 SW적성진단	• 인터뷰 당일 Computational Thinking(CT) 진단 별도 진행 　- 응시 문항 수: 2문항 　- 제한시간: 12분 　- SW적성검사 CT 진단 유형과 동일 • SW적성검사의 부정행위(대리응시) 진위 확인을 위해 진행

구분	세부 사항
PT 면접	• 무작위로 부여 받은 IT 주제에 관한 자신의 견해나 아이디어를 정리해서 발표하는 방식으로 면접 진행 • 발표 내용에 대한 질의응답을 포함함 • 일상생활에서의 IT에 대한 이해도/관심도를 확인하기 위한 주제가 주어짐 ex. 최신 IT 내용을 주제로 한 수필 및 기사 스크랩 등 • PT 발표 후 질의응답 진행
자유 Q&A (인성면접)	• 지원자의 에세이를 기반으로 진행 • IT 개발자에게 요구되는 사고력과 추론 역량을 갖추었는지 검증 • 1년간의 장기교육을 잘 수행할 수 있는 역량과 열정 판단

※ 관련 사항은 변경될 수 있음

03 인터뷰 합격 전략

구분	세부 사항
PT 면접	[배경지식] • IT 관련 용어들의 정의와 한계점, 활용점 등을 학습하는 등 기본적 배경지식을 갖추는 것이 도움이 됨 • 문제 배경(IT 이슈)에 민감하게 반응할 수 있도록 관련 기사를 탐독하는 것을 권장함(ex. AI, 블록체인, 빅데이터 등) [역량] • 지금까지 공부한 지식을 이용해 논리적으로 풀어내는 역량이 필요함 • 최근 화제가 되는 IT 분야의 이슈 등을 이해하고, 이를 토대로 사고의 확장을 하는 능력을 요구함 (ex. IT 이슈에 대한 배경 학습, 문제점 분석, 해결방안 탐색 등)
자유 Q&A (인성면접)	[에세이 기반] • SSAFY의 비전 및 인재상에 대한 이해가 필요함 • 본인이 작성한 에세이를 바탕으로 예상 질문과 답변을 작성해보는 것이 좋음 (ex. 1분 자기소개, 지원동기, 관심 있는 IT 분야, 개발해보고 싶은 프로그램, 개발을 배우고 싶은 이유, 어떤 개발자가 되고 싶은지, 1년 과정에 대한 각오 등) • 에세이와 관련한 어떤 질문이 나와도 유연하게 대처할 수 있도록 자신의 에세이에 대한 완벽한 파악과 순발력이 필요함 [역량 및 열정] • SSAFY는 협업과 상호학습을 지향하므로 협업 관련 예상 질문과 답변을 준비하는 것이 좋음 • 로봇, 빅데이터, 인공지능, 블록체인, 클라우드 등 IT 분야와 ICT, 4차 산업혁명 등 최신 이슈를 미리 파악해두는 것이 좋음 • 왜 SSAFY여야 하는지, 왜 입과하고 싶은지에 대한 확실한 근거와 열정을 가지고 인터뷰에 임하는 자세가 중요함

SSAFY 소개

01 비전

SSAFY는 SW 경쟁력을 강화시켜 IT 생태계 저변을 넓히고 대한민국 청년 취업 경쟁력을 향상시킵니다.

02 인재상

SSAFY는 문제해결능력을 갖춘 경쟁력 있는 차세대 SW인력을 양성합니다.

논리적 사고

SW의 개념과 원리를
이해하고 규칙을 찾아
문제를 해결하는 인재

열정

열정과 도전정신으로
교육에 적극 참여하는 인재

학습의지

지속적으로 학습하고
교육에 몰두하여
목표를 성취하는 인재

삼성 청년 SW 아카데미는 논리적 사고력과 SW에 대한 호기심을 바탕으로 한
열정과 학습의지가 넘치는 젊은 인재와 함께 합니다.

03 SSAFY 교육과정

몰입형 집중 코딩 교육	실전형 자기주도 학습	성과 창출형 교육
• 실습 중심의 강도 높은 코딩 교육을 실시합니다. • 미션 달성에 따라 레벨이 올라가는 학습방식(Gamification)을 적용하여 교육 몰입도를 높입니다.	• 실제 업무와 유사한 형태의 프로젝트를 수행하면서 협업 능력과 문제해결 역량을 쌓을 수 있습니다. • 학습자 간 코드 리뷰, 페어 프로그래밍 등 상호학습을 지향합니다.	• 경진대회, SW 테스트 등을 통해 자신의 실력을 주기적으로 측정할 기회를 제공합니다. • 모든 PJT는 GitHub를 활용하며, PJT수행결과가 곧 개인의 포트폴리오가 됩니다.

"문제해결 능력을 갖춘 경쟁력 있는 차세대 SW 인력 양성"

04 SSAFY 프로그램 구성

1학기		2학기	
기본과정 (5개월)	1차 Job Fair (1개월)	심화과정 (5개월)	2차 Job Fair (1개월)
• 기초 코딩 역량을 갖춘 신입 SW 개발자 양성 • SW 필수 지식과 알고리즘 중심의 몰입형 코딩 교육	• 취업 역량 향상 집중교육 • 개인별 취업지원 서비스 제공 • 취업 활동 및 채용 정보 중점 지원	• 프로젝트 기반의 자기주도형 학습을 통한 실전형 SW 개발자 양성 • 실무 환경과 동일한 개발 방식 활용	• 채용 박람회 개최 • 개인별 취업지원 서비스 제공

05 SSAFY 취업지원 서비스

SSAFY는 교육뿐만 아니라 취업 역량 향상을 위한 다양한 서비스를 제공합니다.

• 단계별 취업 경쟁력 제고 교육 실시
• 비즈니스 매너 및 직무 지식 함양
• 맞춤형 취업 실전 프로그램 제공

1 취업 특강

2 취업 상담/ 컨설팅

• 진로 및 취업 상담, 취업전략 수립
• 이력서/자기소개서 작성 코칭
• 모의 면접, 취업 컨설팅

3 Job Fair

• 개인별 진로 코칭, 맞춤형 경력 설계
• 채용 정보 제공, 취업 활동 지원
• 채용 박람회 개최, 기업탐방 기회 제공

※ 취업지원 서비스 내용은 시기 등에 따라 달라질 수 있음

06 SSAFY 교육생 주요 취업 기업

2022년 9월 기준 SSAFY 교육생 채용우대 기업 수는 130여 개사입니다. SSAFY 1~4기 수료생 중 77%가 삼성전자, 카카오, 네이버 등 544개사 기업에 취업하였습니다.

SAMSUNG   **NAVER**   AhnLab

KB 국민은행   신한은행   우리은행   비씨카드

HYUNDAI   KOREAN AIR   kt

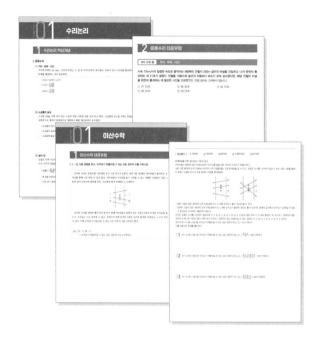

SW적성진단 최신 기출유형 완벽 분석!
핵심개념 & 대표예제

- 수리/추리논리 진단의 대표유형 중 응용수리, 자료해석, 명제 등에 대한 기초를 다질 수 있는 핵심 개념만을 엄선하여 유형별로 정리하였습니다.

- 영역별 대표유형을 완벽하게 마스터할 수 있도록 각 유형별 대표예제를 구성하였습니다. 상세한 해설과 함께 '문제해결 TIP'을 제시하여 다양한 풀이 접근법을 수록하였습니다.

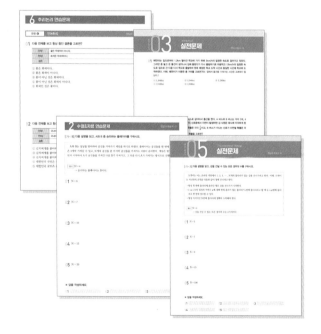

기출유형 완전 정복!
연습문제 & 실전문제

- 최신 출제경향을 반영하여 출제 가능성이 높은 유형별 연습문제를 엄선 수록하였습니다. 이를 통해 유형에 대한 이해도를 더욱더 높일 수 있습니다.

- 연습문제를 통해 출제유형을 확실히 연습한 후, 실제 난이도와 유사한 실전문제를 풀이함으로써 실력 향상을 위한 충분한 학습이 가능합니다.

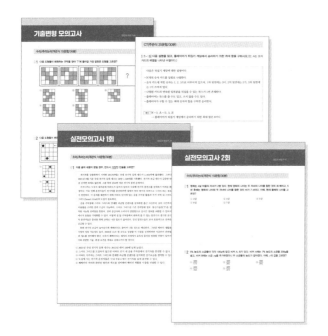

온라인으로 실전 대비 완성도 UP!
기출변형 + 실전모의

- **기출변형 모의고사 1회**

  최신 SW적성진단 기출경향을 완벽 반영하여 실제 시험을 미리 경험하고 대비할 수 있도록 하였습니다.

- **실전모의고사 2회**

  수리/추리논리 진단과 Computational Thinking(CT) 진단으로 구성된 모의고사 2회분을 수록하여 시험 전 충분한 실전 연습이 가능하도록 하였습니다.

SSAFY 맞춤형 대비 가능!
에세이 작성 전략

- 모집 과정에서 중요도가 높은 SSAFY 에세이 작성법을 수록하여 에세이까지 완벽하게 대비할 수 있도록 하였습니다.

- 실제 면접관 출신인 저자가 집필한 SSAFY 맞춤형 에세이 대비법을 통해 기수별 기출 에세이 문항의 작성 가이드라인과 실제 에세이 샘플을 제시하였습니다.

에듀윌이
너를
지지할게
ENERGY

절대 어제를 후회하지 마라.
인생은 오늘의 나 안에 있고
내일은 스스로 만드는 것이다.

– L. 론 허바드(L. Ron Hubbard)

PART

1

수리/추리
논리

SW적성진단&에세이&면접

01 수리논리

1 수리논리 핵심개념

응용수리

(1) 거리 · 속력 · 시간

거리의 단위는 m, km, 시간의 단위는 시, 분 등 여러 단위가 제시된다. 따라서 반드시 단위를 통일하여 문제를 해결하는 것이 중요하다.

- (거리)=(속력)×(시간)
- $(시간)=\dfrac{(거리)}{(속력)}$
- $(속력)=\dfrac{(거리)}{(시간)}$

(2) 소금물의 농도

소금물 100g 속에 녹아 있는 소금의 양을 나타낸 것을 '농도'라고 한다. 소금물의 농도를 구하는 문제는 상대적으로 계산이 복잡하므로 정확하고 빠른 계산능력이 요구된다.

- (소금물의 양)=(소금의 양)+(물의 양)
- $(소금물의 농도)(\%)=\dfrac{(소금의 양)}{(소금물의 양)}\times100 \leftrightarrow (소금의 양)=(소금물의 양)\times\dfrac{(소금물의 농도)(\%)}{100}$
- 소금물에 물을 추가하면 농도 감소, 소금을 추가하면 농도 증가

(3) 일의 양

일률은 단위 시간당 한 일의 양을 의미한다. 여러 개의 일률을 더하거나 뺄 때는 단위가 서로 같아야 하므로 각각의 일률을 구할 때는 단위가 같아지도록 계산하는 것이 좋다.

- $(일률)=\dfrac{(한 일의 양)}{(작업 시간)}$

  ⓔ 일을 완료하는 데 a일이 걸리는 경우 일의 양을 1로 놓으면 하루에 할 수 있는 일의 양은 $1\div a=\dfrac{1}{a}$이다.

- (A와 B가 함께 작업했을 때의 일률)=(A의 일률)+(B의 일률)

(4) 경우의 수

① 경우의 수

사건이 일어나는 가짓수로, 사건 A가 일어나는 경우의 수를 a, 사건 B가 일어나는 경우의 수를 b라고 하면 합의 법칙과 곱의 법칙은 다음과 같다.

> • 합의 법칙$(a+b)$: 사건 A 또는 사건 B가 일어나는 경우
> • 곱의 법칙$(a \times b)$: 사건 A와 사건 B가 동시에 일어나는 경우

② 순열

서로 다른 n개 중 r개를 골라 순서를 고려해 나열하는 경우의 수이다.

$$_n\mathrm{P}_r = \frac{n!}{(n-r)!} = n \times (n-1) \times (n-2) \times (n-3) \times \cdots \times (n-r+1) \quad (\text{단, } 0 \leq r \leq n)$$

> • 서로 다른 n개의 물건을 일렬로 나열하는 경우의 수
> $$_n\mathrm{P}_n = n! = n \times (n-1) \times (n-2) \times \cdots \times 3 \times 2 \times 1$$
> • n개에서 서로 같은 것이 각각 $p, q, \cdots, r$개씩 있을 때 모두 택하여 일렬로 나열하는 경우의 수
> $$\frac{n!}{p! \times q! \times \cdots \times r!} \quad (\text{단, } p+q+\cdots+r = n)$$

③ 조합

서로 다른 n개 중 순서를 고려하지 않고 r개를 뽑는 경우의 수이다.

$$_n\mathrm{C}_r = {}_n\mathrm{C}_{n-r} = \frac{n!}{r!(n-r)!} \quad (\text{단, } 0 \leq r \leq n)$$

(5) 확률

① 사건 A가 일어날 확률

확률이란 모든 경우의 수에 대해 어떤 사건이 일어날 수 있는 가능성을 수치로 표현한 것으로, 사건 A가 일어날 확률은 다음과 같다.

$$P(A) = \frac{\text{사건 } A \text{가 일어날 경우의 수}}{\text{모든 경우의 수}} \quad (\text{단, } 0 \leq P(A) \leq 1)$$

② 확률의 덧셈정리

사건 A 또는 B가 일어날 확률을 확률의 덧셈정리라고 한다.

> • $P(A \cup B) = P(A) + P(B) - P(A \cap B)$
> • 배반사건으로 두 사건 A, B가 동시에 일어나지 않는 경우
> $P(A \cup B) = P(A) + P(B)$

③ 여사건 확률

사건 A에 대하여 A가 발생하지 않는 사건을 A의 여사건이라고 한다. 사건 A가 일어날 확률을 p라고 할 때, 사건 A가 일어나지 않을 확률은 $(1-p)$로, 다음과 같이 나타낼 수 있다.

> $$P(A^c) = 1 - P(A) = 1 - p$$

④ 조건부 확률

두 사건 A, B에 대하여 사건 A가 일어났을 때, 사건 B가 일어날 확률을 의미한다.

> $$P(B \mid A) = \frac{P(A \cap B)}{P(A)}$$

(6) 방정식과 부등식

방정식 또는 부등식의 활용 문제는 무엇을 미지수로 놓을 것인지에 따라 계산의 복잡도가 달라진다. 대부분은 문제에서 구하고자 하는 것을 미지수로 놓는 경우가 많지만 간혹 다른 요소를 미지수로 놓았을 때 풀이과정이 더 간단한 경우도 있다. 따라서 다양한 방정식과 부등식 문제를 통해 미지수를 설정하는 연습을 해야 한다.

방정식 또는 부등식의 활용 문제는 다음과 같은 순서로 문제를 해결하는 것이 좋다.

> • 1단계: 미지수를 x로 정하기
>   문제에서 구해야 하는 것을 우선 파악한 다음 구하려는 값을 미지수 x로 놓는다.
> • 2단계: 방정식 또는 부등식 세우기
>   대상 간의 관계를 파악하여 x에 대한 방정식 또는 부등식을 세운다.
> • 3단계: 방정식 또는 부등식의 해를 구하기
>   방정식 또는 부등식을 푼다.

방정식과 부등식의 활용 문제는 수(최대공약수, 최소공배수 등), 나이, 인원 수, 도형(길이, 넓이, 부피)
계산 등이 출제된다.

① 최대공약수와 최소공배수

> • 최대공약수: 두 정수의 공약수 중 가장 큰 수
>   공약수: 두 정수의 약수 중 공통이 되는 수
>   ㉙ 개수가 다른 두 물건을 가능한 한 많은 사람에게 똑같이 나누어 주는 경우
> • 최소공배수: 두 정수의 공배수 중 가장 작은 수
>   공배수: 두 정수의 배수 중 공통이 되는 수
>   ㉙ 배차 간격이 다른 두 버스가 동시에 출발하여 처음으로 다시 만나는 시각을 구하는 경우

② 도형의 둘레와 넓이

> • (직사각형의 둘레)$=2\times$(가로와 세로의 합)
> • (직사각형의 넓이)$=$(가로)$\times$(세로)
> • (사다리꼴의 넓이)$=\dfrac{1}{2}\times$(윗변과 아랫변의 길이의 합)$\times$(높이)
> • (삼각형의 넓이)$=\dfrac{1}{2}\times$(밑변의 길이)$\times$(높이)
> • (평행사변형의 넓이)$=$(밑변의 길이)$\times$(높이)
> • (마름모의 넓이)$=$(한 대각선의 길이)$\times$(다른 대각선의 길이)$\times\dfrac{1}{2}$

③ 부등식의 성질

> • 부등식의 양변에 같은 수를 더하거나 빼어도 부등호의 방향은 바뀌지 않는다.
> $a<b$이면, $a+c<b+c$, $a-c<b-c$이다.
> • 부등식의 양변에 같은 양수를 곱하거나 나누어도 부등호의 방향은 바뀌지 않는다.
> $a<b$, $c>0$이면 $ac<bc$, $\dfrac{a}{c}<\dfrac{b}{c}$이다.
> • 부등식의 양변에 같은 음수를 곱하거나 나누면 부등호의 방향은 바뀐다.
> $a<b$, $c<0$이면 $ac>bc$, $\dfrac{a}{c}>\dfrac{b}{c}$이다.

(7) 비용 계산

- 원가: 제품을 만들 때 사용되는 비용
- 정가: 제품의 정상적인 판매가
- 할인가: 정가에서 할인금액을 뺀 가격
- 판매가: 정가 또는 할인가

- (정가)=(원가)+(이익)
- (정가에서 $x\%$를 할인한 가격)=(정가)$\times\left(1-\dfrac{x}{100}\right)$
- ($y\%$ 이윤을 적용한 정가)=(원가)$\times\left(1+\dfrac{y}{100}\right)$

(8) 수열

- 등차수열: 직전 항과의 차가 일정한 수열
  - 예 1, 3, 5, 7, …과 같은 수열은 직전 항과의 차가 2로 일정한 등차수열
- 등비수열: 직전 항과의 비가 일정한 수열
  - 예 1, 4, 16, 64, …과 같은 수열은 직전 항과의 비가 4로 일정한 등비수열
- 계차수열: 수열에서 어떤 항과 그 바로 앞의 항의 차를 계차라고 하는데 이 계차들로 이루어진 수열
  - 예 10, 8, 4, −2, …과 같은 수열의 계차는 −2, −4, −6, …으로 일정한 규칙을 가지는 계차수열
- 피보나치수열: 처음 두 항을 1과 1로 한 후, 그 다음 항부터는 바로 앞의 두 개의 항을 더해 만드는 수열
  - 예 1, 1, 2, 3, 5, 8, 13, …과 같은 수열

(9) 집합

집합은 같은 성질을 가진 대상들의 모임이다.

- 합집합($A\cup B$): 두 집합 A, B에 대하여 A에 속하거나 B에 속하는 모든 원소로 이루어진 집합
- 교집합($A\cap B$): 두 집합 A, B에 대하여 A에도 속하고 B에도 속하는 모든 원소로 이루어진 집합
- 차집합($A-B$): 두 집합 A, B를 생각할 때, A에 속하고 B에는 속하지 않는 원소 전체로 된 집합을 A에 대한 B의 차집합이라 함
- 여집합(A^c): 전체집합에서 주어신 집합 A의 원소를 제외한 원소들의 집합

⑩ **통계**

① 평균

자료를 수량으로 나타낸 것을 변량이라고 하며 전체 변량의 총합을 변량의 개수로 나눈 값이다.

$$(\text{평균})=\frac{(\text{변량의 총합})}{(\text{변량의 개수})}$$

② 중앙값

변량의 크기 순서대로 나열했을 때 중앙에 위치하는 값이다. 이때 변량의 개수가 홀수일 때와 짝수일 때의 계산 방법이 다르다.

- 변량의 개수가 홀수인 경우: $\frac{n+1}{2}$번째 변량
- 변량의 개수가 짝수인 경우: $\frac{n}{2}$번째와 $\frac{n+2}{2}$번째 변량의 평균

③ 최빈값

변량 중에서 가장 많이 나타나는 값이다.

④ 분산과 표준편차

- $(\text{편차})=(\text{변량})-(\text{평균})$
- $(\text{분산})=\dfrac{(\text{편차})^2\text{의 총합}}{\text{변량의 개수}}$
- $(\text{표준편차})=\sqrt{(\text{분산})}$

자료해석

(1) 연산 연습

① 대소 비교

> • $a \times b$, $c \times d$에서 $a > c$, $b > d$이면 $a \times b > c \times d$
>
>   ⑩ 344×64와 421×71에서 $344 < 421$, $64 < 71$이므로 $344 \times 64 < 421 \times 71$이다.
> • 작은 단위의 자릿수를 버린 후 큰 단위 수의 한 자릿수 또는 두 자릿수만 남기고 올림 또는 내림하여 비교
>
>   ⑩ $57,312 \times 293$과 $33,124 \times 592$에서 $57,312$와 $33,124$를 세 자릿수로 남기면 573, 331이다. 이때 $573 < 592$이고, $293 < 331$이므로 $57,312 \times 293 < 33,124 \times 592$이다.

② 단순 비교

> • $\dfrac{b}{a}$, $\dfrac{d}{c}$에서 $b = d$, $a \neq c$일 때
>
>   분모가 작은 분수가 더 크고, 분모가 큰 분수가 더 작다.
>
>   ⑩ $\dfrac{9}{11} > \dfrac{9}{12}$
> • $\dfrac{b}{a}$, $\dfrac{d}{c}$에서 $a > c$, $b < d$이면 $\dfrac{b}{a} < \dfrac{d}{c}$이다.
>
>   ⑩ $\dfrac{3}{99} > \dfrac{6}{95}$

③ 증가율을 통한 비교

분자 증가율과 분모 증가율을 계산 및 비교하여 더 큰 비율로 증가한 분모 또는 분자를 파악한다. 분자가 더 큰 비율로 커지면 분수가 커지고, 분모가 더 큰 비율로 커지면 분수는 작아진다.

> • $a \times b$, $c \times d$에서 $a > c$, $b < d$일 때
>
>   ⑩ 361×46과 350×53에서 곱셈을 기준으로 왼쪽 수의 증가율은 $\dfrac{361 - 350}{350} \times 100 ≒ 3(\%)$, 오른쪽 수의 증가율은 $\dfrac{53 - 46}{46} \times 100 ≒ 15(\%)$이므로 $361 \times 46 < 350 \times 53$이다.
> • $\dfrac{b}{a}$, $\dfrac{d}{c}$에서 $a > c$, $b > d$일 때
>
>   ⑩ $\dfrac{124}{345}$와 $\dfrac{104}{241}$에서 분모의 증가율은 $\dfrac{345 - 241}{241} \times 100 ≒ 43(\%)$, 분자의 증가율은 $\dfrac{124 - 104}{104} \times 100 ≒ 19(\%)$이므로 $\dfrac{124}{345} < \dfrac{104}{241}$이다.

④ 분자 또는 분모만을 비교

분모가 비슷한 경우, 분자끼리만 비교한다. 반대로 분자가 비슷하면 분모만 비교한다.

> **예** $\dfrac{133}{508}$과 $\dfrac{175}{512}$에서 분모인 508과 512는 비슷하므로 분자만을 비교하면 133보다 175가 훨씬 더 크다. 따라서 $\dfrac{133}{508} < \dfrac{175}{512}$이다.

⑤ 네 자리 수의 분수 비교

유효숫자를 세 개만 가지도록 어림한 후 계산한다.

> **예** $\dfrac{7,137}{6,512}$과 $\dfrac{8,217}{8,133}$의 비교: $\dfrac{7,137}{6,512} \to \dfrac{7,140}{6,510} \to \dfrac{714}{651}$로 어림하고, $\dfrac{8,217}{8,133} \to \dfrac{8,220}{8,130} \to \dfrac{822}{813}$로 어림한 후 $\dfrac{714}{651}$와 $\dfrac{822}{813}$를 비교하면, 분자는 714에서 822로 108만큼 증가하여 약 15% 증가이고, 분모는 651에서 813으로 162만큼 증가하여 약 25% 증가이므로, $\dfrac{714}{651} > \dfrac{822}{813}$이다.

(2) 도표의 종류

① 꺾은선 그래프

시간의 경과에 따라 수량에 의한 변화의 상황을 나타내는 그래프이다. 시간적 추이, 비교 또는 분포도, 상관 관계 등을 나타내고자 할 때 주로 활용된다.

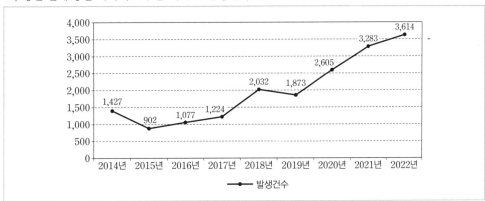

② 막대 그래프

비교하고자 하는 수량을 막대로 표시하여 그 길이를 비교함으로써 수량 간의 대소 관계를 나타내고자 할 때 주로 막대 그래프가 활용된다. 꺾은선 그래프와 함께 가장 기본적인 그래프에 해당하며, 비교하거나 경과 정도, 도수 등을 표시할 때 주로 활용된다.

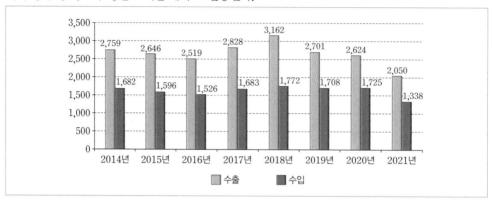

③ 원 그래프

일반적으로 내역이나 내용의 구성비를 분할하여 나타내고자 할 때 주로 원 그래프가 활용된다.

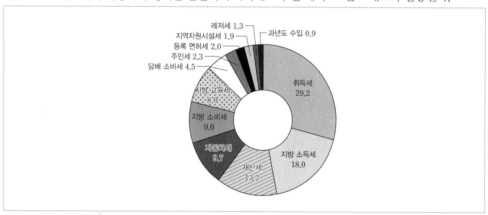

④ 층별 그래프

합계와 각 부분의 크기를 백분율로 나타내고 시간적 변화를 보고자 하는 경우 또는 합계와 각 부분의 크기를 실수로 나타내고 시간적 변화를 보고자 하는 경우에 주로 활용된다.

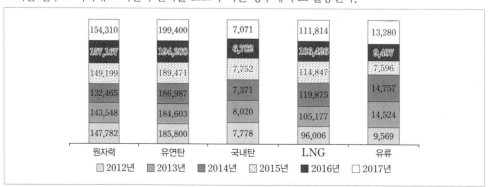

⑤ 방사형 그래프

레이더 차트 또는 거미줄 그래프라고도 한다. 다양한 요소의 비교 또는 경과를 나타낼 때 활용된다.

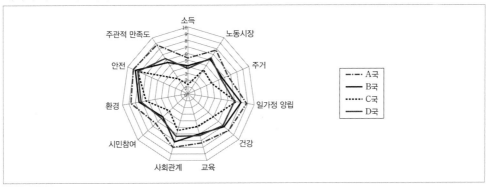

⑥ 점 그래프

지역 분포를 비롯하여 도시, 지방, 기업, 상품 등의 평가나 위치, 성격을 표시하는 데 활용된다.

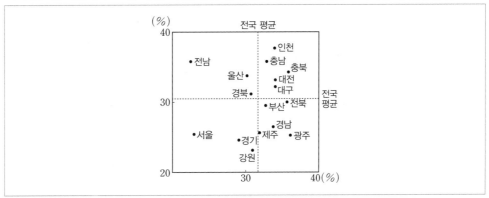

(3) 자료해석 빈출 공식

① 증감률

기준과 비교 대상을 정확히 세운 후 식을 세워야 한다.

$$\frac{비교\ 대상 - 기준}{기준} \times 100 = \left(\frac{비교\ 대상}{기준} - 1\right) \times 100$$

② 비율

어떤 수량의 다른 수량에 대한 비의 값을 의미한다.

$$\frac{비교하는\ 양}{기준량}$$

③ 비중

전체에서 A가 차지하는 부분을 의미한다.

$$\frac{A}{전체} \times 100$$

④ 지수

기준 시점의 수치(기준량) 대비 해당 시점의 수치(비교량)를 표시한 것으로, 기준량은 주로 100을 사용한다.

$$\frac{비교량}{기준량} \times 100$$

(4) 자료해석 풀이 전략

자료해석은 제시된 자료(표, 그래프)를 해석하거나 자료의 수치 계산(증감률, 비율, 비중 등) 및 비교를 통해 문제를 해결한다. 여러 자료가 제시되고 수치도 복잡하기 때문에 촉박한 시간 내에 문제를 풀기 까다로운 유형이다. 따라서 문제풀이 시간을 단축하고 정답률을 높일 수 있도록 다음과 같은 전략적 풀이가 요구된다.

- 문제를 풀기 전 자료의 제목과 단위, 각주 등을 가장 먼저 확인하여 어떤 자료가 제시되었는지 대략적으로 파악하기
- 자료의 단위나 자료 내에서 확인해야 할 항목에 동그라미, 체크 등 기호로 표시하기
- 계산 없이 해결할 수 있는 선택지부터 확인하면서 소거법으로 정답 찾기
- 계산이 필요한 경우 어림산 등을 이용한 연산 연습을 통해 계산 과정 간소화하기
- 자료를 다른 형태의 자료로 변환하는 문제의 경우, 선택지의 그래프 구성 항목을 파악한 후 자료에서 활용된 항목만 확인하여 빠르게 문제 풀기

2 응용수리 대표유형

세부 유형 ❶ 거리 · 속력 · 시간

시속 72km/h의 일정한 속도로 움직이는 8량짜리 전철이 292m 길이의 터널을 진입하고 나서 완전히 통과하는 데 21초가 걸렸다. 전철을 10량으로 늘리자 처음보다 속도가 20% 감소했다면, 해당 전철이 터널을 완전히 통과하는 데 필요한 시간을 고르면?(단, 연결 길이는 고려하지 않는다.)

① 27.75초　　　　　　② 28.25초　　　　　　③ 28.75초
④ 29.25초　　　　　　⑤ 29.75초

| 정답풀이 | ②

8량짜리 전철의 속도를 초속으로 환산하면 $72\text{km/h} = \dfrac{72,000}{3,600}\text{m/s} = 20\text{m/s}$이고, 21초 동안 $20 \times 21 = 420(\text{m})$를 달리므로 전철의 길이는 $420 - 292 = 128(\text{m})$임을 알 수 있다. 이에 따라 1량의 길이는 $128 \div 8 = 16(\text{m})$이다. 전철을 10량으로 늘리면 전철의 길이는 $16 \times 10 = 160(\text{m})$가 되고, 처음보다 20% 감소한 속도는 $20 \times (1 - 0.2) = 16(\text{m/s})$가 된다.

따라서 터널을 완전히 통과하는 데 필요한 시간은 $\dfrac{160 + 292}{16} = 28.25(\text{초})$이다.

문제해결 TIP

전철이 터널을 완전히 통과하는 유형의 문제는 '(전철이 터널을 완전히 빠져나가는데 이동한 전체 거리)=(터널의 길이)+(전철의 길이)'로 접근한다.

농도가 8%인 소금물 Ag과 14%인 소금물 Bg을 섞어 10%의 소금물 300g을 만들려고 했는데 실수로 농도가 8%인 소금물 Bg과 14%인 소금물 Ag을 섞었다. 만들어진 소금물에 물을 얼마나 더 넣어야 원래 만들려던 농도의 소금물이 되는지 고르면?

① 40g　　　　　　　　② 50g　　　　　　　　③ 60g
④ 70g　　　　　　　　⑤ 80g

| 정답풀이 | ③

8% 농도의 소금물과 14% 농도의 소금물을 섞어 10% 농도의 소금물을 만든다고 할 때, 만들려는 소금물 농도와의 차이는 각각 2%, 4%이므로 물의 양의 비는 A:B=2:1이다. 완성된 소금물이 총 300g이므로 A는 200, B는 100이다.

농도가 8%인 소금물 100g과 14%인 소금물 200g을 섞으면 농도가 $\dfrac{0.08 \times 100 + 0.14 \times 200}{300} \times 100 = 12(\%)$인 소금물이 된다.

따라서 물을 60g 더 넣으면 원래 만들려던 농도 $\dfrac{36}{300+60} \times 100 = 10(\%)$인 소금물이 된다.

문제해결 TIP

소금물은 소금과 물의 양의 합이고 소금물의 농도(%)=$\dfrac{소금의 양}{소금물의 양} \times 100$의 공식을 활용하여 소금 또는 물의 양 또는 소금물의 농도를 구할 수 있다. 소금물에 소금을 추가하거나 물을 증발시키면 농도가 증가하고 물을 추가하면 농도가 감소한다.

어떤 일을 팀장 혼자 8일을 일하고 남은 일을 대리 혼자 처리하려면 36일이 걸리고, 같은 일을 팀장 혼자 4일을 일하고 남은 일을 대리 혼자 처리하려면 42일이 걸리는 일이 있다. 이때, 팀장 혼자 일을 하면 며칠이 걸리는지 고르면?

① 30일   ② 32일   ③ 34일
④ 36일   ⑤ 38일

| 정답풀이 | ②

전체 일의 양을 1이라 하고 팀장과 대리가 하루에 할 수 있는 일의 양을 각각 x, y라고 하면 다음 연립방정식이 성립한다.

$$\begin{cases} 8x+36y=1 \\ 4x+42y=1 \end{cases} \rightarrow x=\frac{1}{32}, \; y=\frac{1}{48}$$

따라서 팀장 혼자 일을 하면 32일이 걸린다.

🕐 문제해결 TIP

팀장이 일하는 시간이 4일 줄었을 때 대리가 하는 일은 6일 늘어났으므로 팀장의 효율이 대리의 1.5배라는 것을 알 수 있다. 따라서 대리가 36일 동안 하는 일을 팀장은 24일 만에 끝내므로 첫 번째 주어진 조건에 따라 팀장 혼자 일을 하면 8+24=32(일) 걸린다는 것을 바로 알 수 있다.

기획부 직원 3명, 영업부 직원 2명, 홍보부 직원 1명, 감사부 직원 1명이 일렬로 줄을 서려고 한다. 기획부 직원끼리는 서로 이웃하여 줄을 서고, 영업부 직원끼리는 서로 이웃하지 않게 줄을 서는 경우의 수를 고르면?

① 72가지   ② 96가지   ③ 432가지
④ 732가지   ⑤ 1,440가지

| 정답풀이 | ③

기획부 직원 3명은 서로 이웃하여야 하므로 한 덩어리로 생각하고, 영업부 직원 2명은 서로 이웃하지 않아야 하므로 기획부 직원 3명이 이웃하는 경우의 수에서 영업부 직원까지 서로 이웃한 경우의 수를 빼는 여사건의 방식으로 구하도록 한다.

기획부 직원을 한 덩어리로 생각하면 총 5명이 줄을 서는 셈이고, 기획부 직원 덩어리 안에서도 3명이 위치를 바꿀 수 있으므로 다음과 같이 나타낼 수 있다.

이때 가능한 경우의 수는 $5! \times 3!$이다.

한편 영업부 직원까지 서로 이웃한 경우에는 다음과 같이 영업부 직원도 한 덩어리로 생각하여 총 4명이 줄을 서는 것으로 볼 수 있다.

이때 가능한 경우의 수는 $4! \times 3! \times 2!$이다.

따라서 구하고자 하는 경우의 수는 $5! \times 3! - 4! \times 3! \times 2! = 720 - 288 = 432$(가지)이다.

🕑 문제해결 TIP

여사건을 이용하지 않고도 정답을 찾을 수 있다. 기획부 직원 3명을 한 덩어리로 본 후, 영업부 직원 2명은 다음 4개의 화살표 중 2개를 골라 위치시키면 영업부 직원끼리는 서로 이웃하지 않게 된다.

이에 따라 다음의 숫자를 곱하면 정답이 된다.
- $3!$: 기획, 홍보, 감사가 줄을 서는 경우의 수
- $3!$: 기획 3명이 위치를 바꾸는 경우의 수
- $_4C_2$: 화살표 4개 중 영업 2명의 자리
- $2!$: 영업 2명의 위치를 바꾸는 경우의 수
따라서 정답은 $3! \times 3! \times _4C_2 \times 2! = 432$(가지)이다.

| 세부 유형 ❺ | 확률 |

비가 오지 않은 날의 다음 날에 비가 올 확률은 $\frac{2}{5}$이고, 비가 온 날의 다음 날에 비가 오지 않을 확률은 $\frac{1}{3}$이다. A축구팀은 비가 오는 날 승리할 확률은 30%, 비길 확률은 40%이고, 비가 오지 않은 날 승리할 확률은 40%, 비길 확률은 30%이다. 1월 20일에 비가 왔다면 1월 22일 경기에서 A축구팀이 승리할 확률을 고르면?(단, 결과값은 소수점 아래 첫째 자리에서 반올림한다.)

① 26%   ② 28%   ③ 30%
④ 32%   ⑤ 34%

| 정답풀이 | ⑤

1월 20일에 비가 왔을 때 1월 22일에 비가 오거나 오지 않는 모든 경우의 수는 다음과 같다.

구분	1월 20일	1월 21일	1월 22일
경우 1	비○	비○	비○
경우 2	비○	비✕	비○
경우 3	비○	비○	비✕
경우 4	비○	비✕	비✕

각 경우의 확률을 구하면 다음과 같다.

• 경우 1: $\frac{2}{3} \times \frac{2}{3} = \frac{4}{9}$

• 경우 2: $\frac{1}{3} \times \frac{2}{5} = \frac{2}{15}$

• 경우 3: $\frac{2}{3} \times \frac{1}{3} = \frac{2}{9}$

• 경우 4: $\frac{1}{3} \times \frac{3}{5} = \frac{1}{5}$

이 중에서 1월 22일에 비가 오면 A축구팀이 승리할 확률은 30%이고, 비가 오지 않으면 승리할 확률은 40%이므로 이를 계산하면 아래와 같다.

비○: $\left(\frac{4}{9} + \frac{2}{15}\right) \times \frac{30}{100} = \frac{780}{4,500}$

비✕: $\left(\frac{2}{9} + \frac{1}{5}\right) \times \frac{40}{100} = \frac{760}{4,500}$

따라서 A축구팀이 승리할 확률은 $\frac{780 + 760}{4,500} \times 100 ≒ 34(\%)$이다.

🕐 **문제해결 TIP**

1월 22일에 A축구팀이 승리할 확률을 구하는 문제이므로 1월 22일에 비가 오는 경우와 비가 오지 않는 경우를 모두 구하여 각각 승리할 확률을 구한다.

작년 A사의 남성과 여성 입사자의 성비는 5:6의 비율로 여성이 많았다. 올해는 작년 대비 여성 입사자가 5% 줄고 남성 입사자가 10% 늘어서 112명이다. 이때 작년에 입사한 총원을 고르면?

① 100명   ② 110명   ③ 120명
④ 130명   ⑤ 140명

| 정답풀이 | ②

작년에 입사한 남성의 수를 y, 여성의 수를 z라 하고 성비가 5:6이므로

$y:z=5:6 \rightarrow z=1.2y \cdots$ ①

올해 여성의 수는 5%가 줄고 남성은 10%가 늘어 112명이라고 하였으므로 $1.1y+0.95z=112$이다.

여기에 ①을 대입하면

$1.1y+0.95\times1.2y=112 \rightarrow y=50$

$z=1.2\times50=60$

따라서 작년에 입사한 총원은 $50+60=110$(명)이다.

🕤 문제해결 TIP

비율로 된 방정식을 풀 때 핵심은 비율이다. 성비가 5:6이라고 하였으므로 결국 남성과 여성의 총합은 $5+6=11$의 배수로 나올 수밖에 없다. 이러한 점을 이용한다면 방정식을 세우지 않고 선택지에서 11의 배수인 110을 빠르게 정답으로 고를 수 있다.

세부 유형 ❼ 수열

다음 [표]는 특정 세균을 냉장 보관한 경우와 상온 보관한 경우의 시간별 증가 추이를 나타낸 자료이다. 10시간 뒤 냉장 보관과 상온 보관했을 때의 세균 수를 순서대로 나타낸 것을 고르면?

[표] 보관방법에 따른 시간별 세균 수   (단위: 마리)

구분	0시간	1시간	2시간	3시간	4시간	5시간	…
냉장 보관	5	6	9	14	21	30	…
상온 보관	5	7	11	17	25	35	…

① 86마리, 96마리   ② 91마리, 96마리   ③ 101마리, 115마리
④ 105마리, 106마리   ⑤ 105마리, 115마리

| 정답풀이 | ⑤

냉장 보관 시 세균 수는 한 시간이 지날 때 마다 +1, +3, +5 …과 같이 홀수를 나열한 것만큼 증가해나간다. 이에 따라 6시간부터 세균 수는 41, 54, 69, 86, 105, …과 같이 증가하므로 냉장 보관 시 10시간 뒤 세균 수는 105마리이다.
상온 보관 시 세균 수는 한 시간이 지날 때 마다 +2, +4, +6, …과 같이 짝수를 나열한 것만큼 증가해나간다. 이에 따라 6시간부터 세균 수는 47, 61, 77, 95, 115, …과 같이 증가하므로 상온 보관 시 10시간 뒤 세균 수는 115마리이다.
따라서 105마리, 115마리이다.

🕐 문제해결 TIP

냉장 보관 시와 상온 보관 시의 세균 수의 차이는 n시간에 n마리이므로 정답은 ① 또는 ⑤임을 쉽게 알 수 있고, 냉장과 상온 보관 중 하나의 세균 수만 구하면 정답은 ⑤임을 알 수 있다.

3 자료해석 대표유형

세부 유형 ❶   자료이해

다음 [그래프]는 장마철 대비에 대한 의사결정을 위해 과거 하천 제방 정비율을 조사한 자료이다. 주어진 자료에 대한 설명 중 옳은 것을 고르면?

[그래프] 연도별 하천 제방 정비율   (단위: %)

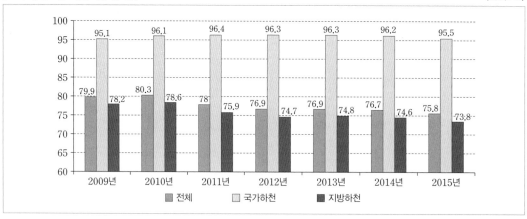

① 지방하천은 국가하천보다 제방 정비율이 매년 더 높았다.
② 2011년 대비 2015년 전체 하천 제방 정비율의 감소율은 5.6%이다.
③ 2011년부터 2015년까지 전체 하천 제방 정비율은 매년 전년 대비 감소했다.
④ 2015년의 국가와 지방하천 제방 정비율은 전년도와 비교해도 감소했고, 2009년과 비교해도 감소했다.
⑤ 전체 제방 정비율이 80% 이상을 기록했던 해는 유일하게 2010년으로 이때의 국가와 지방하천의 제방 정비율은 17.5%p 차이난다.

| 정답풀이 | ⑤

전체 제방 정비율이 80% 이상을 기록했던 해는 80.3%인 2010년이 유일하고 이때의 국가와 지방하천의 제방 정비율 차이는 96.1 − 78.6 = 17.5(%p)이다.

| 오답풀이 |

① 지방하천은 국가하천보다 제방 정비율이 매년 더 낮았다.

② 2011년 대비 2015년 전체 하천 제방 정비율의 감소율은 $\dfrac{78-75.8}{78} \times 100 ≒ 2.8(\%)$이다.

③ 2011년부터 2015년 중 2013년은 전체 하천 제방 정비율이 전년도와 동일한 76.9%로 전년 대비 감소하지 않았다.

④ 2015년의 국가하천 제방 정비율은 2009년 대비 95.5 − 95.1 = 0.4(%p) 증가했다.

세부 유형 ❷	자료계산

게임 유닛 X, Y, Z는 각각 고유한 공격력 수치와 방어력 수치를 가지고 있고, 소형 또는 대형 둘 중 하나의 타입에 속한다. 한 유닛이 다른 유닛을 공격했을 때 피격자가 받는 데미지는 [조건]에 의해 결정되며, X, Y, Z 사이의 피격 데미지 수치는 다음 [표]와 같다. 주어진 자료와 [조건]을 보고 ㉠, ㉡에 해당하는 값을 예측했을 때 가장 타당한 것을 고르면?(단, X, Y, Z의 방어력 수치는 각각 5, 1, 3이며, X만 소형이고 나머지 둘은 모두 대형이다.)

[표] X, Y, Z 사이의 피격 데미지 수치

구분		피격자		
		X(소형)	Y(대형)	Z(대형)
공격자	X(소형)	5	6	(㉠)
	Y(대형)	19	( )	17
	Z(대형)	(㉡)	11	( )

┤조건├
- 피격자가 받는 데미지는 공격자의 공격력 수치와 타입에 따른 보정수치를 곱한 후, 피격자의 방어력 수치를 뺀 값이다.
- 같은 타입을 공격한 경우, 타입에 따른 보정수치는 1이다.
- 소형이 대형을 공격한 경우, 타입에 따른 보정수치는 a이다.
- 대형이 소형을 공격한 경우, 타입에 따른 보정수치는 b이다.

	㉠	㉡
①	3	10.2
②	4	9.4
③	4	10.2
④	8	9.4
⑤	8	10.2

| 정답풀이 | ②

X, Y, Z의 공격력 수치를 각각 x, y, z라 하면, 다음을 얻을 수 있다.

구분	X	Y	Z
X	$x-5=5$	$ax-1=6$	$ax-3=㉠$
Y	$by-5=19$	$y-1=?$	$y-3=17$
Z	$bz-5=㉡$	$z-1=11$	$z-3=?$

$x=10$, $y=20$, $z=12$이고, $ax-1=6$이므로 $a=0.7$, $by-5=19$이므로 $b=1.2$이다.
따라서 ㉠$=0.7\times10-3=4$, ㉡$=1.2\times12-5=9.4$이다.

다음 [표]는 2019년 광역시별 전자정부 서비스 이용 유형을 조사한 자료이다. 광역시별 전자정부 서비스 이용 유형 비율을 그래프로 나타내었을 때, 옳은 것을 고르면?

[표] 2019년 광역시별 전자정부 서비스 이용 유형   (단위: 개)

구분	전자정부 서비스 이용 기업체	정보 검색 및 조회	각종 행정(민원) 양식 획득	각종 행정(민원) 양식 작성 및 자료 제출	행정(민원) 업무 온라인 처리	합계
부산	9,668	7,772	6,930	6,765	8,059	39,194
대구	7,975	7,358	7,319	6,574	6,439	35,665
인천	10,989	10,972	7,202	6,863	10,115	46,141
광주	4,425	3,221	3,267	3,366	2,462	16,741
대전	4,254	3,300	3,390	3,884	3,951	18,779
울산	2,454	1,620	1,519	1,708	1,975	9,276

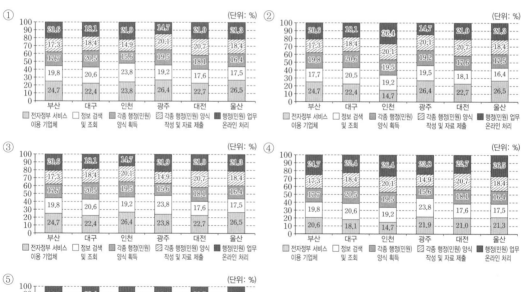

42   SSAFY 통합 기본서 SW적성진단+에세이+면접

| 정답풀이 | ①

2019년 광역시별 전자정부 서비스 이용 유형 비율을 구해보면 다음과 같다.

(단위: %)

구분	전자정부 서비스 이용 기업체	정보 검색 및 조회	각종 행정(민원) 양식 획득	각종 행정(민원) 양식 작성 및 자료 제출	행정(민원) 업무 온라인 처리
부산	24.7	19.8	17.7	17.3	20.6
대구	22.4	20.6	20.5	18.4	18.1
인천	23.8	23.8	15.6	14.9	21.9
광주	26.4	19.2	19.5	20.1	14.7
대전	22.7	17.6	18.1	20.7	21.0
울산	26.5	17.5	16.4	18.4	21.3

따라서 해당하는 [그래프]는 ①이다.

문제해결 TIP

모든 항목의 비율을 계산하지 않고, 선택지 ①~⑤에서 차이가 나는 비율의 수치들만 골라 답을 찾아나가면 시간을 단축할 수 있다. 예를 들어 부산 행정(민원) 업무 온라인 처리 비율인 ①, ②, ③의 20.6%와 ④, ⑤의 24.7% 중 20.6%가 옳으므로 ④, ⑤를 소거한다. 그 다음, 인천 행정(민원) 업무 온라인 처리 비율이 21.9%, 26.4%, 14.7%로 다른 ①, ②, ③을 비교하여 선택지를 소거해나가며 답을 찾는다.

01 세 비커에 농도가 각각 3%, 4%, 5%인 소금물이 있다. 농도가 3%인 소금물과 농도가 4%인 소금물을 섞으면 농도가 3.6%인 소금물이 되고, 농도가 3%인 소금물과 농도가 5%인 소금물을 섞으면 농도가 4.2%인 소금물이 된다. 세 비커 속 소금물 전체의 양이 800g일 때, 다음 중 양이 가장 적은 소금물의 양을 고르면?

① 80g   ② 120g   ③ 160g
④ 200g   ⑤ 240g

02 서영이의 집과 민정이의 집은 3km 직선거리로 떨어져 있다. 두 사람은 서로 선물을 전달하기 위해 서로의 집 사이에 위치한 카페에서 만나기로 했고, 두 사람은 오후 3시에 각자의 집에서 카페를 향해 동시에 출발하였다. 서영이는 평균 시속 2.4km로 10분 동안 걷다가 선물을 잘못 가져온 걸 알고 평균 분속 80m로 다시 집으로 돌아갔다. 집에서 선물을 찾아 집을 나오는데 5분이 소요되었고, 평균 시속 5.4km로 다시 카페를 향해 출발하였다. 민정이는 평균 시속 2.4km로 걸어 약속시간에 맞춰 카페에 도착했고, 약속시간보다 늦은 3시 40분에 서영이와 만날 수 있었다. 두 사람 중 카페와 집 사이의 거리가 더 가까운 사람과 원래 약속 시간이 바르게 짝지어진 것을 고르면?

① 서영, 3시 25분   ② 민정, 3시 25분   ③ 서영, 3시 30분
④ 민정, 3시 30분   ⑤ 민정, 3시 35분

03 S사에서 신제품 출시 프로모션으로 각각 90만 원, 30만 원에 판매하던 스마트폰과 블루투스 이어폰을 할인하여 판매하려고 한다. 각각 구매할 시 10% 할인, 각 상품을 1개씩 묶음 구매하는 세트 구매 시 15% 할인을 적용한다. 이번 프로모션으로 판매된 상품의 총 매출액이 8,265만 원이고, 판매된 블루투스 이어폰의 총 개수가 스마트폰의 1.5배일 때, 이번 프로모션으로 판매된 세트의 수를 고르면?(단, 판매된 블루투스 이어폰의 수는 총 60개 이상이다.)

① 34세트   ② 36세트   ③ 38세트
④ 40세트   ⑤ 42세트

04 영희와 철수는 서로 1.8km 떨어진 거리에 살고 있다. 첫째 날에는 둘이 동시에 서로를 향해 출발하여 각자 일정한 속도로 걸어오니 12분 뒤 A지점에서 만날 수 있었다. 둘째 날도 마찬가지로 동시에 서로를 향해 출발하였는데 첫째 날의 속도보다 영희는 50% 더 빠르게, 철수는 20% 더 빠르게 걸었더니 9분 뒤 B지점에서 만났다. 이때, A지점과 B지점의 거리 차이를 고르면?

① 100m   ② 104m   ③ 108m   ④ 112m   ⑤ 116m

05 A와 B는 5:2의 비율로 투자금을 모아 식당을 개업하였고, 매달 발생하는 순수익을 투자금의 비율만큼 각각 가져가기로 하였다. 이번 달의 순수익은 매출액의 40%였고, A가 B보다 180만 원을 더 가져갔다면 이번 달 매출액을 고르면?

① 1,050만 원   ② 1,100만 원   ③ 1,150만 원
④ 1,200만 원   ⑤ 1,250만 원

06 다음과 같이 중심점을 기준으로 3등분 대칭구조인 큰 원, 그리고 내부에 3등분 대칭 구조인 작은 원이 있다. 1부터 6까지의 숫자 중 하나를 각 조각에 서로 중복되지 않게 적을 때, 작은 원의 내부에 있는 숫자의 합이 9 이상일 확률을 고르면?

① $\dfrac{1}{5}$ ② $\dfrac{3}{10}$ ③ $\dfrac{2}{5}$ ④ $\dfrac{1}{2}$ ⑤ $\dfrac{4}{5}$

07 어느 지하철역에서 X, Y를 포함하여 7명이 한 차량에 탑승하였다. 빈 좌석이 3개였는데, X, Y 두 사람이 모두 앉는 경우의 수를 a가지, 둘 중 한 사람만 앉는 경우의 수를 b가지, 둘 다 앉지 못하는 경우의 수를 c가지라고 할 때, 다음 중 a+b+c의 값을 고르면?(단, 빈 좌석에는 3명이 반드시 앉고, 앉는 순서 및 위치는 고려하지 않는다.)

① 35   ② 40   ③ 45   ④ 50   ⑤ 55

08 상자 X에는 빨간색 공 5개와 파란색 공 3개가 들어 있고, 상자 Y에는 빨간색 공 3개와 파란색 공 4개가 들어 있다. 두 상자 중에서 임의로 상자를 하나 선택하여 한 번에 꺼낸 2개의 공이 모두 빨간색 공이었다고 할 때, 선택한 상자가 Y일 확률을 고르면?

① $\dfrac{1}{14}$ ② $\dfrac{2}{7}$ ③ $\dfrac{5}{14}$ ④ $\dfrac{1}{2}$ ⑤ $\dfrac{5}{7}$

09 비커 A와 B에는 각각 3% 농도의 소금물 200g과 20% 농도의 소금물 100g이 있었다. 비커 A 속 소금물 농도를 비커 B와 동일하게 맞추기 위해 소금을 추가하려다 실수로 비커 B에 소금을 추가했다고 할 때, 현재 비커 B 속 소금물의 농도를 고르면?(단, 소수점 아래 첫째 자리에서 반올림한다.)

① 44%   ② 45%   ③ 46%   ④ 47%   ⑤ 48%

10 어느 공예가는 유리를 1kg당 2,000원에 구매하여 와인잔과 물컵을 제작하였다. 와인잔은 1개당 200g의 유리를 사용하여 20,000원에 판매하고, 물컵은 1개당 150g의 유리를 사용하여 5,000원에 판매하였다. 구입한 유리를 모두 사용하여 제작한 총 64개의 와인잔과 물컵을 모두 판매한 후, 718,000원의 순수익이 발생하였을 때, 판매한 와인잔의 개수를 고르면?

① 28개   ② 29개   ③ 30개   ④ 31개   ⑤ 32개

11 총 길이가 5m인 어느 로켓의 가장 윗부분을 고도 기준으로 삼았을 때, 지상 표면에서 발사 후 고도가 50m가 되었을 때까지는 10m/s의 일정한 속도로 상승하고, 고도 50m에서부터는 20m/s의 일정한 속도로 상승한다. 이때, 고도 100m에 도달하기까지 걸린 시간을 고르면?

① 6초   ② 6.5초   ③ 7초   ④ 7.5초   ⑤ 8초

12 다음 [표]는 컴퓨터 내부 부품의 노이즈 수치와 오류 발생 계수를 사용 기간별로 정리한 자료이다. 10년 후, 컴퓨터의 노이즈 수치와 오류 발생 계수를 순서대로 나열한 것을 고르면?

[표] 사용 기간별 노이즈 수치 및 오류 발생 계수

구분	0년	1년	2년	3년	4년	5년	...
노이즈 수치	100	101	99	102	98	103	...
오류 발생 계수	10	20	40	80	160	320	...

	노이즈 수치	오류 발생 계수
①	95	5,120
②	95	10,240
③	95	20,480
④	105	5,120
⑤	105	10,240

13 어느 회사에서 지난해에 두 제품 A와 B를 모두 합하여 1,000개 생산을 목표로 하였다. 전체 생산량의 80%를 상반기에 생산하고 나머지를 하반기에 생산하고자 하였는데, 상반기에 생산량의 20%가 불량품으로 판정되어 폐기하였고, 결국 폐기량만큼을 하반기에 추가로 더 생산하였다. 상반기에 생산된 제품 A가 340개, 하반기에 생산된 제품 B가 200개일 때, 다음 중 지난해에 생산된 제품 A의 개수를 고르면?

① 460개 ② 480개 ③ 500개 ④ 520개 ⑤ 540개

14 와인 소믈리에를 준비 중인 영희는 포도 품종 A, B, C에 대해 0.95, 0.90, 0.85의 확률로 품종을 맞힐 수 있다. 품종 A, B, C의 와인이 각각 3병, 2병, 1병씩 총 여섯 병이 있고, 그중 임의로 제시된 한 와인의 품종을 영희가 맞혔다. 이때, 영희가 맞힌 와인의 품종이 A일 확률을 고르면?

① $\frac{51}{110}$ ② $\frac{53}{110}$ ③ $\frac{1}{2}$ ④ $\frac{57}{110}$ ⑤ $\frac{59}{110}$

15 어떤 일을 A가 혼자 하면 1시간이 걸리고, B가 혼자 하면 2시간 30분이 걸린다. A와 B가 함께 40분간 일한 후, 남은 일은 B가 혼자서 끝낸다고 했을 때, 추가로 걸리는 시간을 고르면?

① 5분 ② 10분 ③ 15분 ④ 20분 ⑤ 25분

16 5% 농도의 소금물 xg에 y% 농도의 소금물 200g을 섞었더니 8% 농도의 소금물 600g이 되었다. 이때, y의 값을 고르면?

① 14 ② 15 ③ 16 ④ 17 ⑤ 18

17 김 대리는 집 비밀번호 네 자리를 본인의 생일과 배우자 생일의 합으로 정하였는데, 비밀번호 각 자리의 수를 모두 곱해보니 홀수가 나오는 것을 알게 되었다. 이때 김 대리의 집 비밀번호로 가능한 모든 경우의 수를 고르면?(예를 들어, 김 대리와 배우자의 생일이 각각 3월 14일, 10월 5일인 경우 0314+1005=1319이다.)

① 25가지 ② 50가지 ③ 75가지
④ 100가지 ⑤ 125가지

18 철수는 친구와 8판 5선승으로 게임을 진행하였다. 각 라운드마다 두 사람이 이길 확률은 서로 같고, 비기는 경우는 없다. 첫 번째 라운드에서 친구가 승리하였을 때, 여덟 번째 라운드까지 게임을 진행하여 철수가 최종 승리할 확률을 고르면?

① $\dfrac{1}{32}$ ② $\dfrac{21}{256}$ ③ $\dfrac{15}{128}$ ④ $\dfrac{15}{64}$ ⑤ $\dfrac{21}{64}$

19 비가 오지 않은 날의 다음 날에 비가 오지 않을 확률은 $\dfrac{1}{3}$이고, 비가 온 날의 다음 날에 비가 올 확률은 $\dfrac{4}{5}$이다. 2월 15일에 비가 왔다고 할 때, 2월 18일에 비가 올 확률을 고르면?

① $\dfrac{418}{1,125}$ ② $\dfrac{553}{1,125}$ ③ $\dfrac{742}{1,125}$
④ $\dfrac{866}{1,125}$ ⑤ $\dfrac{992}{1,125}$

20 어느 가게에서 정가가 5만 원인 제품 A를 거래처로부터 구입하려고 한다. 200개 미만으로 구입할 때의 할인율이 10%이고, 200개 이상 구입할 때의 할인율이 15%일 때, 제품 A를 200개 구입하는 것이 더 이익인 최소 개수를 고르면?

① 188개   ② 189개   ③ 190개   ④ 191개   ⑤ 192개

21 A와 B는 서로 5.6km 떨어진 지점에서 서로를 향해 걸어오기 시작했다. A는 시속 4km의 일정한 속도로 꾸준히 걸었고, B는 시속 4km의 일정한 속도로 30분 동안 걷다가 다리가 아파 3분간 쉰 후, 시속 3km의 일정한 속도로 걸었다. A와 B가 만났을 때, A가 걸은 거리의 총합을 고르면?

① 2.8km   ② 3km   ③ 3.2km   ④ 3.4km   ⑤ 3.6km

22 다음 [표]는 바이러스 A, B를 배양시킨 후, 1시간마다 개체 수를 파악하여 정리한 자료이다. 10시간 후, A와 B 바이러스의 개체 수를 순서대로 나열한 것을 고르면?

[표] 배양시간별 바이러스의 개체 수

구분	0시간	1시간	2시간	3시간	4시간	5시간	⋯
A 바이러스	10마리	12마리	16마리	22마리	30마리	40마리	⋯
B 바이러스	10마리	10마리	20마리	30마리	50마리	80마리	⋯

① 100마리, 550마리   ② 100마리, 890마리   ③ 120마리, 550마리
④ 120마리, 890마리   ⑤ 140마리, 1,440마리

23 1,000원짜리 물건 5종, 1,500원짜리 물건 4종, 2,000원짜리 물건 2종이 있다. 이 중 몇 개의 물건을 골라 8,000원어치를 구매하려고 할 때, 구매 가능한 모든 경우의 수를 고르면?

① 158가지   ② 163가지   ③ 168가지
④ 173가지   ⑤ 178가지

24 어느 주유소에서는 세차 기계 이용료가 6,000원인데, 5만 원 이상 주유 시 2,000원의 이용료만 받고 있다. 20L를 주유하고 세차한 경우와 40L를 주유하고 세차한 경우에 지불한 총 금액의 차이가 30,000원이었다고 할 때, L당 주유비를 고르면?

① 1,650원   ② 1,700원   ③ 1,750원
④ 1,800원   ⑤ 1,850원

25 다음과 같이 x축, y축 위에 각각 5개, 3개의 점이 일정한 간격으로 놓여 있다. x축과 y축 위에 있는 점을 이어서 직선을 2개 만들었을 때, 두 직선의 교점이 제1사분면에서 생기도록 하는 경우의 수를 고르면?(단, 두 직선은 서로 완전히 겹치지 않는다.)

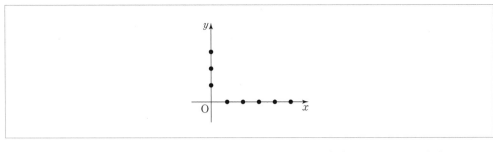

① 15가지   ② 24가지   ③ 30가지   ④ 32가지   ⑤ 48가지

26 의사인 김 씨는 환자의 혓바닥 상태만 보고도 그 환자가 피곤한지 아닌지의 여부를 판단할 수 있다고 한다. 김 씨가 실제로 피곤한 환자의 혓바닥을 보고 그 환자가 피곤하다고 판단할 확률은 무려 99%이고, 실제로 피곤하지 않은 환자의 혓바닥을 보고 피곤하지 않다고 판단할 확률도 90%나 된다. 김 씨가 실제로 피곤한 사람 500명과 피곤하지 않은 사람 500명으로 구성된 총 1,000명 중에서 임의로 한 사람을 선택하여 피곤한지 아닌지의 여부를 판단할 때, 그 사람이 피곤한 사람이라고 판단할 확률을 고르면?

① 54%   ② 54.5%   ③ 55%   ④ 55.5%   ⑤ 56%

27 연회비가 있는 어느 할인마트에서 연회비 회원카드를 2가지 종류로 분류하고 있다. A카드는 연회비 30,000원에 결제금액에 대한 적립률이 1%이고, B카드는 연회비 80,000원에 결제금액에 대한 적립률이 2%이다. 해당 할인마트에서 1년 기준으로 월 평균 최소 얼마를 구매해야 A카드보다 B카드를 사용하는 것이 이득인지 고르면?(단, 결과값은 백 원 단위에서 반올림한다.)

① 340,000원　　　　　　　② 388,000원　　　　　　　③ 417,000원
④ 442,000원　　　　　　　⑤ 460,000원

28 다음 [표]는 A사 전자레인지의 최대 방전수치와 최소 방전수치를 사용 연차별로 정리한 자료이다. A사 전자레인지의 10년 후 최대 방전수치와 최소 방전수치를 순서대로 나열한 것을 고르면?

[표] A사 전자레인지 사용 연차별 최대 방전수치 및 최소 방전수치

구분	1년차	2년차	3년차	4년차	5년차	…
최대 방전수치	2	7	24	77	238	…
최소 방전수치	2	4	8	16	32	…

	최대 방전수치	최소 방전수치
①	59,039	512
②	59,039	1,024
③	59,039	2,048
④	59,049	1,024
⑤	59,049	2,048

29 유치원에서 놀이공원으로 소풍을 가는데 인솔하는 선생님 2명과 6~7세로 구성된 열매반 4명, 4~5세로 구성된 새싹반 3명이 A조로 구성된다. A조는 한 줄로 줄을 서서 다닌다고 할 때, 선생님이 맨 앞과 맨 뒤에 1명씩 배치되고 새싹반은 앞뒤로 연속하여 배치되지 않는 경우의 수를 고르면?

① 1,440가지　　　　　　　② 2,880가지　　　　　　　③ 4,320가지
④ 5,760가지　　　　　　　⑤ 8,640가지

30 제품을 A기계에서 1개를 생산하여 판매할 때마다 10,000원의 이익이 생기고, 판매한 제품에서 불량품이 1개 나올때마다 25,000원의 손해가 생긴다. 이 제품을 100개 판매했을 때, A기계에서 생산된 제품의 총 기대이익은 750,000원이다. B기계에서도 동일하게 1개 생산하여 판매할 때마다 5,000원의 이익이 생기고, 판매한 제품에서 불량품이 1개 나올 때마다 12,000원의 손해가 생긴다. B기계에서 생산된 이 제품을 100개 판매했을 때, 제품의 총 기대이익은 440,000원이다. A기계와 B기계에서 각각 동일한 개수의 제품을 생산하여 판매하였고, 판매한 제품 1개가 불량품이었을 때, 해당 제품이 A기계에서 생산된 불량품일 확률을 고르면?

① $\dfrac{1}{3}$　　　② $\dfrac{2}{3}$　　　③ $\dfrac{3}{4}$　　　④ $\dfrac{3}{5}$　　　⑤ $\dfrac{4}{5}$

31 어느 축산농가에서는 한우 송아지를 한 마리당 100만 원에 구입하여 1+등급 또는 1++등급의 한우 성체로 키운 뒤 판매하고 있다. A사료를 사용할 경우 70%의 확률로 1++등급의 한우 성체로 키워지고, B사료를 사용할 경우 50%의 확률로 1++등급의 한우 성체로 키워진다. 다음 [표]를 참고할 때, A사료와 B사료의 한 마리당 기대 순수익을 순서대로 나열한 것을 고르면?(단, 등급은 1+등급과 1++등급만 존재하며, 순수익=판매가−(한우 송아지 구입비+사육비)이다.)

[표1] 사료별 마리당 사육비

구분	마리당 사육비
A사료 사용 시	300만 원
B사료 사용 시	270만 원

[표2] 등급별 판매가

구분	판매가
1++등급 한우 성체	700만 원
1+등급 한우 성체	600만 원

① 270만 원, 280만 원　　② 270만 원, 290만 원　　③ 280만 원, 290만 원

④ 370만 원, 390만 원　　⑤ 380만 원, 390만 원

32 어느 스터디카페는 1시간 이용할 경우 2,000원, 2시간 이용할 경우 3,000원의 요금이 발생한다. A의 스터디카페 이용기록을 살펴보니 90일 동안 방문하였고 총 124시간 머물렀다고 할 때, 총 이용요금을 고르면?(단, A는 하루에 한 번만 스터디카페를 이용하였고, 한 번 이용할 때 이용시간은 1시간 또는 2시간인 경우뿐이었다.)

① 214,000원   ② 218,000원   ③ 222,000원
④ 224,000원   ⑤ 226,000원

33 주사위를 세 번 던져 나온 수가 차례대로 중복 없이 오름차순 또는 내림차순일 확률을 고르면?

① $\dfrac{1}{27}$ ② $\dfrac{2}{27}$ ③ $\dfrac{3}{27}$ ④ $\dfrac{4}{27}$ ⑤ $\dfrac{5}{27}$

34 비커 A, B에는 순서대로 3%, 4% 농도의 소금물이 각각 300g, 400g 있다. 5% 농도의 소금물을 비커 A에 추가하여 비커 B의 소금물 농도와 같게 만들려다가 실수로 비커 B에 부었다. 이 상태에서 5% 농도의 소금물을 다시 비커 A에 추가하여 비커 A와 B의 소금물 농도를 같게 만들려고 할 때, 추가해야 하는 소금물의 양을 고르면?

① 650g   ② 675g   ③ 700g   ④ 725g   ⑤ 750g

35 철수는 친구와 동전 4개를 판 위에 올려놓고 강하게 내리쳐 동전을 뒤집는 게임을 하고 있다. 현재 판 위에는 앞면인 동전이 3개, 뒷면인 동전이 1개 놓여 있는 상태이고, 판을 내리쳤을 때 각각의 동전이 뒤집힐 확률은 $\frac{1}{2}$이다. 모든 동전이 같은 면을 나타내게 되면 승리한다고 할 때, 이번 차례에 철수가 승리할 확률을 고르면?

① $\frac{1}{2}$ ② $\frac{1}{3}$ ③ $\frac{1}{4}$ ④ $\frac{1}{8}$ ⑤ $\frac{1}{16}$

36 민수가 혼자 조각품을 만들면 1시간 50분 동안 121개를 만들 수 있고, 민수와 다운이가 동시에 조각품을 만들면 2시간 동안 300개를 만들 수 있다. 다운이 혼자 119개의 조각품을 만든다고 했을 때, 걸리는 시간을 고르면?

① 1시간 5분   ② 1시간 15분   ③ 1시간 25분
④ 1시간 35분   ⑤ 1시간 45분

37 증류수가 각각 100g, 200g 들어있는 비커 A, B에 소금을 각각 두 숟가락, 한 숟가락을 넣었더니 비커 A 속 소금물의 농도가 비커 B 속 소금물 농도의 정수배가 되었다고 한다. 이때, 소금 한 숟가락의 무게가 될 수 있는 모든 값의 합을 고르면?

① 110g   ② 115g   ③ 120g   ④ 125g   ⑤ 130g

38 원가가 30,000원인 상품을 200개 생산한 뒤 일정 마진을 붙여 100개를 판매하였다. 그러나 100개를 판매하는 동안 판매 속도가 예상보다 빨라, 나머지 100개는 앞서 판매하던 가격에서 10%를 인상하여 총 156만 원의 이윤이 남았다. 이때, 처음에 설정했던 마진율을 고르면?

① 12.5% ② 15% ③ 17.5% ④ 20% ⑤ 22.5%

39 가로의 길이가 117m, 세로의 길이가 91m인 직사각형 모양 땅의 둘레를 따라 일정한 간격으로 나무를 심으려고 한다. 땅의 네 모서리에 반드시 나무를 한 그루씩 심고, 나무를 최소한으로 심으려고 할 때, 필요한 나무의 개수를 고르면?

① 32그루 ② 36그루 ③ 63그루
④ 80그루 ⑤ 100그루

40 다음은 한 변의 길이가 1인 정오각형 ABCDE이다. 주사위를 한 번 던졌을 때 나온 눈의 수가 홀수인 경우, 눈의 수의 제곱만큼 말을 시계 방향으로 이동하고, 짝수인 경우 눈의 수만큼 말을 반시계 방향으로 이동한다. 한 개의 주사위를 두 번 던질 때, 꼭짓점 A에 있던 말이 꼭짓점 B 또는 D로 이동할 확률을 고르면?

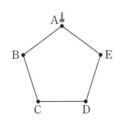

① $\dfrac{5}{18}$ ② $\dfrac{1}{3}$ ③ $\dfrac{13}{36}$ ④ $\dfrac{7}{18}$ ⑤ $\dfrac{4}{9}$

01 다음 [표]는 상품군별 온라인쇼핑 거래액 비중을 조사한 자료이다. 주어진 자료에 대한 설명 중 옳지 <u>않은</u> 것을 고르면?

[표] 상품군별 온라인쇼핑 거래액 비중 (단위: %)

| 구분 | 2017년 2월 | | 2018년 | | | |
| | | | 1월 | | 2월 | |
	온라인	모바일	온라인	모바일	온라인	모바일
컴퓨터 및 주변기기	6.3	3.7	5.6	3.5	5.6	3.7
가전·전자·통신기기	8.8	7.7	9.8	8.7	9.6	8.7
서적	2.2	1.2	2.4	1.9	2.0	1.2
사무·문구	0.8	0.5	0.8	0.5	0.9	0.5
의복	12.8	12.5	9.9	9.5	9.3	8.7
신발	1.8	1.1	1.5	1.2	1.6	1.2
가방	2.2	1.7	2.3	1.7	2.4	2.1
음·식료품	7.9	7.3	9.2	8.7	10.0	9.1
농축수산물	2.3	1.6	2.8	2.2	3.5	3.2
생활용품	8.7	8.4	8.0	7.4	7.9	7.3
자동차용품	1.1	1.1	0.9	0.9	0.9	0.8
가구	2.9	2.9	2.8	2.8	3.0	3.0
애완용품	0.8	0.7	0.8	0.7	0.7	0.7
여행 및 교통서비스	14.1	12.4	15.1	13.8	13.8	13.1

① 농축수산물의 2018년 2월 모바일 거래액 비중은 전년 동기 대비 100% 증가하였다.
② 2018년 2월에 온라인 거래액 비중이 전월 대비 감소한 상품군은 모두 6개 품목이다.
③ 제시된 3개 시기 동안 온라인 거래액 비중이 꾸준히 증가한 상품군은 모두 3개 품목이다.
④ 2018년 2월에 모바일 거래액 비중이 전년 동기 대비 증가한 상품군은 모두 7개 품목이다.
⑤ 여행 및 교통서비스는 제시된 3개 시기 내내 모바일 거래액 비중이 가장 높은 상품군이다.

02 다음 [표]는 치킨집의 평점별 응답자 수를 조사한 자료이다. 평점은 1점 단위로 1점부터 5점까지 있을 때, 평균 평점이 가장 높은 치킨집과 가장 낮은 치킨집의 평균 평점 차이를 고르면?

[표] 치킨집의 평점별 응답자 수 (단위: 개)

구분	1점	2점	3점	4점	5점	총 리뷰 수
A치킨집	11	18	24	40	27	120
B치킨집	1	3	5	7	14	30
C치킨집	0	12	48	10	30	100

① 0.25점 ② 0.35점 ③ 0.45점
④ 0.55점 ⑤ 0.65점

03 K시는 다섯 개의 구 A~E로 나누어져 있다. K시 시장 선거에 갑, 을, 병 세 명의 후보가 출마하였고, 각 구별 유권자 수와 투표율, '갑' 후보의 득표수가 다음 [표]와 같다. 다음 중 K시의 총 투표율과 '갑' 후보의 득표율로 알맞게 짝지은 것을 고르면?(단, 백분율 계산은 소수점 아래 둘째 자리에서 반올림한다.)

[표] A~E구의 투표 현황

구분	유권자 수	투표율	'갑' 후보 득표수
A구	4만 명	62.5%	1만 2천 표
B구	5만 명	73%	1만 8천 표
C구	6만 명	55%	2만 1천 표
D구	4만 5천 명	70%	9천 표
E구	5만 5천 명	60%	1만 4천 표

	K시 총 투표율	'갑' 후보 득표율
①	62.8%	46.5%
②	63.6%	46.5%
③	65.7%	46.5%
④	63.6%	52.2%
⑤	65.7%	52.2%

04 다음 [표]는 연도별 비영리 민간단체 등록 수를 조사한 자료이다. 주어진 자료를 바탕으로 만든 전년 대비 비영리 민간단체 등록 수의 증감량 그래프 중 가장 적절한 것을 고르면?

[표] 비영리 민간단체 등록 수
(단위: 개)

구분	2011년	2012년	2013년	2014년	2015년	2016년	2017년	2018년	2019년
중앙행정기관	1,189	1,319	1,413	1,494	1,561	1,599	1,624	1,662	1,685
시·도	9,020	9,570	10,166	10,758	11,333	11,865	12,309	12,613	13,014

① (단위: 개)

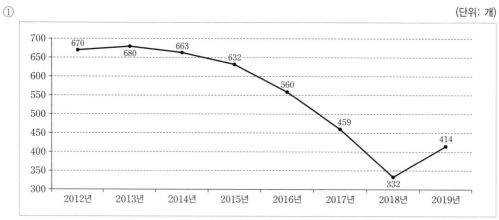

② (단위: 개)

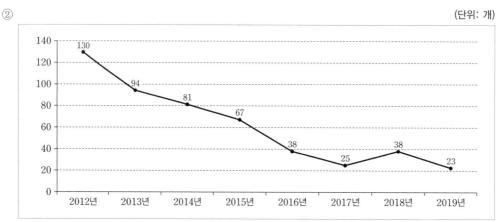

③ (단위: 개)

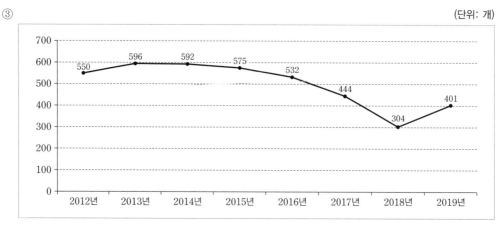

④ (단위: 개)

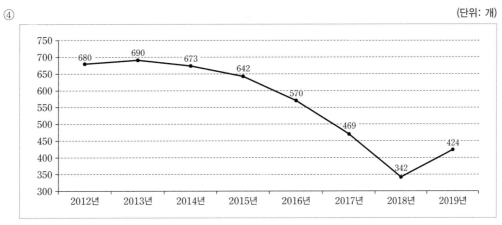

⑤ (단위: 개)

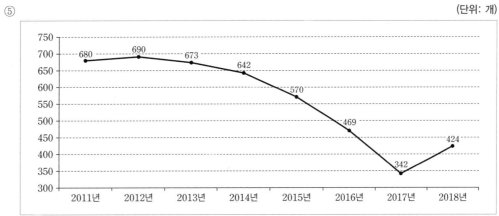

[표] 사육규모별 젖소 농가의 수익성 (단위: 천 원)

구분	2015년 평균	2016년 평균	사육규모별(2017년)				
			40마리 미만	40~59 마리	60~79 마리	80마리 이상	평균
총수입	10,289	10,376	9,105	10,057	10,340	10,441	10,271
우유 판매	9,631	9,616	8,489	9,329	9,490	9,814	9,588
부산물 수입	232	307	256	264	287	272	273
송아지 판매	208	286	250	257	277	260	262
구비 판매	24	21	6	7	10	12	11
기타 수입	194	146	104	200	276	83	137
일반비	6,013	6,188	5,808	6,071	5,797	6,389	6,189
사육비	7,248	7,225	7,684	7,524	6,992	7,217	7,251

※ (소득)=(총수입)−(일반비)
※ (순수익)=(총수입)−(사육비)
※ 2017년 전체의 소득과 순수익은 평균을 기준으로 산출함

05 다음 설명 중 옳지 않은 것을 고르면?

① 2017년 순수익이 가장 높은 사육규모는 60~79마리이다.
② 2016~2017년 동안 젖소 농가의 평균적인 소득은 전년 대비 계속해서 감소하였다.
③ 2015년 대비 2016년의 총수입 증가율은 일반비 증가율보다 더 높다.
④ 2017년 순수익이 가장 높은 사육규모가 소득도 가장 높다.
⑤ 2017년에는 총수입의 모든 항목의 평균이 전년보다 감소하였다.

06 총수입 구성요소 중 2016년 대비 2017년의 수입 감소율이 가장 낮은 요소로 알맞은 것을 고르면?

① 우유 판매　　　　② 부산물 수입　　　　③ 송아지 판매
④ 구비 판매　　　　⑤ 기타 수입

07 다음 [그래프]는 연도별 행정부 소속 재산등록 의무자 수 추이에 대한 자료이다. 주어진 자료에 대한 설명 중 옳은 것을 고르면?

[그래프] 연도별 행정부 소속 재산등록 의무자 수 추이   (단위: 명)

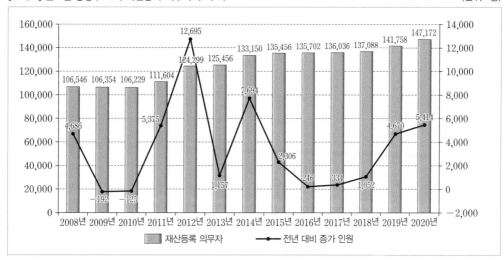

① 재산등록 의무자 수는 2009년부터 매년 전년 대비 증가하고 있다.

② 2008년부터 2020년 중 재산등록 의무자 수의 전년 대비 증가 인원이 가장 많은 해는 2020년이다.

③ 2017년부터는 재산등록 의무자 수의 전년 대비 증가 인원이 매년 증가하고 있다.

④ 재산등록 의무자 수가 가장 적었던 해와 전년 대비 가장 적게 증가한 해는 동일하다.

⑤ 전년 대비 증가 인원이 가장 많이 감소한 해의 다음 해에는 재산등록 의무자 수가 전년 대비 감소했다.

[08~09] 다음 자료를 보고 질문에 답하시오.

[표] 올해 과학기술표준분류별 연구개발비 상위 10대 분야 현황 (단위: 억 원, %)

구분		연구개발비	전년 대비 증가율
1	전기, 전자	89,525	6.6
2	정보, 통신	70,411	2.5
3	기계	66,946	4.0
4	재료	24,184	5.2
5	화학	20,857	10.2
6	보건, 의료	14,971	12.6
7	건설, 교통	13,994	6.3
8	생명과학	10,540	3.8
9	화학공정	10,240	7.8
10	농림, 수산	9,958	5.5
연구개발비 전체 합계		379,285	9.9

08 다음 설명 중 옳지 않은 것을 고르면?

① 작년 연구개발비가 2조 원을 넘었던 분야는 총 5개 분야이다.

② 올해 정보, 통신 분야의 연구개발비는 농림, 수산의 7배 이상이다.

③ 올해 상위 10대 분야의 연구개발비는 전체 연구개발비의 80% 이상이다.

④ 상위 10대 분야를 제외한 나머지 분야 전체보다 연구개발비가 많은 분야는 총 3개 분야이다.

⑤ 상위 10대 분야 중 연구개발비의 전년 대비 증가율이 전체보다 높은 분야는 총 2개 분야이다.

09 다음 중 올해 상위 3대 분야가 연구개발비 전체에서 차지하는 비중을 고르면?(단, 소수점 아래 첫째 자리에서 반올림하여 계산한다.)

① 51% ② 54% ③ 57%

④ 60% ⑤ 64%

10 다음 [그래프]는 연도별 기업부설 연구소 수 현황을 조사한 자료이다. 주어진 자료에 대한 [보기]의 설명 중 옳은 것을 모두 고르면?

[그래프] 기업부설 연구소 수 추이 (단위: 개)

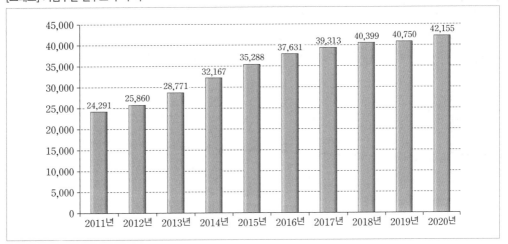

| 보기 |

㉠ 기업부설 연구소는 매년 1,000개 이상씩 증가하고 있다.

㉡ 2021년에 기업부설 연구소가 전년 대비 5% 이상 증가한다면, 2011년 대비 2021년 기업부설 연구소는 80% 이상 증가하게 된다.

㉢ 기업부설 연구소가 처음으로 4만 개를 넘긴 해는 2018년이다.

㉣ 전년 대비 기업부설 연구소가 3천 개 이상 증가한 해는 3개 연도이다.

① ㉠, ㉡　　　　　　② ㉡, ㉢　　　　　　③ ㉢, ㉣

④ ㉠, ㉡, ㉢　　　　⑤ ㉡, ㉢, ㉣

1 추리논리 핵심개념

언어추리

(1) 명제

명제는 그 내용이 참인지 거짓인지를 명확하게 판별할 수 있는 문장을 뜻한다. 다양한 형태의 명제가 있지만 그중 정언명제가 가장 기본적인 형태이다. 명제는 '참인 명제'와 '거짓인 명제'로 구분할 수 있다. '참인 명제'는 항상 옳은 내용의 명제이고, '거짓인 명제'는 내용에서 하나라도 옳지 않은 경우가 있는 명제로, 반례를 찾을 수 있는 명제이다.

① 정언명제

정언명제는 다음과 같이 조건이 붙지 않은 네 가지 기본명제를 말한다.

구분	명제	벤다이어그램	
전칭 (all 개념)	(모든) A는 B이다.		한 쪽이 다른 쪽에게 포함되거나 서로 동일한 관계
	(모든) A는 B가 아니다.		
특칭 (some 개념)	어떤 A는 B이다.		서로 공통 영역을 공유하는 관계
	어떤 A는 B가 아니다.		

- 전칭(all 개념)
  - 일반적으로 수식어가 붙지 않거나 '모든'이라는 수식어가 붙음
    (단, "어떤 ~도 ~가 아니다."라는 표현은 '어떤'이 사용되지만 전칭)
  - 전칭명제의 기호화: "(모든) A는 B이다."=$'a \rightarrow b'$
    　　　　　　　　　 "(모든) A는 B가 아니다."=$'a \rightarrow \sim b'$
  - A와 B가 완전히 동일한 경우 $'a \rightarrow b'$, $'b \rightarrow a'$ 모두 성립
- 특칭(some 개념)
  - 일반적으로 '어떤'이라는 수식어가 붙음
    (단, "모든 ~가 ~인 것은 아니다."라는 표현은 '모든'이 사용되지만 특칭)
  - 특칭은 전칭을 포함하는 좀 더 포괄적인 개념임. 따라서 "어떤 A는 B이다."라는 명제는 모든 A가 B인 경우와 모든 B가 A인 경우도 포함됨
  - 특칭명제는 $'a \rightarrow b'$ 형태와 같이 간단한 기호로 나타내지 않음

② 명제논리

전칭명제 $'a \rightarrow b'$의 역, 이, 대우는 다음과 같이 정의된다. $'a \rightarrow b'$가 참일 때, 항상 참인 것은 대우명제뿐이고, 역과 이는 참일 수도, 거짓일 수도 있다.

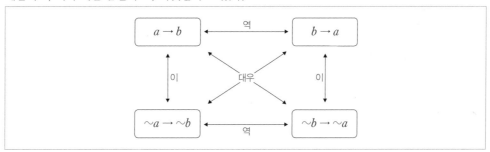

(2) 삼단논법

결론 또는 전제를 구하는 유형에서 주어진 모든 명제에 some 개념이 등장하지 않는다면 일반적으로 대우명제와 함께 삼단논법을 사용하여 문제를 풀 수 있다. 전제나 결론에 "어떤 ~은 ~이다."라는 some 개념이 들어가면 대우명제와 삼단논법을 이용한 풀이를 하기 어렵다.

삼단논법은 두 개의 전제와 하나의 결론, 즉 세 단계의 명제로 구성된 추리 방식이다. 전제가 모두 참일 때 거짓인 결론이 도출될 수 없는 추론 형식을 타당하다고 판단한다.

명제의 종류에 따라 정언적, 가언적, 선언적 삼단논법으로 구분할 수 있으며, 정언적 삼단논법이 대표적인 형식이다.

① 정언적 삼단논법

정언적 삼단논법은 소개념(S, 주어), 대개념(P, 술어), 매개념(M, 연결어)이 각각 2번씩 사용된다.

> - 소개념(S): 결론의 주어를 나타내는 개념, 소전제에 포함되는 개념
> - 대개념(P): 결론의 술어를 나타내는 개념, 대전제에 포함되는 개념
> - 매개념(M): 삼단논법의 전제에서만 쓰이며, 결론에 포함되지 않은 개념
>
> > 대전제(일반적 원리): 모든 사람(M)은 죽는다(P).
> > 소전제(구체적 사실): 소크라테스(S)는 사람(M)이다.
> > → 추론(구체적 원리): 그러므로 소크라테스(S)는 죽는다(P).

② 가언적 삼단논법

가언적 삼단논법은 가정적 전제 하에서 출발한다.

> > 대전제: 만약 독약을 마셨으면(A) 죽는다(B).
> > 소전제: 독약을 마셨다(A).
> > → 결론: 따라서 죽었다(B).

③ 선언적 삼단논법

선언적 삼단논법은 선택적 대전제로부터 소전제의 판단을 근거로 결론을 도출한다.

> > 대전제: 음료수의 색깔은 보라색(A)이거나 파란색(B)이다.
> > 소전제: 파란색(B)이 아니다.
> > → 결론: 따라서 보라색이다(A).

(3) 벤다이어그램

벤다이어그램은 가장 보편적인 문제 풀이법이다. 대우명제와 삼단논법을 사용해도 결론 또는 전제를 구하는 문제를 해결하기 어려운 경우(전제나 결론에 some 개념이 있는 경우) 벤다이어그램을 그려 문제를 해결하도록 한다.

① '결론' 구하기

주어진 전제로부터 발생할 수 있는 모든 경우에서 성립되는 명제가 결론이다.

예	전제1	모든 A는 B이다.
	전제2	어떤 A는 C이다.
	결론	

전제1과 전제2로부터 발생할 수 있는 대표적인 경우는 다음과 같다.

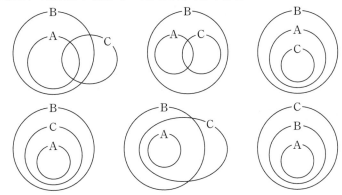

위와 같이 발생할 수 있는 모든 경우를 확인해보면 B와 C는 서로 공통된 영역을 공유하고 있으므로 결론은 "어떤 B는 C이다." 또는 "어떤 C는 B이다."가 적절하다.

② '전제' 구하기

어떤 전제를 세웠을 때 발생할 수 있는 모든 경우에서 결론이 성립되어야 타당한 전제이다.

예	전제1	모든 A는 B이다.
	전제2	
	결론	어떤 B는 C이다.

만약 A가 C를 포함하고 있으면 다음과 같이 발생할 수 있는 모든 경우에서 결론이 성립된다.

위의 경우를 정리하면 "모든 C는 A이다."가 전제2로 적절하다. 그 외에도 "모든 A는 C이다.", "어떤 A는 C이다.", "어떤 C는 A이다."가 전제2로 적절하다.

(4) 조건추리

조건추리는 제시된 조건의 정리 및 조합을 통해 제시되지 않은 정보를 파악하여 결론을 도출해야 한다. 또한 주어진 진술이 참인지, 거짓인지 가려서 유추하는 유형과 주어진 진술을 통해 선택지가 참인지, 거짓인지 가리는 유형도 출제된다.

문제에 제시된 조건을 읽고 문제를 풀려고 보면 조건이 정리되지 않고 생각이 복잡해져 풀이 시간이 지연되는 경우가 있을 것이다. 따라서 조건추리 유형은 다음과 같은 풀이 전략을 가지고 문제에 접근하는 것이 좋다.

- 조건을 전개하는 순서의 중요성 파악하기
  =다양한 조건 중 먼저 적용해야 하는 조건과 나중에 적용해야 하는 조건 파악하기
- 확정적인 조건 또는 중요한 단서를 가진 조건부터 확인하기
- 서로 관련 있는 조건끼리 묶어서 판단하여 규칙성 또는 문제를 해결하는 데 중요한 조건 도출하기
- 간단한 기호로 도식화하여 조건을 표현하기
- 조건들의 관계를 표, 그림, 벤다이어그램 등을 활용하여 시각적으로 구체화하기

어휘추리

(1) 유의관계

의미가 서로 같거나 유사한 단어의 관계를 말한다.

⑩ 오해―곡해, 비호―보호, 청산―정리, 대첩―대승, 몽매하다―우둔하다, 만족하다―탐탁하다 등

(2) 반의관계

의미가 서로 대립되는 단어의 관계를 말한다.

⑩ 홀대―후대, 번성―쇠퇴, 굴착―매립, 정교―조악, 굴욕―설욕 등

(3) 포함관계

한 단어가 다른 단어에 포함되는 관계를 말한다.

⑩ 행성―지구, 노래―자장가, 주택―아파트 등

(4) 전체―부분관계

한 단어가 의미상 다른 단어의 구성 요소가 되는 관계를 말한다.

⑩ 얼굴―볼, 나무―뿌리, 시계―초침 등

(1) 도형추리

① 3×3 박스형의 도형 변환

주어진 도형을 보고 적용된 규칙을 찾아 특정 지점에 해당하는 도형을 찾는다.

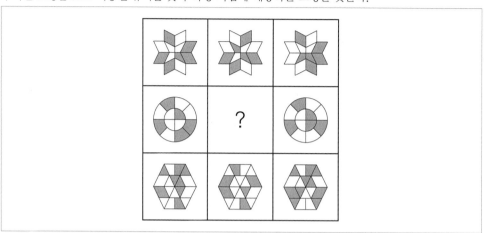

② 복합기호

여러 종류의 도형과 도형 색, 배경 색으로 구성된 2×2 복합 도형들이 대칭, 회전, 색 반전 등의 정의된 규칙을 가진 (+ × = ∨)를 통해 변화하였을 때, 특정 지점에 해당하는 도형을 찾는다.

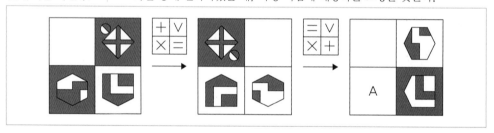

③ 2×2 복합도형

도형의 회전, 대칭, 이동, 색의 변화 등 4가지 구분에 따른 공통규칙과 개별규칙을 적용했을 때 특정 지점에 해당하는 도형을 찾는다.

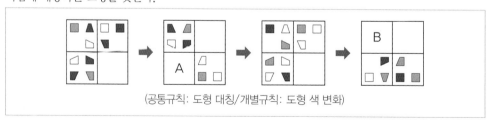

(공통규칙: 도형 대칭/개별규칙: 도형 색 변화)

(2) 도식추리

문자와 숫자를 변환시키는 기호의 규칙성을 파악하여 빈칸에 들어갈 알맞은 기호를 찾는다.
주요 패턴은 다음과 같다.

> • 순서 바꿈: ABCD → DCBA
> • 숫자 연산: 34CD → 43EF
> • 문자와 숫자의 변환: B3A1 → 2B4C

도식추리는 알파벳과 숫자가 함께 제시되는 경우가 많기 때문에 다음 제시된 표와 같이 알파벳 문자의 순서를 익혀두면 시간을 단축하여 문제를 풀이할 수 있다.

A	B	C	D	E	F
1	2	3	4	5	6
G	H	I	J	K	L
7	8	9	10	11	12
M	N	O	P	Q	R
13	14	15	16	17	18
S	T	U	V	W	X
19	20	21	22	23	24
Y	Z				
25	26				

다음 결론이 반드시 참이 되게 하는 전제를 고르면?

전제1	낙동강에는 오리가 살지 않는다.
전제2	
결론	거북이가 없는 곳은 낙동강이 아니다.

① 오리가 사는 곳은 거북이가 있는 곳이다.
② 오리가 사는 곳은 거북이가 없는 곳이다.
③ 오리가 살지 않는 곳은 거북이가 없는 곳이다.
④ 거북이가 있는 곳에는 오리가 산다.
⑤ 거북이가 없는 곳에는 오리가 산다.

| 정답풀이 | ⑤

전제1과 결론의 대우명제의 벤다이어그램은 각각 [그림1], [그림2]와 같다.

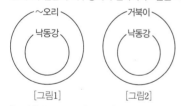

[그림1]　　　[그림2]

[그림1]의 상태에서 '~오리'가 '거북이'에 포함되어 있다면 자연스럽게 [그림2]처럼 '낙동강'이 '거북이'에 포함될 것임을 알 수 있다. 따라서 전제2는 '거북이'가 '~오리'를 포함하고 있는 명제인 '~오리 → 거북이'가 되어야 하는데, 선택지에는 관련 문장이 없다. 따라서 대우명제인 '~거북이 → 오리'에 해당하는 ⑤가 정답이다.

🕐 문제해결 TIP

전제1과 결론 모두 some 개념이 등장하지 않으므로 삼단논법을 사용하여 문제를 풀 수 있다. 낙동강을 '낙', 오리가 사는 곳을 '오', 거북이가 있는 곳을 '거'라고 표시하고 전제1과 결론을 다시 쓰면 다음과 같다.

· 전제1: 낙 → ~오
· 결론: ~거 → ~낙

이때 결론의 대우명제는 '낙 → 거'로 '낙'으로 시작하여 '거'로 끝나고, 전제1이 '낙'으로 시작하므로 전제2는 '거'로 끝나야 할 것이다. 따라서 전제2를 '~오 → 거'로 두면 전제1과 결합하여 '낙 → 거'라는 결론의 대우명제를 얻을 수 있다. 그런데 선택지에는 '~오 → 거'에 해당하는 문장이 없으므로 그 대우명제인 '~거 → 오'에 해당하는 ⑤가 정답이다.

어느 대학교의 해외 어학연수 프로그램에 최종 후보자 A~E가 순서대로 면접을 보려고 한다. 다음에 주어진 [조건]을 바탕으로 항상 옳은 것을 고르면?

┌ 조건 ───
- 각 면접자들의 전공은 경영학과, 컴퓨터공학과, 생명과학과, 정치학과, 국문학과이다.
- A는 가장 먼저 면접을 보지 않았다.
- 생명과학과는 네 번째로 면접을 보았다.
- D는 A보다 늦게, B보다 빨리 면접을 보았다.
- 컴퓨터공학과보다 면접을 빨리 본 사람은 없다.
- B는 국문학과보다 빨리 면접을 보았고, 정치학과보다 늦게 면접을 보았다.
└──

① A는 경영학과이다.
② D는 정치학과이다.
③ E는 국문학과이다.
④ B는 생명과학과이다.
⑤ C는 컴퓨터공학과이다.

| 정답풀이 | ④

확정적인 [조건]부터 확인해보면 가장 먼저 컴퓨터공학과가 면접을 보았고, 네 번째로 생명과학과가 면접을 보았다.
B가 국문학과보다 빨리 면접을 보았으므로 적어도 네 번째에는 면접을 보아야 하고, A는 가장 먼저 면접을 보지 않았으므로 두 번째 이후에 면접을 보아야 한다. D는 A보다 늦게, B보다 빨리 면접을 보아야 하므로 A는 두 번째, D는 세 번째, B는 네 번째로 면접을 보았다.

순서	1	2	3	4	5
지원자		A	D	B	
전공	컴공			생명	

B가 국문학과보다 빨리 면접을 보았으므로 국문학과는 가장 마지막이고, 남은 정치학과와 경영학과는 두 번째 또는 세 번째로 면접을 본다. C와 E의 순서에 관한 설명은 없으므로 C와 E가 첫 번째 또는 마지막에 면접을 본다. 이를 정리하면 다음과 같다.

순서	1	2	3	4	5
지원자	C/E	A	D	B	E/C
전공	컴공	정치/경영	경영/정치	생명	국문

B는 항상 생명과학과이므로 정답은 ④이다.

🕐 문제해결 TIP

순서	1	2	3	4	5
지원자		A	D	B	
전공	컴공			생명	

이 단계에서 B의 전공이 확정되었으므로 선택지에서 B에 대한 내용을 찾아보면 ④가 정답임을 알 수 있다. 나머지 경우는 따져보지 않아도 무방하다.
조건추리 유형은 풀이 소요 시간이 긴 유형에 속한다. 따라서 제시된 조건을 토대로 정보를 빠르게 추리해 나가는 연습을 반드시 해놓는 것을 추천한다.

다음 단어 쌍의 관계가 동일하도록 괄호 안에 들어갈 알맞은 단어를 고르면?

관습 : 관행 = 인정 : (   )

① 성격   ② 임치   ③ 결
④ 후의   ⑤ 성미

| 정답풀이 | ④

• 관습: 어떤 사회에서 오랫동안 지켜 내려와 그 사회 성원들이 널리 인정하는 질서나 풍습
• 관행: 오래전부터 해 오는 대로 함. 또는 관례에 따라서 함
두 단어의 관계는 유의관계이다. '인정'은 "어진 마음씨"라는 뜻이므로 "남에게 두터이 인정을 베푸는 마음"이라는 뜻의 '후의'와 유의관계
이다.

| 오답풀이 |

① 성격: 개인이 가지고 있는 고유의 성질이나 품성
② 임치: 남에게 돈이나 물건을 맡겨 둠
③ 결: 성품의 바탕이나 상태
⑤ 성미: 성질, 마음씨, 비위, 버릇 따위를 통틀어 이르는 말

4 도형·도식추리 대표유형

세부 유형 ❶ 도형추리

다음에 주어진 도형을 보고 적용된 규칙을 찾아 '?'에 해당하는 적절한 도형을 고르면?

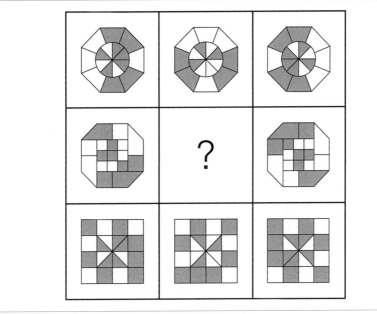

①

②

③

④

⑤

| 정답풀이 | ④

오른쪽으로 한 칸씩 갈 때마다 도형 전체가 시계 방향으로 90° 회전하고, 내부 도형만 색 반전한다.

🕐 문제해결 TIP

도형추리 유형은 주로 시계 방향, 반시계 방향 90° 회전이나 음영의 이동 규칙이 적용된다. 이때 1열 → 2열 → 3열로 규칙이 적용되는 경우도 있고, 1행 → 2행 → 3행으로 규칙이 적용되는 경우도 있으므로 어느 방향으로 규칙이 적용되었는지를 빠르게 파악해 문제를 해결하도록 한다. 만약 4×4 도형이 제시되는 경우, 규칙이 한눈에 들어오지 않는다면 음영의 개수를 세서 규칙의 방향을 파악할 수도 있다.

기호들이 각자 하나의 규칙을 가지고 아래와 같이 문자나 숫자를 그 규칙으로 변화시킨다고 한다. 이때 다음 (?)에 들어갈 알맞은 것을 고르면?(단, 가로와 세로 중 한 방향으로만 이동하며, Z 다음은 A, 9 다음은 0, ㅎ 다음은 ㄱ이고 쌍자음은 포함하지 않는다.)

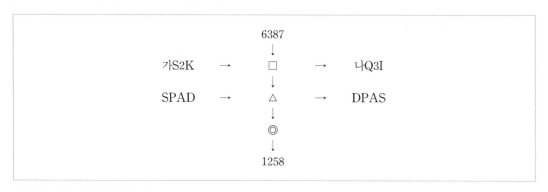

$$SP로7 \rightarrow \square \rightarrow \bigcirc\!\!\!\bigcirc \rightarrow (?)$$

① AS오2   ② PO고6   ③ PQ고9
④ TN모5   ⑤ WQ소2

| 정답풀이 | ②

다음과 같이 문자표를 먼저 적어 놓는다.

• 알파벳

A	B	C	D	E	F	G	H	I	J	K	L	M
1	2	3	4	5	6	7	8	9	10	11	12	13
N	O	P	Q	R	S	T	U	V	W	X	Y	Z
14	15	16	17	18	19	20	21	22	23	24	25	26

• 한글자음

ㄱ	ㄴ	ㄷ	ㄹ	ㅁ	ㅂ	ㅅ	ㅇ	ㅈ	ㅊ	ㅋ	ㅌ	ㅍ	ㅎ
1	2	3	4	5	6	7	8	9	10	11	12	13	14

주어진 도식을 보면 □, △ → ◎순으로 규칙을 파악해야 한다.

• □: 가S2K → □ → 나Q3I로 추론할 수 있다. 명백한 숫자연산 규칙으로 (+1, −2, +1, −2)이다.
• △: SPAD → △ → DPAS로 추론할 수 있다. 명백한 순서 바꾸기 규칙으로 첫 번째와 네 번째를 바꾸는 ABCD → DBCA의 규칙이다.
• ◎: 6387 → □ → △ → ◎ → 1258로 추론할 수 있다. 6387 → □ → 7195 → △ → 5197 → ◎ → 1258이므로 ◎은 명백한 숫자연산 규칙으로 (−4, +1, −4, +1)의 규칙이다.

따라서 SP로7 → □ → TN모5 → ◎ → PO고6이므로 정답은 ②이다.

⏱ 문제해결 TIP

도식추리 유형은 문제풀이 시간을 단축할 수 있는 유형이다. 다양한 형태로 문제가 제시되지만 풀이 방법은 비슷하기 때문이다. 따라서 기본 문제를 통해 충분히 대비할 수 있도록 한다.

5 독해추론 대표유형

다음 글의 내용이 참일 경우, 반드시 거짓인 내용을 고르면?

순수한 규소는 원자의 결합에 관여하는 최외각 전자가 4개이며, 최외각 전자들은 원자에 속박되어 전류가 흐르기 힘들다. 그러나 최외각 전자가 5개인 비소(As)를 규소에 소량 첨가하면 결합에 참여하지 않는 1개의 잉여 전자가 전류를 더 잘 흐르게 해 준다. 이를 n형 반도체라고 한다. 그리고 규소에 최외각 전자가 3개인 붕소(B)를 소량 첨가하면 빈자리인 정공(양전하)이 생기게 된다. 이 정공은 자유롭게 움직일 수 있어 전류를 더 잘 흐르게 해 준다. 이를 p형 반도체라고 한다.

p형과 n형 반도체를 각각 하나씩 접합하여 pn 접합 소자를 만들면 이 소자는 정류 기능을 할 수 있다. 즉 p형에 (+)전압을, n형에 (−)전압을 걸어 주면 전류가 흐르는 반면, 이와 반대로 전압을 걸어 주면 전류가 흐르지 않는다. 한편 n형이나 p형을 3개 접합하면 트랜지스터라 불리는 pnp 혹은 npn 접합 소자를 만들 수 있다. 이때 가운데 위치한 반도체가 진공관의 그리드와 같은 역할을 하여 증폭 기능을 하게 된다. 이를 통해 반도체 소자는 진공을 만들거나 필라멘트를 가열하지 않고도 진공관의 기능을 대체했을 뿐 아니라 소형화도 이룰 수 있었다. 이로써 전자 공학 기술의 비약적 발전이 가능해졌다.

① 규소에 불순물을 첨가하면 전류가 잘 흐르게 된다.
② 반도체 소자는 전자 기기의 소형화를 가능하게 하였다.
③ pnp 접합 소자에서 진공관의 그리드 역할을 하는 것은 n형이다.
④ pn 접합 소자의 p형과 n형에 각각 (−)전압과 (+)전압을 걸어 주면 전류가 흐른다.
⑤ 진공관은 라디오, 텔레비전, 컴퓨터의 출현 및 발전에 큰 역할을 하였으나 진공관 자체는 문제가 많았다.

| 정답풀이 | ④

p형과 n형에 각각 (−)전압과 (+)전압을 순서대로 걸어 주면 전류가 흐르지 않는다. 반대로 p형에 (+)전압을, n형에 (−)전압을 걸어 줘야 전류가 흐른다.

| 오답풀이 |

① 순수한 규소에 비소나 붕소와 같은 불순물을 첨가하면 전류가 잘 흐르게 된다.
② 반도체 소자는 진공을 만들거나 필라멘트를 가열하지 않고도 진공관의 기능을 대체했을 뿐 아니라 소형화를 이룰 수 있었다. 그리고 이를 통해 신사 기기의 소형화를 기능하게 하여 전자 공학 기술의 발전을 가져왔다.
③ n형이나 p형을 3개 접합하면 트랜지스터라 불리는 pnp 혹은 npn 접합 소자를 만들 수 있는데, 이때 가운데 위치한 반도체가 진공관의 그리드와 같은 역할을 한다. 따라서 pnp 접합 소자에서 진공관의 그리드 역할을 하는 것은 n형이다.
⑤ 진공관이 라디오, 텔레비전, 컴퓨터의 출현 및 발전에 큰 역할을 하였는지와 진공관 자체는 문제가 많았다는 사실은 주어진 글을 통해 알 수가 없다.

문제해결 TIP

반드시 거짓인 진술을 묻는 문제는 ⑤와 같이 주어진 글만으로는 참인지 거짓인지 판단할 수 없는 선택지가 나오므로 가지고 있는 지식으로 접근하기보다는 주어진 글에서 명백하게 거짓임을 확인할 수 있는 선택지를 찾아야 한다.

정답과 해설 P. 15

유형 ❶	언어추리

01 다음 전제를 보고 항상 참인 결론을 고르면?

전제1	꽃은 무채색이 아니다.
전제2	회색은 무채색이다.
결론	

① 꽃은 회색이다.
② 꽃은 회색이 아니다.
③ 꽃이 아닌 것은 회색이다.
④ 꽃이 아닌 것은 회색이 아니다.
⑤ 회색인 것은 꽃이다.

02 다음 전제를 보고 항상 참인 결론을 고르면?

전제1	국내여행을 좋아하는 사람은 김치찌개를 좋아한다.
전제2	국내여행을 좋아하지 않는 사람은 대한민국 국민이 아니다.
결론	

① 김치찌개를 좋아하는 사람은 대한민국 국민이 아니다.
② 김치찌개를 좋아하지 않는 사람은 대한민국 국민이다.
③ 김치찌개를 좋아하는 사람은 대한민국 국민이다.
④ 대한민국 국민은 김치찌개를 좋아하지 않는다.
⑤ 대한민국 국민은 김치찌개를 좋아한다.

03 다음 전제를 보고 항상 참인 결론을 고르면?

전제1	피아노가 취미인 사람은 바이올린이 취미이다.
전제2	피아노가 취미인 어떤 사람은 필라테스가 취미가 아니다.
결론	

① 필라테스가 취미가 아닌 모든 사람은 바이올린이 취미이다.
② 필라테스가 취미가 아닌 어떤 사람은 바이올린이 취미이다.
③ 필라테스가 취미가 아닌 모든 사람은 바이올린이 취미가 아니다.
④ 필라테스가 취미가 아닌 어떤 사람은 바이올린이 취미가 아니다.
⑤ 필라테스가 취미인 어떤 사람은 바이올린이 취미이다.

04 다음 결론이 반드시 참이 되게 하는 전제를 고르면?

전제1	서핑을 좋아하는 사람은 여름을 좋아한다.
전제2	
결론	스키를 좋아하는 어떤 사람은 서핑을 좋아하지 않는다.

① 여름을 좋아하는 어떤 사람은 스키를 좋아한다.
② 여름을 좋아하는 모든 사람은 스키를 좋아한다.
③ 스키를 좋아하는 모든 사람은 여름을 좋아한다.
④ 스키를 좋아하는 어떤 사람은 여름을 좋아하지 않는다.
⑤ 스키를 좋아하지 않는 어떤 사람은 여름을 좋아하지 않는다.

05 다음 전제를 보고 항상 참인 결론을 고르면?

전제1	학점이 좋은 학생은 성실하다.
전제2	학점이 좋은 어떤 학생은 어학점수가 좋다.
결론	

① 성실한 모든 학생은 어학점수가 좋지 않다.
② 성실한 어떤 학생은 어학점수가 좋지 않다.
③ 성실한 어떤 학생은 어학점수가 좋다.
④ 어학점수가 좋은 모든 학생은 성실하다.
⑤ 어학점수가 좋은 어떤 학생은 성실하지 않다.

06 다음 전제를 보고 항상 참인 결론을 고르면?

전제1	미술을 좋아하는 사람은 음악을 좋아한다.
전제2	체육을 좋아하지 않는 사람은 음악을 좋아하지 않는다.
결론	

① 체육을 좋아하는 사람은 미술을 좋아한다.
② 체육을 좋아하지 않는 사람은 미술을 좋아한다.
③ 미술을 좋아하는 사람은 체육을 좋아한다.
④ 미술을 좋아하지 않는 사람은 체육을 좋아한다.
⑤ 미술을 좋아하지 않는 사람은 체육을 좋아하지 않는다.

07 다음 결론이 반드시 참이 되게 하는 전제를 고르면?

전제1	어떤 깨끗한 것은 매끄러운 것이다.
전제2	
결론	어떤 깨끗한 것은 딱딱한 것이다.

① 딱딱한 모든 것은 매끄러운 것이다.
② 딱딱한 모든 것은 매끄러운 것이 아니다.
③ 매끄러운 모든 것은 딱딱한 것이다.
④ 매끄러운 모든 것은 딱딱하지 않은 것이다.
⑤ 매끄럽지 않은 모든 것은 딱딱한 것이다.

08 다음 전제를 보고 항상 참인 결론을 고르면?

전제1	애완동물을 좋아하는 사람은 사람을 좋아한다.
전제2	애완동물을 좋아하는 어떤 사람은 곤충을 좋아한다.
결론	

① 곤충을 좋아하는 모든 사람은 사람을 좋아한다.
② 곤충을 좋아하는 어떤 사람은 사람을 좋아하지 않는다.
③ 사람을 좋아하는 모든 사람은 곤충을 좋아하지 않는다.
④ 사람을 좋아하는 어떤 사람은 곤충을 좋아하지 않는다.
⑤ 사람을 좋아하는 어떤 사람은 곤충을 좋아한다.

09 다음 [조건]을 바탕으로 스파이인 사람을 고르면?

┤ 조건 ├

A~E 중 한 명은 스파이이다. 이 중 한 명은 거짓말을 하고 나머지는 참을 말한다.

- A: 나는 스파이가 아니다.
- B: C는 거짓말을 하고 있다.
- C: E는 스파이이다.
- D: B는 스파이가 아니다.
- E: 스파이는 거짓말을 하고 있다.

① A   ② B   ③ C
④ D   ⑤ E

10 A~E가족은 주말 농장을 운영하고 있다. 다음 [조건]을 고려하였을 때 작물 c를 키우는 가족을 고르면?

┤ 조건 ├

- 다섯 가족이 키우는 작물은 a~e로 각각 다른 작물을 키운다.
- a를 키우는 가족은 D가족이다.
- B가족은 b나 d를 키운다.
- e를 키우는 가족은 A와 E가 아니다.
- E가족은 c를 키우지 않는다.

① A가족   ② B가족   ③ C가족
④ D가족   ⑤ E가족

11 5명의 직원 A~E 중 2명이 해외파견을 가게 되었다. 이 중 2명이 반드시 거짓을, 나머지 3명이 반드시 참을 말한다고 할 때, 다음 [조건]을 바탕으로 파견을 가는 직원끼리 알맞게 짝지은 것을 고르면?(단, 거짓을 말하는 사람의 모든 발언은 거짓이다.)

┌─ 조건 ┐
- A: 나는 E와 함께 파견을 가.
- B: 나는 파견을 가지 않고, C도 파견을 가지 않아.
- C: B와 D는 파견을 가.
- D: C는 파견을 가고, E는 파견을 가지 않아.
- E: D는 파견을 가지 않아.
└─────┘

① A, D   ② A, E   ③ B, C
④ C, D   ⑤ C, E

12 갑, 을, 병, 정, 무 다섯 명의 후보가 시장 선거에 출마하였다. 이중 득표수가 가장 많은 사람이 시장으로 당선된다. 다섯 명의 후보 중 한 명이 반드시 참만을 말하고, 나머지 네 명은 모두 거짓만을 말한다고 할 때, 다음 [조건]을 바탕으로 2위를 한 후보를 고르면?(단, 다섯 명의 후보의 득표수는 모두 다르다.)

┌─ 조건 ┐
- 갑: 나는 시장이고, 정보다 득표수가 많아.
- 을: 나는 시장이 아니고, 갑보다 득표수가 많아.
- 병: 나는 시장이고, 을보다 득표수가 많아.
- 정: 나는 시장이 아니고, 병보다 득표수가 많지 않아.
- 무: 정은 시장이 아니고, 나는 득표수가 가장 적지 않아.
└─────┘

① 갑   ② 을   ③ 병
④ 정   ⑤ 무

13 어느 공기업에 재직 중인 A~F는 의정부, 하남, 성남, 부천을 순환 근무한다. 다음 [조건]을 바탕으로 옳지 <u>않은</u> 것을 고르면?

┤ 조건 ├
- 근무지를 새로 배정하기 전 A와 B는 의정부, C는 하남, D는 성남, E와 F는 부천에서 근무하였다.
- 이전 근무지와 동일한 근무지에 배정받지 않는다.
- 이전 근무지에서 함께 근무한 사람은 다음 근무지에서 함께 근무하지 않는다.
- 의정부에서 근무한 직원은 하남에 배정받지 않는다.
- E는 A와 같은 곳에 배정받는다.
- 각 근무지별로 1~3명이 배정받는다.

① 가능한 모든 경우의 수는 8가지이다.
② E는 항상 성남에 배정받는다.
③ B는 항상 부천에 배정받는다.
④ 하남에는 항상 1명이 배정받는다.
⑤ F가 의정부에 배정받으면 D는 하남에 배정받는다.

14 A~F는 영화관에 가서 다음과 같이 2행 3열로 되어있는 좌석에 앉으려고 한다. 1행이 2행보다 앞자리라고 할 때, 다음 [조건]을 바탕으로 반드시 옳은 것을 고르면?

	1열	2열	3열
1행			
2행			

┤ 조건 ├
- A, B, C는 모두 다른 열에 앉는다.
- D와 E는 바로 옆자리에 앉는다.
- B는 2행에 앉는다.
- A는 D의 바로 앞자리에 앉는다.
- E는 2열에 앉지 않는다.

① C는 1열에 앉는다.
② B는 A보다 오른쪽에 앉는다.
③ F와 C는 바로 옆자리에 앉는다.
④ B는 F의 바로 뒷자리에 앉는다.
⑤ E는 1행에 앉는다.

15 다섯 명의 직원 A~E 중 일부가 세미나에 참석하였다. 이 중 1명은 반드시 거짓만을, 나머지 4명은 반드시 참만을 말한다고 할 때, 다음 [조건]을 바탕으로 세미나에 참석하지 <u>않은</u> 직원을 모두 고르면?

조건

- A: 세미나에는 3명이 참석을 했어.
- B: 나는 세미나장에서 A를 만났어.
- C: D는 세미나에 참석하지 않았어.
- D: E는 세미나에 참석하지 않았고, C는 참을 말하고 있어.
- E: A는 세미나에 참석하지 않았어.

① A, D, E   ② A, B, C   ③ A, E
④ C, D, E   ⑤ D, E

16 어느 영화관에는 A~F 6개의 관이 있고, 현재 영화가 상영 중이다. 다음 [조건]을 바탕으로 항상 옳은 것을 고르면?

조건

- 각 관마다 공포, 로맨스, SF, 액션 중 한 가지 장르가 상영되고 있다.
- 한 장르는 최대 2개의 관까지만 상영될 수 있으며, 적어도 1개의 관에서는 상영된다.
- A관과 F관에는 같은 장르의 영화가 상영되고 있다.
- B관과 C관에는 다른 장르의 영화가 상영되고 있다.
- E관과 같은 장르의 영화를 상영하는 곳은 없다.
- E관은 공포 장르를 상영하지 않는다.
- C관은 액션 장르를 상영하지 않는다.
- C관에서 공포 장르를 상영하면 E관에서 SF 장르를 상영한다.
- D관은 액션 장르를 상영한다.

① A관에서 SF 영화를 상영한다.
② C관에서 SF 영화를 상영하지 않는다.
③ B관에서 액션 영화를 상영한다.
④ C관과 D관은 같은 장르의 영화를 상영한다.
⑤ E관에서 로맨스 영화를 상영한다.

17 다음 [조건]과 같이 A~F 6명이 가게 앞에서 줄을 서고 있다. 이 중 마지막에 서 있는 사람을 고르면?

조건
- 3명은 우산을 쓰고 있고, 3명은 우산을 쓰지 않고 서 있다.
- 우산을 쓴 사람 사이에는 우산을 쓰지 않은 사람이 3명 서 있다.
- C는 우산을 쓴 사람 중에 가장 앞에 서 있다.
- 우산을 쓰지 않은 B 뒤에는 우산을 쓴 사람 1명이 서 있다.
- 맨 앞과 맨 뒤에는 우산을 쓴 사람이 서 있다.
- 우산을 쓰지 않은 A의 양 옆에는 우산을 쓴 D와 우산을 쓰지 않은 E가 서 있다.

① A   ② B   ③ D
④ E   ⑤ F

18 가수 A, B, C와 배우 D, E, F와 코미디언 G, H는 SNS를 하고 있다. 다음 [조건]을 바탕으로 팔로워 수가 세 번째로 적은 사람을 고르면?

조건
- 각 코미디언은 배우 바로 다음으로 팔로워 수가 많다.
- 팔로워가 가장 많은 사람과 가장 적은 사람은 모두 가수이다.
- B는 D 바로 다음으로 팔로워 수가 많고, E는 B 바로 다음으로 팔로워 수가 많다.
- A는 G 바로 다음으로 팔로워 수가 많다.
- D는 H 바로 다음으로 팔로워 수가 많다.

① A   ② B   ③ D
④ E   ⑤ H

19 어느 기업에서는 3명의 직원을 해외로 파견하려고 한다. 이번 해외 파견에 8명의 직원 A∼H가 지원을 하였고, 이 중 평가 점수가 높은 3명의 직원이 파견을 간다. 다음 [조건]을 바탕으로 파견을 가는 직원을 고르면?

┤ 조건 ├
- A는 기획부 과장, B와 C는 기획부 대리, D는 영업부 과장, E는 영업부 대리, F는 재무부 과장, G와 H는 재무부 대리이다.
- 과장은 1명만 파견을 간다.
- 모든 부서에서 1명씩 파견을 간다.
- 기획부 대리는 평가 점수 순위가 연속한다.
- 재무부 대리는 평가 점수 순위가 연속하지 않는다.
- 재무부 과장은 순위가 가장 낮다.
- G는 4위이다.
- 3위는 대리이다.

① A, D, H   ② A, E, F   ③ A, E, H
④ B, D, H   ⑤ B, E, F

20 K가 빨강, 주황, 노랑, 초록, 파랑, 남색, 보라색의 블록을 위로 쌓고 있다. 다음 [조건]을 바탕으로 항상 옳은 것을 고르면?(단, 각 블록은 1개씩 있다.)

┤ 조건 ├
- 주황색은 빨간색보다 위에 있다.
- 노란색은 정가운데 위치한다.
- 파란색은 남색 바로 위에 있다.
- 보라색은 가장 아래에 있지 않고, 노란색보다 아래에 있다.
- 남색은 보라색보다 위에 있다.
- 초록은 노란색보다 위에 있다.

① 초록색 블록은 7층에 위치한다.
② 파란색 블록은 노란색보다 아래쪽에 위치한다.
③ 보라색은 빨간색 블록 바로 위에 위치한다.
④ 빨간색 블록은 1층에 위치한다.
⑤ 남색 블록은 초록색 블록보다 위에 위치한다.

21 A~E는 아이스크림 가게에서 각각 딸기맛, 바나나맛, 초코맛 아이스크림을 주문하려고 한다. 다음 [조건]을 바탕으로 옳지 <u>않은</u> 것을 고르면?

┤ 조건 ├
- 모든 맛은 각각 1명 이상이 주문한다.
- D와 A는 서로 같은 맛을 주문한다.
- B가 바나나맛을 주문하면 C는 딸기맛을 주문한다.
- E는 초코맛을 주문하지 않는다.
- D와 E는 서로 다른 맛을 주문한다.
- B는 딸기맛을 주문하지 않는다.
- C와 A는 서로 다른 맛을 주문한다.

① 가능한 경우의 수는 8가지이다.
② E가 혼자 딸기맛을 주문하는 경우의 수는 2가지이다.
③ 바나나맛을 3명이 주문하는 경우는 없다.
④ 초코맛을 3명이 주문하는 경우의 수는 1가지이다.
⑤ B와 E가 같은 맛을 주문하는 경우의 수는 1가지이다.

22 어느 회사에는 4개의 회의실이 있고, 오전 또는 오후에 1개 회의실당 한 부서씩만 예약을 할 수 있다. 월요일 예약 현황이 다음 [조건]과 같을 때, G부서가 반드시 예약을 할 수 있는 월요일 회의실과 시간대로 적절한 것을 고르면?

┤ 조건 ├
- 현재 A~F부서가 각각 회의실을 예약하였고, 오전에 세 부서, 오후에 세 부서가 예약을 하였다.
- C는 D와 같은 회의실을 예약하였다.
- B는 제2회의실을 예약하였다.
- A는 오전에 예약을 하였고, E와 같은 시간대에 예약을 하였다.
- F는 제1회의실을 예약하지 않았고, D와 같은 시간대에 예약을 하였다.
- A가 예약한 회의실에 다른 부서는 예약하지 않았다.
- 제3회의실에는 C가 예약하였다.

① 제1회의실, 오전
② 제1회의실, 오후
③ 제2회의실, 오후
④ 제4회의실, 오전
⑤ 제4회의실, 오후

23 하나, 미정, 소윤, 도진, 강훈이가 A, B, C사에 지원하여 한 곳에 입사하였다. 다음 [조건]을 바탕으로 옳은 것을 고르면?

┤ 조건 ├
- 각 회사에는 1명 또는 2명이 입사하였다.
- 강훈이가 A사에 입사하면 미정이는 B사에 입사한다.
- 하나는 C사에 불합격하였다.
- 도진이가 입사한 곳에는 다른 사람이 입사하지 않았다.

① 가능한 모든 경우는 12가지이다.
② 하나가 A사에 입사하는 경우는 4가지이다.
③ 도진이가 A사에 입사하는 경우는 2가지이다.
④ 하나가 강훈이와 같은 회사에 입사하는 경우는 3가지이다.
⑤ 미정이가 C사에 입사하는 경우는 4가지이다.

24 정원이는 방탈출게임을 하고 있다. 최종적으로 방탈출을 하기 위해서는 암호를 알아내야 한다. 방탈출 암호는 스파이를 제외한 사람의 이니셜을 알파벳순으로 나열한 것이다. 다음 [조건]을 바탕으로 방탈출 암호를 고르면?

┤ 조건 ├
- A~E 중 한 명은 스파이이다. 이들 중 한 명은 반드시 거짓말을 하고, 나머지는 반드시 참을 말하고 있다.
- A: E는 스파이가 아니야.
- B: D는 스파이가 아니야.
- C: E는 거짓말을 하고 있어.
- D: A는 스파이가 아니야.
- E: 거짓말을 한 사람은 스파이가 아니야.

① ABCD ② ABCE ③ ABDE
④ ACDE ⑤ BCDE

25 12명의 직원들이 6명씩 1번과 2번이 적힌 두 개의 원형 테이블에 일정한 간격으로 둘러앉아 있다. 다음 [조건]을 바탕으로 옳은 것을 고르면?

---| 조건 |---

- 기획부 과장 2명, 대리 2명, 홍보부 과장 1명, 대리 2명, 사원 1명, 영업부 과장 2명, 대리 1명, 사원 1명이 있다.
- 각 테이블에는 각 부서원들이 2명씩 앉아 있다.
- 기획부 과장은 서로 마주 보고 있다.
- 홍보부 과장은 영업부 과장 사이에 있다.
- 기획부 대리는 서로 이웃하지 않는다.
- 사원은 서로 다른 테이블에 앉는다.
- 홍보부 대리 왼쪽에 영업부 직원이 앉아 있다.
- 기획부 과장은 1번 테이블에 앉아 있다.

① 홍보부 과장은 영업부 사원과 같은 테이블에 앉는다.
② 영업부 과장은 기획부 과장과 이웃한다.
③ 영업부 대리는 기획부와 이웃하지 않는다.
④ 영업부 사원 맞은편에 영업부 대리가 앉는다.
⑤ 홍보부 대리는 2번 테이블에 앉는다.

26 어느 식당에는 4개의 연회실이 있고, 각 연회실의 이름은 모란실, 장미실, 국화실, 채송화실이다. 각 연회실은 낮 12시 또는 저녁 6시에 예약 가능하다. 이 식당에서 일요일 예약 현황을 살펴보고 있다. 일요일에 A~F 여섯 팀이 예약을 하였고, 예약 현황이 다음 [조건]을 따른다고 할 때, 옳은 것을 고르면?(단, 각 연회실은 오전과 오후 각각 한 팀씩만 예약이 가능하다.)

---| 조건 |---

- 오전에 세 팀, 오후에 세 팀이 예약을 하였다.
- C는 D와 같은 연회실을 예약하였다.
- B는 장미실을 예약하였다.
- 채송화실은 오후에 예약이 없다.
- A는 오전에 예약을 하였고, E와 같은 시간대에 예약을 하였다.
- F는 국화실을 예약하지 않았고, B와 같은 시간대에 예약을 하였다.
- E가 예약한 연회실에 다른 팀은 예약하지 않았다.
- A는 B와 같은 연회실을 예약하지 않았다.

① B는 오전에 예약을 하였다.
② C는 장미실을 예약하였다.
③ E는 F와 같은 시간대에 예약하였다.
④ A는 모란실을 예약하였다.
⑤ B와 F는 같은 연회실을 예약하였다.

27 Z가 다음 [조건]에 따라 a~g 7개의 블록을 쌓는다고 할 때, 항상 옳은 것을 고르면?

┤ 조건 ├
- a블록은 b블록보다 위에 있다.
- c블록은 e블록보다 위에 있고 f블록보다 아래에 있다.
- f블록 위에 있는 블록과 아래 있는 블록의 갯수는 같다.
- e블록보다 아래 있는 블록은 없다.
- g블록은 d블록 바로 아래에 있다.

① a블록은 가장 상단에 위치한다.
② b블록은 아래에서 두 번째에 위치한다.
③ d블록은 f블록보다 아래에 위치한다.
④ a블록은 c블록보다 위에 위치한다.
⑤ g블록은 a블록과 f블록 사이에 위치한다.

28 인사부 직원 갑, 을, 병이 여섯 명의 신입사원 A~F를 2명씩 맡아 교육을 한다. 다음 [조건]을 바탕으로 옳은 것을 고르면?

┤ 조건 ├
- A의 교육을 맡은 직원은 B의 교육을 맡지 않는다.
- 갑이 C의 교육을 맡으면 을은 D의 교육을 맡는다.
- 병은 F의 교육을 맡지 않는다.
- 을은 B의 교육을 맡는다.
- 병이 D의 교육을 맡으면 갑은 E의 교육을 맡는다.

① 가능한 모든 경우의 수는 10가지이다.
② 갑이 E의 교육을 맡는 경우의 수는 4가지이다.
③ 을이 F의 교육을 맡는 경우의 수는 4가지이다.
④ 병이 A의 교육을 맡으면 갑이 F의 교육을 맡는다.
⑤ 을이 D의 교육을 맡는 경우의 수는 2가지이다.

29 A~E는 대리, 갑~무는 신입사원이다. 대리가 사수가 되고, 사수 1명당 신입사원 부사수가 1명 배정된다. 다음 [조건]을 바탕으로 항상 옳은 것을 고르면?

┤ 조건 ├
- A의 부사수는 갑이다.
- B의 부사수는 을이 아니다.
- 병의 사수는 C가 아니다.
- 정의 사수는 E가 아니다.
- E의 부사수는 무가 아니다.
- 무의 사수는 D가 아니다.
- C의 부사수는 정이 아니다.

① C의 부사수는 을이 아니다.
② D의 부사수는 병이 아니다.
③ 병의 사수는 B가 아니다.
④ 정의 사수가 D라면 B의 사수는 무이다.
⑤ E의 부사수가 을이라면 C의 부사수는 무이다.

30 A~H가 여행을 가서 304호, 305호, 306호 세 개의 방에 나누어 자려고 한다. 다음 [조건]을 바탕으로 항상 옳은 것을 고르면?

┤ 조건 ├
- A는 B와 같은 방에서 잔다.
- C가 있는 숙소는 2명이 잔다.
- 305호는 3명이 자고, E가 305호에서 잔다.
- 304호에는 G가 잔다.
- D는 G와 다른 방에서 잔다.
- F는 306호에서 자고, B와 같은 방에서 자지 않는다.

① C는 G와 같은 방에서 잔다.
② E는 H와 같은 방에서 잔다.
③ D는 H와 같은 방에서 잔다.
④ A는 306호에서 잔다.
⑤ 306호에서 2명이 잔다.

01 다음 중 단어 쌍의 관계가 나머지와 <u>다른</u> 것을 고르면?

① 도면 — 설계
② 영화 — 상영
③ 주택 — 이사
④ 공사 — 혼동
⑤ 메시지 — 전달

02 다음 중 단어 쌍의 관계가 나머지와 <u>다른</u> 것을 고르면?

① 진취 — 퇴영
② 배웅 — 마중
③ 복종 — 순종
④ 전담 — 분담
⑤ 소비 — 생산

03 다음 단어 쌍의 관계가 동일하도록 괄호 안에 들어갈 알맞은 단어를 고르면?

북돋우다 : 고취하다 = 뜸하다 : (　　　　)

① 잦다　　　　　　　② 간조하다　　　　　　③ 내방하다
④ 격조하다　　　　　⑤ 첨언하다

04 다음 단어 쌍의 관계가 동일하도록 괄호 안에 들어갈 알맞은 단어를 고르면?

치장하다 : 다듬다 = 관대하다 : (   )

① 단장하다   ② 거스르다   ③ 확락하다
④ 대대하다   ⑤ 굉대하다

05 다음 단어 쌍의 관계가 동일하도록 괄호 안에 들어갈 알맞은 단어를 고르면?

뜬적대다 : 따짝대다 = 껄떡거리다 : (   )

① 안달하다   ② 깔짝대다   ③ 트집하다
④ 미련하다   ⑤ 들추다

06 다음 중 단어 쌍의 관계가 나머지와 <u>다른</u> 것을 고르면?

① 세금 — 인하
② 조치 — 연장
③ 나라 — 침공
④ 가격 — 상승
⑤ 메달 — 획득

07 다음 중 단어 쌍의 관계가 나머지와 <u>다른</u> 것을 고르면?

① 코로나19 — 자가격리
② 인플레이션 — 금리인상
③ 부실공사 — 안전사고
④ 노동조합 — 합병
⑤ 매출증대 — 주가상승

08 다음 중 단어 쌍의 관계가 나머지와 <u>다른</u> 것을 고르면?

① 호평 — 혹평   ② 종대 — 횡대   ③ 채권 — 채무
④ 조례 — 종례   ⑤ 출하 — 적출

09 다음 중 단어 쌍의 관계가 나머지와 <u>다른</u> 것을 고르면?

① 인력 − 부족　　　　② 상황 − 낙관　　　　③ 적군 − 방어
④ 조약 − 체결　　　　⑤ 작전 − 개시

10 다음 단어 쌍의 관계가 동일하도록 괄호 안에 들어갈 알맞은 단어를 고르면?

임치 : 기탁 = 건곤 : (　　　)

① 곤방　　　　　　　② 건괘　　　　　　　③ 곡수
④ 음양　　　　　　　⑤ 도지

01 다음에 주어진 도형을 보고 적용된 규칙을 찾아 '?'에 해당하는 적절한 도형을 고르면?

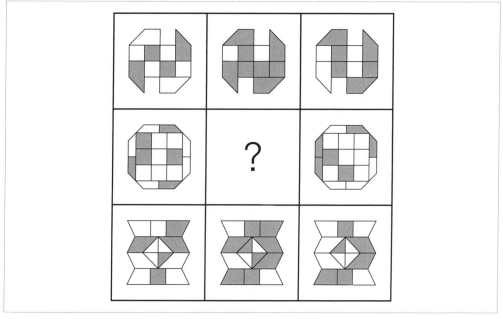

①

②

③

④

⑤

02 다음에 주어진 도형을 보고 적용된 규칙을 찾아 '?'에 해당하는 적절한 도형을 고르면?

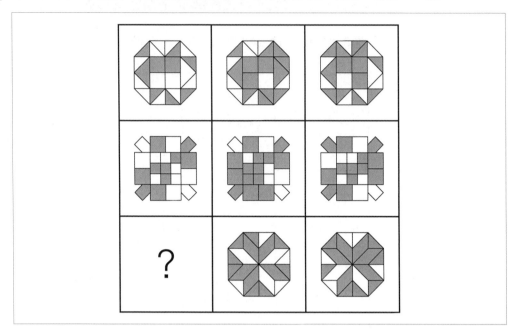

① 　　② 　　③

④ 　　⑤

03 다음에 주어진 도형을 보고 적용된 규칙을 찾아 '?'에 해당하는 적절한 도형을 고르면?

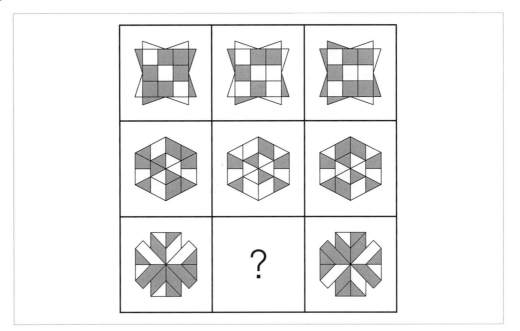

①   ②   ③

④   ⑤

04 다음에 주어진 도형을 보고 적용된 규칙을 찾아 '?'에 해당하는 적절한 도형을 고르면?

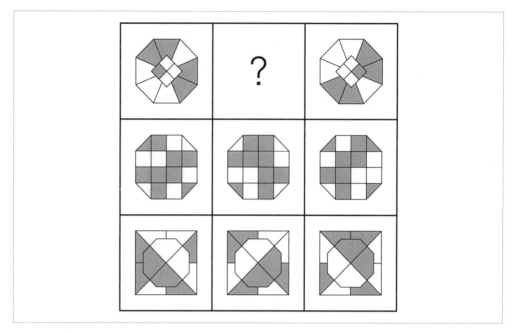

①

②

③

④

⑤

05 다음에 주어진 도형을 보고 적용된 규칙을 찾아 '?'에 해당하는 적절한 도형을 고르면?

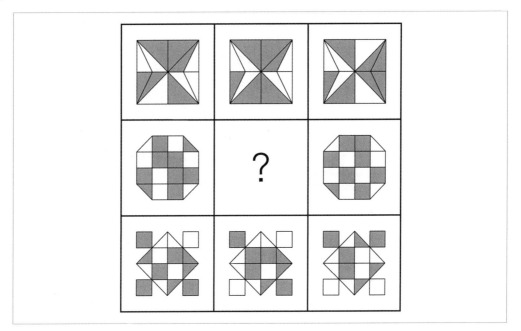

①

②

③

④

⑤

06 다음에 주어진 도형을 보고 적용된 규칙을 찾아 '?'에 해당하는 적절한 도형을 고르면?

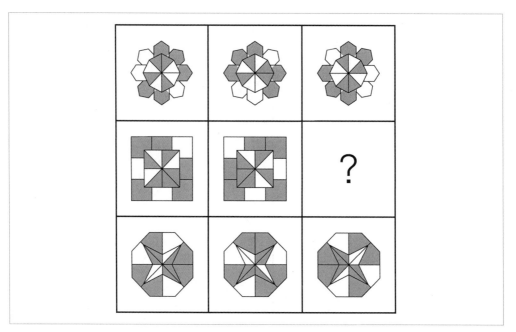

①

②

③

④

⑤

07 다음에 주어진 도형을 보고 적용된 규칙을 찾아 '?'에 해당하는 적절한 도형을 고르면?

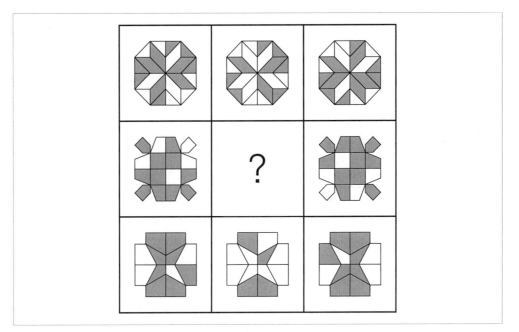

① 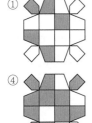 ② 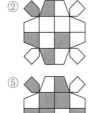 ③

④   ⑤

08 기호들이 각자 하나의 규칙을 가지고 아래와 같이 문자나 숫자를 변화시킨다고 한다. 이때 다음 (?)에 들어갈 알맞은 것을 고르면?(단, 가로와 세로 중 한 방향으로만 이동하며, Z 다음은 A, 9 다음은 0, ㅎ 다음은 ㄱ이고 쌍자음은 포함하지 않는다.)

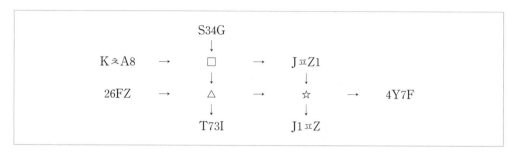

① PQㅍ9　　　　② ABㄴ2　　　　③ PTㅎ6
④ ZKㅍ6　　　　⑤ WZㅅ5

09 기호들이 각자 하나의 규칙을 가지고 아래와 같이 문자나 숫자를 변화시킨다고 한다. 이때 다음 (?)에 들어갈 알맞은 것을 고르면?(단, 가로와 세로 중 한 방향으로만 이동하며, Z 다음은 A, 9 다음은 0, ㅎ 다음은 ㄱ이고 쌍자음은 포함하지 않는다.)

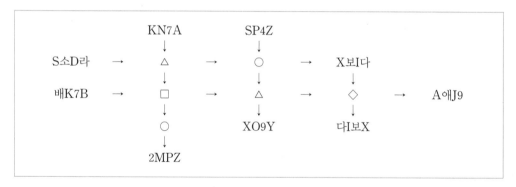

① 9나SB　　　　② AS자2　　　　③ 파PB4
④ 차YQ8　　　　⑤ 타PA7

[10~13] 기호들이 각자 하나의 규칙을 가지고 아래와 같이 문자나 숫자를 변화시킨다고 한다. 이때 다음 (?)에 들어갈 알맞은 것을 고르시오.(단, 가로와 세로 중 한 방향으로만 이동하며, Z 다음은 A, 9 다음은 0, ㅎ 다음은 ㄱ이고 쌍자음도 포함한다.)

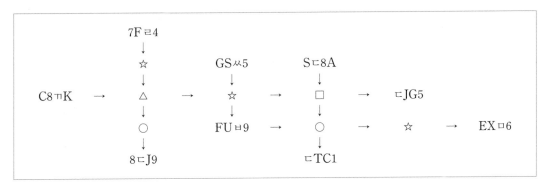

10

$$A57E → ☆ → ○ → (?)$$

① Z86L   ② 7AE5   ③ H82X
④ S98Z   ⑤ 2KT6

11

$$8D6ㅊ → □ → △ → (?)$$

① 7A9ㅂ   ② 4G2ㅋ   ③ 9V2ㅎ
④ 6ㅊ8D   ⑤ 7H3ㅌ

12

$$(?) → □ → ○ → Eㄷ49$$

① Èㄹ64   ② ㄴE62   ③ Dㅅ18
④ 37ㄴF   ⑤ 2Fㅂ6

13

$$(?) → ☆ → △ → ㄹ4HR$$

① 4HRㄹ   ② KS2ㅍ   ③ SF7ㄲ
④ AC5ㅆ   ⑤ G8Hㅁ

기호들이 각자 하나의 규칙을 가지고 아래와 같이 문자나 숫자를 변화시킨다고 한다. 이때 다음 (?)에 들어갈 알맞은 것을 고르시오.(단, 가로와 세로 중 한 방향으로만 이동하며, Z 다음은 A, 9 다음은 0이다.)

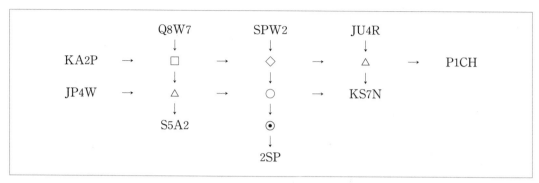

14

$$(?) \rightarrow \square \rightarrow \triangle \rightarrow WF7C$$

① HI9V   ② UI3H   ③ WG3A
④ ST4B   ⑤ ZD3E

15

$$3SID \rightarrow (?) \rightarrow \bigcirc \rightarrow 4CJR$$

① △   ② □   ③ ⊙
④ ◇   ⑤ 없음

01 다음 글의 내용이 참일 경우, 반드시 <u>거짓</u>인 진술을 고르면?

> 대학생이나 사회초년생 중 1인 가구는 보통 저렴한 집을 찾는다. 이 조건을 만족하는 주택 중에는 '근린생활시설'이나 '다중주택'이 많다. 문제는 두 곳의 문제점을 잘 모른 채 입주하는 1인 가구가 숱하다는 것이다.
>
> 흔히 '근생'이라 불리는 근린생활시설은 주거지역에서 필요한 '생활업종'을 입점시키기 위해 만들어진 곳이다. 식품·의류·건축자재·의약품 등을 판매하는 소매점이나 500㎡(약 151평) 이하의 고시원이 대표적이다. 근린생활시설의 법적 성격은 '상가'지만 '주거용'으로 사용할 수 있고, 주택은 아니지만 전입신고가 가능하고 확정일자를 받는 것이 가능하다. 그러나 서류상 '상가'이기 때문에 국가가 지원하는 전세자금대출을 원칙적으로 받을 수 없고, 전입신고를 하면 주택으로 간주되기 때문에 전입신고 불가조건을 붙이는 경우가 많다. 그렇다고 근린생활시설을 무턱대고 주택으로 양성화하면 주택 시스템이 붕괴할 수 있으므로 쉽지 않다.
>
> 다중주택으로 쓰이는 층은 3개 이하, 바닥 면적은 330㎡(약 100평) 이하여야 한다. '다중'이란 용어에서 보듯 여러 사람이 각각의 호실에 거주한다. 근린생활시설과 다른 점은 법적으로 '주택'이라는 것이다. 때문에 대출을 받을 때 문제가 발생할 여지가 없지만, 다중주택은 취사시설을 만들 수 없어 뭔가를 조리하고 싶다면 공동공간을 활용해야 한다. 이런 불편함 때문에 집주인이 세입자를 구하는 게 만만치 않은 편이므로, 그 결과 대부분의 다중주택 매물은 불법개조를 하여 주방을 설치한다. 적발되면 주방을 철거하고 원상 복구를 해야 하므로 세입자는 이사를 해야 한다.

① '주택'에 속하지 않는 근린생활시설과 달리 다중주택은 '주택'이지만 불법개조물일 가능성이 높다.

② 근린생활시설에 입주하는 세입자는 전입신고를 할 수도 있으며 이 경우 근린생활시설은 주택으로 간주된다.

③ 대다수의 다중주택 매물은 개별 취사시설이 없고 공동으로 쓰는 취사공간을 가지고 있다.

④ 전세자금대출을 받고자 하는 세입자는 근린생활시설과 다중주택 중에서는 다중주택을 계약하는 것이 좋다.

⑤ 1개의 주택과 2개의 근린생활시설을 보유한 건물주는 1가구 1주택자의 지위를 갖게 된다.

다음 글의 내용이 참일 경우, 반드시 <u>거짓</u>인 진술을 고르면?

> 국내에서 건설을 하려면 '건설업 등록'을 필수로 해야 한다. 국민의 안전과 재산에 큰 영향을 미치는 사업인 만큼 자격 조건이 갖춰진 사업자에게만 건설을 허락하기 위해서다. 반대로 말하면 그만한 자격을 갖추지 못한 사업자는 '건설업'에서 퇴출당한다는 뜻이기도 하다. 우리나라는 건축산업기본법에 따라 부실공사를 하거나 독과점 구조를 만들면 해당 건설업체에 1년 이내의 영업 정지 처분을 내린다. 이 기간 내에 같은 일을 반복하거나 또 다른 부정행위를 저지른다면 건설업 등록 취소도 가능하다.
>
> 이는 일본과도 비슷한데, 영업 정지 기간은 일본이 훨씬 길다. 일본에서 건설업체에 내리는 영업 정지 기간은 최장 5년이다. 1년간의 영업 정지는 그간 수주해 둔 사업으로 버틸 수 있지만 5년이라면 얘기가 달라진다.
>
> 프랑스는 민간이 주도하는 건설업 인증제도인, 'Qualibat'이 있다. 2020년 국토연구원 보고서에 따르면 프랑스에 있는 30만 개 업체 중 6만 개가 이 인증을 받았다. 건설업체의 재무구조 증명이 중심인 우리나라와 달리, 프랑스에선 재무뿐만 아니라 기술과 능력을 다각도로 증명해야 한다. 주목할 점은 이렇게 받은 인증이 4년간만 유효하며, 4년이 지나면 최초 인증을 받을 때와 같은 기준으로 다시 평가받는다. 필수가 아니기 때문에 인증 없이도 건설업을 할 수는 있지만 발주처가 건설업 인증을 조건으로 내놓는 경우도 많다. 인증 기준을 검토하는 심사위원회에는 공공과 민간전문가가 모두 참여한다.
>
> 영국은 건설업 인증제도를 따로 운용하지 않지만, 건축 심사 자체를 전문가에게 맡기기 위해 인허가권을 가진 공무원의 90%가 건축사 자격증을 보유하고 있다.

① 우리나라는 건축사 자격증을 보유한 건축 인허가 담당 공무원이 드물다.
② 우리나라에서 건설업 인증은 재무구조에 대한 증명이 핵심이다.
③ 국민의 안전을 위해서는 건설업 등록제도보다 건축 심사 분야에 전문가를 고용하는 것이 효과적이다.
④ 건설사가 부실공사나 독과점 구조를 만들 경우, 최대 처분이 일본보다 우리나라가 더 무겁다.
⑤ 영국과 프랑스에서는 건설업 인증을 받지 않아도 건설업을 할 수 있다.

03 다음 두 글을 읽고 추론한 내용 중 가장 적절하지 <u>않은</u> 것을 고르면?

> 언어마다 시간에 대한 관념이 다르고, 혈연의 범위와 개념이 다르고, 자연을 대하는 표현도 다르게 나타난다. 각각의 언어는 그 언어에 깃들어 사는 사람들의 삶을 반영하고, 또 사람들은 그 언어 속에서 생각을 이어받는다. 인간의 언어가 처음에는 어떤 모습이었으며 또 몇 개였는지는 알 수 없다. 그러나 아마도 민족이 다양화되는 만큼 언어도 늘어났을 것이고 시간이 흐르면서 점차 더 많은 언어로 분화했을 것이다. 언어에는 그 다양한 민족의 문화가 그대로 스며드는 것이다.

> 우리말에서 여성을 대상으로 한 표현은 여성의 신체나 태도, 성품, 행동 등에 관련된 것이 많고 직업과 관련된 것은 적다. 또 '의사, 교수, 사장' 등의 지칭어에 대해서 남성 명사로 인식하는 경향이 있고 이로 인해 예외적인 경우는 '여의사, 여교수, 여사장'이라고 한다. 한편 여성은 감성을 나타내는 부사나 감탄사를 빈번히 사용하고 남성에 비해 욕설과 금기어를 잘 사용하지 않는 경향이 있었다.

① 우리나라는 과거에 여성보다 남성의 직업이 의사, 교수, 사장인 경우가 더 많았다.
② 여성의 사회적 지위 상승이 자연스럽게 언어에 반영될 것이다.
③ 남성과 여성이 사용하는 언어의 차이는 생물학적 차이로 불가피한 것이다.
④ 남녀 차별적인 언어를 계속 사용하면 남녀 차별은 쉽게 사라지지 않을 것이다.
⑤ 우리나라는 오랜 시간 여성보다 남성의 직업군이 더 넓었다.

04 다음 글의 내용이 참일 경우, 반드시 <u>거짓인</u> 진술을 고르면?

> 진화하는 보험사기에 따른 부작용을 차단하기 위해 보험업계는 최근 빅데이터 분석에 주목하고 있다. 보험사들은 오래전부터 데이터 분석을 통한 경영을 이어 왔지만, 최근 가용한 데이터 범위가 늘어나면서 빅데이터 분석을 더욱 다양한 업무 분야에 활용하고 있다. 보험사는 일반적으로 제보를 통해 보험사기를 조사하고 적발하지만, 빅데이터 분석을 활용하면 사기 유형이나 사기범의 특성을 미리 파악하여 선제적으로 예방하거나 적발할 수 있다. 하지만 데이터 분석의 효과를 높이기 위해 데이터의 수량과 품질 향상이 필수적인 만큼, 보험사기 관련 정보의 공유를 활성화하고 공유데이터의 정의와 형식을 표준화할 필요가 있다는 지적이 나오고 있다. 또한 새로운 보험사기 데이터 분석기법이나 인공지능 기법 활용을 적극적으로 고려하되, 보험계약과 지급데이터 이외의 비정형데이터 등 분석정보의 범위도 확대할 필요가 있다는 의견이다.

① 데이터를 분석할 때에는 데이터의 수량과 품질 향상이 중요하다.
② 코로나19로 인해 보험사기가 급증하고 있다.
③ 보험사들은 최근에 데이터 분석을 업무에 활용하기 시작했다.
④ 빅데이터 분석을 활용하면 보험사기를 미리 예방할 수 있다는 장점이 있다.
⑤ 보험사에서는 보험사기를 예방하기 위해 인공지능 기법을 적극 활용하고 있다.

05 다음 글의 내용이 참일 경우, 반드시 거짓인 진술을 고르면?

제롬 파월 미 연방준비제도 의장은 지난해인 2021년 11월 23일 연임 지명을 수락하는 연설에서 "인플레이션 억제가 최우선 과제"라고 밝혔다. 당시 연준은 코로나19로 시장에 풀었던 돈을 국채 매입량을 줄여나가는 방식으로 거둬들이는 테이퍼링을 실시하긴 했지만 금리인상 시기는 특정하지 않았다.

하지만 올해 1월 5일 연준 연방공개시장위원회(FOMC)가 12월 회의록을 공개하면서 상황이 급변했다. 회의록에는 기준금리를 인상하고 연준의 대차 대조표를 축소해 시장의 돈을 줄이는 양적긴축을 '과거보다는 더 빠르게 시행한다'는 내용이 들어가 있었다.

양적긴축은 연준이 보유 중인 국채나 주택저당증권의 만기가 도래해도 재투자하지 않는 것을 말한다. 이렇게 되면 시중 유동성을 흡수하는 효과가 있다. 일반적으로 금융위기가 오면 시장에 돈을 풀어 시중 유동성을 늘리는 양적완화를 하고, 인플레이션이 심각해지면 양적긴축을 한다.

금리인상이 기정사실화이고, 시중 유동성을 줄이는 양적긴축까지 예고된 상황에서 가장 가치가 떨어지는 건 성장주다. 성장주란 현재의 실적이 아닌 미래의 성장 가능성에 투자하는 주식이기 때문이다. 금리는 돈의 가치다. 현금의 가치가 올라가는 금리 상승기에는 현금을 소유하는 것이 성장주에 투자하는 것보다 확률적으로 현명한 일로 간주된다.

지금은 연준이 올해 3월 FOMC에서 기준금리를 인상할 것을 사실상 인정하고, 0.25%포인트 인상, 0.50%포인트 인상을 놓고 위원들 간 의견차가 생기는 상황이다. 미국 10년물 국채 금리는 지난해 12월 19일 1.37%에서, 1월 2일 1.51%, 1월 7일 1.76%로 상승했고, 2월 10일엔 2.04%까지 올랐다. 이에 따라 나스닥 종합지수는 올 들어 12.90% 하락했다.

① 현금의 가치가 떨어지는 금리 하락기에는 미래 성장에 투자하는 성장주에 투자금이 몰리는 경향이 있다.
② 연준은 작년 하반기부터 인플레이션의 위협을 인지하고 양적긴축을 시행해 왔다.
③ 코로나19로 인한 금융 위기가 발생하자 연준은 시중 유동성을 늘리는 양적완화를 실시했다.
④ 올해 연준은 보유 중인 국채의 만기가 도래하더라도 재투자를 하지 않을 것이다.
⑤ 연준이 금리인상 및 양적긴축으로 방향을 틀었기 때문에 나스닥 종합지수가 하락했다.

06 다음 글에 대한 반론으로 적절하지 <u>않은</u> 것을 고르면?

작년부터 이른바 가상인간들의 활약상이 계속 보도되어 왔는데 이제는 그 가상인간들이 가수로 데뷔한다. 먼저 로지(Rozy)가 2월 22일에 싱글을 발매하였다. 2022년 2월 22일을 발매일로 잡은 것엔 '영원히 늙지 않는 22살'이란 의미를 담았다. 2020년에 신한라이프 광고를 통해 등장한 로지는 싸이더스 스튜디오 엑스가 MZ 세대가 선호하는 얼굴형을 모아 3D 합성 기술로 탄생시킨 가상 모델이다.

LG전자가 개발한 래아는 윤종신이 이끄는 미스틱스토리와 업무협약을 체결했다. 래아는 처음부터 23살 뮤지션이라는 콘셉트였다. 윤종신이 직접 김래아 노래의 프로듀싱을 맡고, 래아가 자작곡을 만든다는 이야기도 나왔다. 래아는 "단순히 음악만 전달하는 게 아니라 비주얼 아트, 패션 등 다양한 요소를 접목하겠다. 함께 소통하고 즐길 수 있는 문화 콘텐츠와 메시지를 전달하는 아티스트가 되고 싶다"는 포부를 밝혔다.

스마일게이트가 자이언트스텝과 손잡고 개발한 한유아는 2월 말에 가수로 데뷔했다. 하이브의 방시혁 대표로부터 40억 원을 투자받았고, 음원 발매에 앞서 YG케이플러스와 전속계약도 체결했다.

이러한 가상인간의 활동에 대해 언론의 관심이 뜨겁다. 대중문화산업계도 가상인간의 가능성에 큰 관심을 보인다. 사람은 언제 어떤 사고를 터트릴지 모르고, 소속사와의 계약 문제를 비롯해 통제에도 어려움이 있고, 근본적으로 노화라는 문제가 있다. 그래서 업계의 관심도 뜨거운 것인데, 이렇게 언론과 업계가 가상인간에 대한 관심을 키우고 있어, 앞으로 인간보다도 더욱 인간적이면서 스타덤에 오른 가상인간의 활약이 기대된다.

① 아직 인간의 얼굴을 자연스럽게 표현하는 수준으로 그래픽 기술이 발전하지 못했다.
② 애니메이션 캐릭터나 영화 캐릭터들도 스크린에 구현된 가상의 존재이다.
③ 인간은 사고력, 자의식, 주체성, 개성을 가지고 있다.
④ 가상인간들의 고유한 인기보다 앞서가는 언론보도에 의해 이들의 인지도가 높아지고 있다.
⑤ 가상인간은 마약, 음주운전 등을 할 리가 없고 소속사의 통제에서 벗어나지도 않을 것이고 늙지도 않는다.

07 다음 글에 대한 반론으로 가장 적절한 것을 고르면?

> 코스닥 상장사 경영 투명성이 논란이 되자 거래소는 상장 문턱을 높이겠다고 나섰다. 특히 바이오 기업 상장 주역이었던 기술특례상장 제도 개선 검토에 착수했다. 2005년 3월 바이오 업종에 최초로 적용된 기술특례상장은 기술성과 사업성이 우수한 기업이 상장을 통해 자금을 쉽게 조달할 수 있도록 한 제도이다. 이후 100사가 해당 방식으로 상장했는데 변화가 불가피해졌다.
>
> 높아진 상장 문턱은 IT 업종에도 적용될 듯 보인다. 금융당국은 메타버스·NFT 등 신기술·IT 기업에 자금이 쏠리자, 관련 공시를 강화하는 방안을 고심 중이다. 특례상장 기업 가운데 IT 기업이 바이오 기업을 앞설 정도로 늘어났다는 점도 금융당국이 예의 주시하는 포인트다.
>
> 투자자 보호를 위해 엄격하게 상장 잣대를 들이대는 것은 바람직하다. 다만 고려해야 할 점은 평가 기준이 명확해야 한다는 점이다. 과거 바이오 기업 기술특례상장 심사 때 비전문가가 평가를 맡아 논란을 부른 적이 적지 않았다. 바이오라고 '통칭'하기에는 세부 분야가 복잡다단한데, 어설픈 전문가를 심사위원으로 앉혀 반발을 부른 것이다. 메타버스와 NFT 등 IT 신기술에서도 이 같은 논란이 벌어져서는 곤란하다.

① 메타버스는 기존 기술에 새로운 이름을 붙인 것일 뿐이다.
② 공정한 금융질서 확립을 위해 상장 적격성에 대한 검토가 이루어져야 한다.
③ 상장을 통한 안정적인 투자금 마련으로 작은 스타트업이 크게 성장할 수 있다.
④ 금융당국과 거래소는 투자자와 기업가에 대해 균형 잡힌 시각으로 정책을 짜야 한다.
⑤ 금리인상 우려에 대한 전반적인 자산 시장 조정이 주가하락의 주원인이다.

08 다음 두 글을 읽고 추론한 내용 중 가장 적절하지 <u>않은</u> 것을 고르면?

> 영국과 미국인들은 옆에서 재채기를 하면 'God bless you'라고 말해 준다. 흑사병이 한창이던 590년 교황 그레고리 1세는 누군가 재채기만 해도 'God bless you'라고 그를 위해 진심으로 기도해 주도록 했다. 재채기가 흑사병에 걸렸다는 초기 징후라고 믿었기 때문이다. 이는 초대 교회의 유대인들이 행운과 축복을 빌어주는 표현으로 애용하던 말이기도 하다. 재채기를 할 때 입이 열리면서 영혼이 함께 밖으로 나간다는 것이나 재채기야말로 몸에 들어온 악마를 내쫓으려는 몸의 반작용이라는 믿음에 기인했다. 혹은 재채기를 할 때는 심장이 박동을 멈춘다는 생각 때문에 '오 신이여 저를 축복해 주소서'라고 기도해야 악마에게 홀리지 않고 심장이 계속 박동한다고 믿었던 것도 있다.

> 알레르기란 면역반응이 과도하게 일어나 염증을 일으켜 나타나는 질환이다. 특히 대기 중에 있는 꽃가루나 먼지, 집먼지진드기, 동물의 털 등이 코로 들어왔을 때 사람에 따라 면역반응을 과민하게 나타내는 경우가 있는데, 이런 것을 '알레르기성 비염'이라고 한다. 알레르기성 비염은 꽃가루가 날리는 계절에만 심해지는 '계절성 알레르기성 비염'과 집먼지 및 집먼지진드기, 곰팡이, 동물의 털 등에 의해서 일어나는 '통년성 알레르기성 비염'으로 구분한다.
>
> 알레르기성 비염이 있는 경우 평상시에는 증상이 없다가 특이한 물질과 만났을 때 갑자기 증상이 나타난다. 갑작스러운 발작성 재채기, 맑은 콧물, 심한 코막힘 등이 3대 특징이다. 그 외에도 눈이나 목구멍 등이 가렵고, 눈이 충혈되며, 두통이나 안면부에 통증을 느끼기도 한다.
>
> 계절성 알레르기성 비염은 주로 봄과 가을에 심해진다. 봄에는 주로 오리나무, 소나무, 버드나무 등의 꽃가루가 문제가 된다. 가을에는 잡초의 일종인 명아주, 쑥, 비름 등에서 날린 꽃가루가 원인인 경우가 많다. 통년성 알레르기성 비염은 집먼지나 집먼지진드기 및 곰팡이가 원인이므로 계절에 상관없이 나타난다.

① 초대 교회의 유대인들은 악마의 존재를 믿고 있었다.
② 실내보다는 실외에서 재채기가 나는 경우가 많을 것이다.
③ 4~5월과 9~10월까지 계절성 알레르기성 비염이 나타날 것이다.
④ 영미권에서는 습관처럼 'God bless you'라고 말하는 것이 하나의 예절이 되었다.
⑤ 어떤 외부 물질 또는 자극에 대해 인체의 면역시스템이 필요 이상으로 과민반응을 하는 경우가 있다.

09 다음 글에 대한 반론으로 적절하지 않은 것을 고르면?

반도체칩 기술은 소자 크기를 축소해 집적도(단위면적당 트랜지스터의 개수)를 높이며 발전해 왔다. 칩 안에 트랜지스터를 더 많이 집적하기 위해 트랜지스터 크기를 작게 하면, 전자의 이동 통로가 짧아져 이동 속도가 빨라지고 그만큼 연산 속도도 빨라진다. 하지만 반도체칩에 들어가는 트랜지스터 수가 늘면 늘수록 발생하는 열이 많아진다. 원래 트랜지스터는 3개의 전극(게이트, 소스, 드레인)을 갖고 있는데, 전압에 따라서 게이트가 소스에서 드레인으로 전류를 흘려주거나 끊어주는 스위치 기능을 한다. 그런데 집적도가 높아져 회로의 선폭이 좁아지면 게이트가 완벽한 스위치 역할을 하지 못한다. 스위치를 꺼도 전자의 이동, 즉 누설되는 전류가 많아진다는 의미이다. 이렇게 누설되는 전류의 양이 많아질수록 반도체칩에서 발생하는 열은 많아진다. 따라서 작고 빠른 반도체칩을 사용하기 위해서는 기계가 뜨거워지는 것을 감내하는 수밖에 없다.

① 최근 반도체칩은 발생하는 열을 줄이기 위해 트랜지스터의 구조를 바꾸고 있다.
② '전면게이트' 트랜지스터는 트랜지스터의 누설 전류를 줄이는 방법으로 각광받고 있다.
③ 반도체칩에 들어가는 트랜지스터의 수를 줄이면 반도체칩의 열 발생 문제를 해결할 수 있다.
④ 최근에는 반도체칩의 설계를 할 때 열을 줄이는 설계를 가장 큰 목표로 삼고, 그 다음으로 속도를 높이는 방법을 고민하고 있다.
⑤ 반도체칩에 열이 발생하면 전기신호가 지연돼 회로의 정확도가 떨어져 오작동을 일으키므로 반도체칩의 열 발생은 반드시 해결해야 하는 문제이다.

10 다음 두 글을 읽고 추론한 내용 중 가장 적절하지 <u>않은</u> 것을 고르면?

> 위헌법률심판은 법원에서 재판 중인 사건에 적용될 법률이 헌법에 합치되는지를 헌법재판소가 판단하는 제도다. 법원이 직권으로 혹은 소송 당사자의 신청을 받아 헌법재판소에 제청하고 헌법재판소는 해당 법률이 헌법에 위반된다고 판단해 그 효력을 상실시킬 수 있다. 법원이 위헌법률심판을 제청하면 헌법재판소의 판단이 내려질 때까지 재판은 중지된다. 법원이 위헌법률심판제청 신청을 기각하면 제청 신청을 한 당사자는 헌법재판소에 규범통제형 헌법소원을 청구할 수 있다.

> 지난달부터 근로자 50인 이상 사업장을 대상으로 중대재해처벌법이 시행됐다. 사업 현장에서 근로자 사망 시 경영책임자에게 1년 이상의 징역 또는 10억 원 이상의 벌금을 물리게 된다. 이에 따라 주요 대기업들은 최고안전책임자(CSO, Chief Safety Officer)를 신설하며 안전 이슈에 대응하고 있다.
> 한편 대부분의 국내 톱10 대형 로펌들은 자문 중인 기업들이 중대재해처벌법 위반으로 기소될 경우 위헌법률심판제청 신청을 할 것을 준비하고 있다. 중대재해가 발생하면 기업이 중대재해처벌법 위반, 산업안전보건법 위반, 과실치사 등으로 재판에 넘겨지는데, 이 중 위헌성이 짙은 중대재해처벌법에 대해 헌법재판소에 위헌 심판을 요청하겠다는 것이다. 형법은 처벌하고자 하는 행위가 무엇인지 누구나 예견할 수 있고 그에 따라 자신의 행위를 결정할 수 있도록 구성요건을 명확하게 규정해야 하는데, 중대재해처벌법은 규정이 모호할 뿐더러 형량이 과도하고 '책임 없이 형벌 없다'는 헌법 원칙에도 반한다는 주장이다. 재판에 넘겨진 기업들의 위헌 심판 요청이 이어지면 중대재해처벌법에 대응해야 하는 산업계의 혼란은 더 극심해질 것으로 예상된다. 처벌을 피하기 위해 기업들이 어떤 조치를 어느 정도까지 해야 할지도 모르는 상황에서 헌법재판소가 중대재해처벌법에 대해 어떤 판단을 내릴지, 심판이 언제 내려질지도 고려해야 하기 때문이다.

① 위헌법률심판제도를 활용하면 재판을 중지시킬 수 있다.
② 산업현장에서 사망사고 등 중대재해가 발생하면 해당 기업은 과실치사 등으로 재판을 받게 된다.
③ 법원이 중대재해처벌법에 대해 위헌법률심판을 제청할 경우 로펌은 직접 헌법소원을 청구할 것이다.
④ 중대재해처벌법은 처벌하고자 하는 행위와 구성요건이 불명확한 문제가 있다.
⑤ 대형 로펌은 자문 중인 기업에서 중대재해가 발생할 경우, 관련 법안의 효력을 상실시키려고 준비하고 있다.

01 혜연이는 집으로부터 1.2km 떨어진 학교에 가기 위해 3km/h의 일정한 속도로 걸어가고 있었다. 그러던 중 놓고 온 물건이 생각나서 집에 들렀다가 다시 출발하기로 마음먹고 12km/h의 일정한 속도로 집으로 간 다음 다시 학교로 출발하여 원래 예정된 학교 도착 시간과 동일한 시간에 학교에 도착하였다. 이때, 혜연이가 이동한 총 거리를 고르면?(단, 집에서 물건을 가져가는 시간은 고려하지 않는다.)

① 1,840m   ② 2,040m   ③ 2,240m

④ 2,440m   ⑤ 2,640m

02 김 사원은 A 버스를 타고 가다가 B 버스로 갈아타서 출근을 한다. A 버스와 B 버스는 각각 3개, 4개의 신호등을 지나며 이 중 6개 이상의 신호등에서 지연이 발생하면 김 사원은 회사에 지각하게 된다. A 버스가 지나는 신호가 지연될 확률은 각각 $\frac{1}{4}$이고, B 버스가 지나는 신호가 지연될 확률은 각각 $\frac{1}{2}$이라고 할 때, 김 사원이 지각할 확률을 고르면?

① $\frac{13}{1,024}$ ② $\frac{7}{512}$ ③ $\frac{15}{1,024}$

④ $\frac{1}{64}$ ⑤ $\frac{17}{1,024}$

03 연필과 지우개의 낱개 가격은 각각 500원이지만 연필 12자루 묶음은 5,600원이고, 지우개 10개 묶음은 4,700원에 구매할 수 있다고 한다. 연필과 지우개를 합하여 총 100개를 구매하였더니 47,100원이 나왔다고 할 때, 다음 중 구매한 연필의 개수가 될 수 없는 것을 고르면?

① 24자루   ② 29자루   ③ 30자루   ④ 69자루   ⑤ 71자루

04 10초짜리 폭죽 3종류와 20초짜리 폭죽 2종류, 30초짜리 폭죽 1종류가 있다. 종류별로 폭죽은 1개 인데 몇 개의 폭죽을 골라 순서대로 터트리는 50초짜리 공연을 기획하려고 할 때, 가능한 모든 경우 의 수를 고르면?(단, 각각의 폭죽은 모두 구분되며 순서가 다르면 다른 공연이다.)

① 44가지   ② 52가지   ③ 70가지   ④ 84가지   ⑤ 88가지

05 다음 [표]는 햄버거 1개씩을 각각 상온에 보관했을 때와 냉장고에 보관했을 때에 따라 증식되는 세균 A의 수를 1시간 간격으로 조사한 자료이다. 햄버거 2개 기준 세균 A의 수가 총 3,000마리 이상이 되면 위험하므로 두 햄버거를 즉시 폐기한다. 만약 초기 세균의 수가 10마리인 햄버거 1개씩을 각각 동시에 상온 보관과 냉장 보관을 시작한다고 할 때, 두 햄버거를 최대한 보관할 수 있는 시간을 고르 면?(단, 세균 A는 1시간 단위로만 증식할 수 있으며, 세균 A의 수는 일정한 규칙에 따라 증가한다.)

[표] 경과한 시간별 세균 A의 수

구분	0시간 경과	1시간 경과	2시간 경과	3시간 경과	4시간 경과	…
상온 보관	10마리	20마리	40마리	80마리	160마리	…
냉장 보관	10마리	80마리	150마리	220마리	290마리	…

① 5시간   ② 6시간   ③ 7시간   ④ 8시간   ⑤ 9시간

06 다음 [그래프]는 A제품과 B제품의 올해 판매량을 분기별로 조사한 자료다. 주어진 자료에 대한 설 명 중 옳지 <u>않은</u> 것을 고르면?

[그래프] A제품과 B제품의 올해 분기별 판매량   (단위: 개)

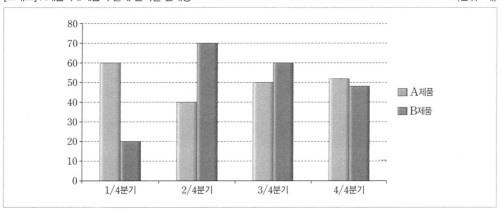

① 올해 전체 판매량은 A제품이 B제품보다 많다.
② 두 제품의 분기별 판매량 증감 추이는 서로 정반대이다.
③ 두 제품의 판매량 차이는 연말이 다가올수록 점점 감소한다.
④ A제품의 판매량이 가장 적은 분기에 B제품의 판매량은 가장 많다.
⑤ B제품의 직전 분기 대비 판매량 감소율은 3/4분기가 4/4분기보다 높다.

07 다음 [표]는 월별 환율을 조사한 자료이다. 주어진 자료를 바탕으로 다음 중 2020년 월별 절상률 그 래프로 가장 적절한 것을 고르면?(단, 소수점 아래 둘째 자리에서 반올림하여 계산한다.)

[표] 월별 환율

구분	2019년	2020년											
	12월	1월	2월	3월	4월	5월	6월	7월	8월	9월	10월	11월	12월
원/달러	1,156.4	1,191.8	1,213.7	1,217.4	1,218.2	1,238.5	1,203.0	1,191.3	1,187.8	1,169.5	1,135.1	1,106.5	1,086.3
원/100엔	1,059.8	1,093.1	1,114.8	1,123.5	1,143.3	1,155.3	1,116.6	1,141.4	1,124.0	1,107.3	1,088.8	1,065.2	1,051.2

$$\text{※ 절상률(\%)} = \frac{\text{전년 12월 환율} - \text{현재 월 환율}}{\text{현재 월 환율}} \times 100$$

① (단위: %)

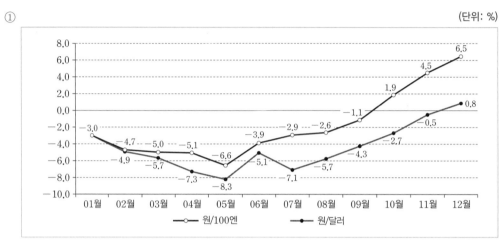

② (단위: %)

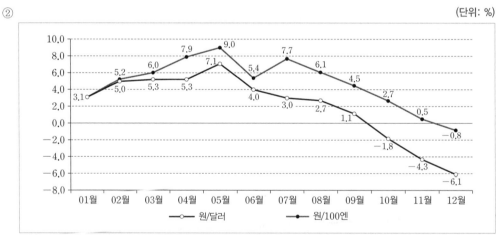

③

(단위: %)

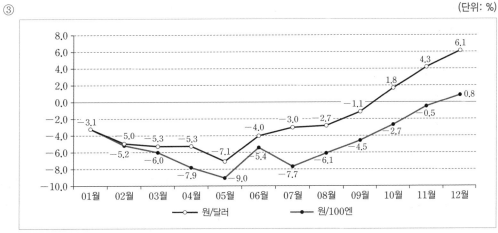

④

(단위: %)

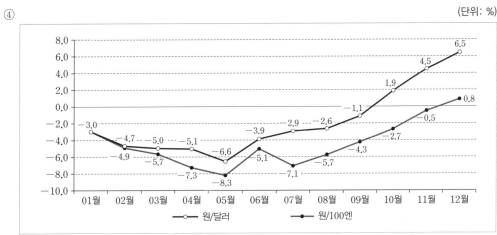

⑤

(단위: %)

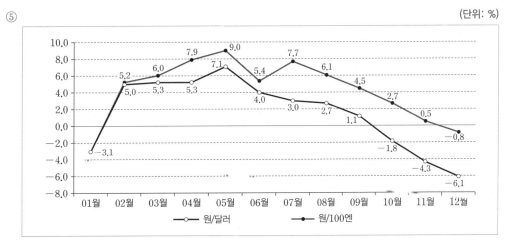

08 다음 [표]는 조직형태별 사업체 수 및 종사자 수에 대한 자료이다. 다음 중 2019년 개인사업체의 사업체당 평균 종사자 수에 가장 가까운 값을 고르면?

[표] 조직형태별 사업체 수 및 종사자 수

(단위: 개, 명)

구분	사업체 수			종사자 수		
	2018년	2019년	증가폭	2018년	2019년	증가폭
전체	4,019,872	4,102,540	82,668	21,626,904	22,195,082	568,178
개인사업체	3,197,878	3,247,792	49,914	8,156,480	8,277,718	121,238
회사법인	565,580	592,904	27,324	9,640,798	9,918,692	277,894
회사이외법인	124,197	127,091	2,894	3,222,166	3,341,628	119,462
비법인단체	132,217	134,753	2,536	607,460	657,044	49,584

① 2.1명 ② 2.3명 ③ 2.5명
④ 2.7명 ⑤ 2.9명

09 기호들이 하나의 규칙을 가지고 아래와 같이 문자나 숫자를 변화시킨다고 한다. 이때 다음 (?)에 들어갈 알맞은 것을 고르면?(단, 가로와 세로 중 한 방향으로만 이동하며, Z 다음은 A, 9 다음은 0이다.)

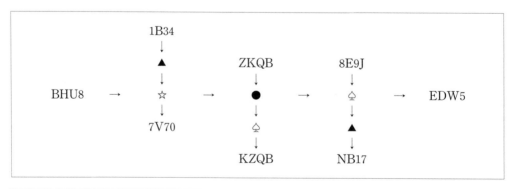

(?) → ● → ▲ → ☆ → TEIG

① KNEK ② KKEN ③ EIIV
④ KIEN ⑤ IVIE

10 2층 숙소에 A~G 7명의 직원들이 각자 하나씩 방을 배정받았다. 다음 [조건]을 바탕으로 항상 옳지 않은 것을 고르면?(단, 숙소에 A~G 외에 다른 사람은 없다.)

조건

- 2층 숙소의 구조는 다음과 같다.

(2층)	201호	202호	203호	204호	205호
(1층)	101호	102호	103호	104호	105호

- A의 바로 아랫방은 비어 있지만, A가 속한 층의 양 끝방은 모두 누군가가 배정받았다.
- B의 양 옆방은 모두 비어 있다.
- 1층에는 빈방이 1개 있다.
- D는 양 끝방에 배정받지 않았다.
- E는 3호에 배정받았다.
- F는 G의 바로 옆방에 배정받았다.
- G의 바로 윗방은 비어 있지 않다.

① C는 2층에 배정받았다.
② B는 203호에 배정받았다.
③ F는 102호에 배정받았다.
④ E는 D의 바로 옆방에 배정받았다.
⑤ A는 양 끝방에 배정받지 않았다.

11 AB형은 모든 혈액형으로부터 수혈 받을 수 있고, 자신과 동일한 혈액형에게만 수혈할 수 있다. A형과 B형은 각각 자신과 동일한 혈액형 및 O형으로부터 수혈 받을 수 있고, O형은 O형으로부터만 수혈 받을 수 있다. 다음에 주어진 갑, 을, 병, 정, 무의 혈액형에 대한 [조건]을 바탕으로 A형인 직원을 모두 고르면?

조건

- 정은 을에게 헌혈을 할 수 없고, 병에게 헌혈을 할 수 있다.
- 무의 혈액형은 한 가지 유형의 혈액형에만 수혈할 수 있다.
- 갑은 병에게 헌혈을 할 수 있지만, 병은 갑에게 헌혈을 할 수 없다.
- 을은 무에게 헌혈을 할 수 있지만, 갑에게 헌혈을 할 수 없다.
- AB형은 1명이다.
- 정은 A형이 아니다.

① 갑
② 을
③ 갑, 정
④ 을, 병
⑤ 병, 정

12 다음 주어진 도형을 보고 적용된 규칙을 찾아 '?'에 해당하는 적절한 도형을 고르면?

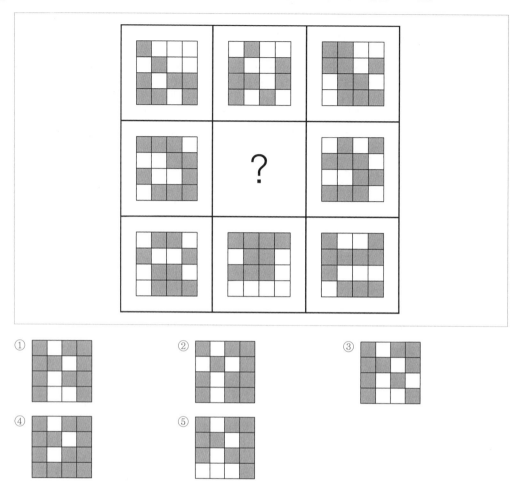

① 　② 　③

④ 　⑤

13 다음 전제를 보고 항상 참인 결론을 고르면?

전제1	건강식이 아닌 것 중에 맛있는 것이 있다.
전제2	모든 병원식은 건강식이다.
결론	

① 모든 병원식은 맛있다.
② 어떤 병원식은 맛있다.
③ 어떤 병원식은 맛있지 않다.
④ 맛있는 것 중에 병원식이 있다.
⑤ 맛있는 것 중에 병원식이 아닌 것이 있다.

14 다음 단어 쌍의 관계가 동일하도록 괄호 안에 들어갈 알맞은 단어를 고르면?

수도 : 고행 = 지주 : (　　　)

① 지식 　　　　　② 벗 　　　　　③ 격류
④ 공주 　　　　　⑤ 도상

15 다음 글의 내용이 참일 경우, 반드시 <u>거짓</u>인 진술을 고르면?

> 엣지 컴퓨팅은 '가장자리'란 뜻 그대로 정보를 생산·소비하는 사용자 주변에서 데이터를 처리하는 방식을 말한다. 중앙 집중 서버에서 모든 데이터를 처리하는 클라우드 컴퓨팅과 달리 분산된 소형 서버를 통해 실시간으로 처리하는 게 특징이다. 쉽게 말해, 엣지 컴퓨팅을 사용하면 소비자 주변에서 바로 데이터를 수집·분석·처리할 수 있고, 이를 통해 실시간으로 의미 있는 인사이트를 제공할 수 있다.
> 클라우드 컴퓨팅은 기업이 하나의 클라우드 플랫폼에서 애플리케이션을 구축하고 배포·운영할 수 있도록 중앙 집중 방식으로 설계되어 있다. 문제는 실시간으로 발생하는 하이퍼로컬 데이터들이 중앙으로 전송되는 과정에서 무의미한 비용이 발생한다는 점이다. 비용을 상쇄할 만큼의 충분한 가치가 있는 과정인 것도 아니다. 되레 정보가 중앙으로 이동하면서 시간이 소요되고 오류가 발생해 사용자 경험을 악화시킬 공산이 크다.
> 분산된 소형 서버가 중심인 엣지 컴퓨팅을 활용하면 이런 문제를 극복할 수 있다. 데이터를 중앙으로 이동시킬 필요가 없기 때문이다. 엣지 컴퓨팅은 기업이 어느 플랫폼에서나 서비스를 제공할 수 있도록 넓게 분산되어 있다. 특히 쿠키(웹 사이트 방문기록) 추적 방식을 엣지 컴퓨팅 플랫폼으로 변경하면 전자상거래 웹 페이지와 엣지에서 노출되는 콘텐츠 간 거리도 줄일 수 있다. 웹 페이지 로딩 시간을 획기적으로 단축해 쾌적하게 쇼핑할 수 있는 환경을 제공한다.
> 그뿐만 아니라 분산된 엣지에서 이뤄지는 전자상거래 업체와 소비자 간의 상호작용을 통해 소비자의 선호도를 즉각 파악하고 이해할 수도 있다. 이를 통해 고객평생가치를 극대화할 수 있다는 것도 장점이다. 보안도 한층 강화할 수 있다. 애플리케이션 로직을 엣지로 옮기면 영업을 방해하는 악의적 구매자들을 엣지에서부터 차단하는 것이 가능하다.

① 로딩 시간이 길어질수록 해당 웹 사이트에서 이탈하는 소비자가 늘어날 공산이 크다.
② 클라우드 컴퓨팅은 중앙 집중 서버에서 데이터를 처리함에 따라 무의미한 비용이 발생한다.
③ 엣지 컴퓨팅을 이용하면 실제 제품을 필요로 하는 소비자들에게 판매할 수 있는 환경이 마련된다.
④ 엣지 컴퓨팅은 분산된 소형 서버를 통해 데이터를 실시간으로 처리한다.
⑤ 엣지 컴퓨팅 플랫폼으로 변경하면 일원화된 플랫폼에서 서비스 제공이 가능하다.

에듀윌이
너를
지지할게
ENERGY

미래를 예측하는 최선의 방법은
미래를 창조하는 것이다.

– 앨런 케이(Alan Kay)

PART

2

CT
(Computational
Thinking)

S W 적 성 진 단 & 에 세 이 & 면 접

1 이산수학 대표유형

[01~05] 다음 설명을 읽고, 오작교가 만들어질 수 있는 모든 경우의 수를 구하시오.

견우와 직녀는 은하수를 가운데에 두고 서로 만나지 못한다. 음력 7월 7일에만 까마귀들이 놓아주는 오작교를 통해 서로 만날 수 있게 된다. 까마귀들이 오작교를 놓기 시작할 수 있는 적합한 지점들이 다음 그림과 같이 은하수의 왼쪽에 N개, 오른쪽에 M개 존재한다고 가정한다.

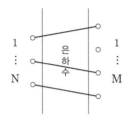

견우와 직녀를 최대한 빨리 만나게 하기 위해 까마귀들은 왼쪽의 모든 지점으로부터 N개의 오작교를 놓는다. 오작교는 서로 겹쳐질 수 없고, 은하수의 왼쪽 N개의 지점은 오른쪽 M개의 지점보다 그 수가 적거나 같다. 이때 오작교가 만들어질 수 있는 모든 경우의 수를 구하려고 한다.

예시 $N=3, M=4$
→ 오작교가 만들어질 수 있는 모든 경우의 수는 4가지이다.

01 N=4, M=6

02 N=4, M=8

03 N=6, M=9

04 N=8, M=13

05 N=12, M=14

※ 답을 작성하세요.

01		02		03	

04		05	

| 정답풀이 |　**01** 15가지　　**02** 70가지　　**03** 84가지　　**04** 1,287가지　　**05** 91가지

문제해결을 위한 포인트는 다음과 같다.

까마귀들이 왼쪽의 모든 지점으로부터 오작교를 놓을 경우, N개의 오작교가 만들어진다.

서로 다른 M개의 도착 지점에서 N개의 시작 지점을 뽑는 조합 문제임을 알 수 있고, 조합은 순서를 고려하지 않는다. 또한 다음 그림을 통해 이 문제가 순열이 아니라 조합 문제인 이유를 생각해보자.

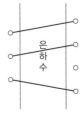 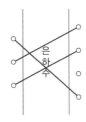

- 왼쪽 그림의 경우, M개의 도착 지점 중에서 (1, 2, 4)에 오작교가 놓인 것으로 볼 수 있다.
- 오른쪽 그림의 경우, M개의 도착 지점 중에서 (4, 1, 2)에 오작교가 놓여진 것으로 볼 수 있지만, 문제의 조건에서 오작교가 겹쳐질 수 없다고 했으므로 이 경우는 해당하지 않는다.

하지만 조합은 순서를 고려하지 않으므로 (1, 2, 4), (2, 1, 4), (4, 1, 2), (4, 2, 1) 등의 경우 모두 (1, 2, 4)와 동일한, 즉, 오작교가 겹쳐지지 않는 경우의 수 하나로 카운트 된다. 이에 따라 오작교가 겹쳐지지 않고 만들어질 수 있는 경우는 (1, 2, 3), (1, 2, 4), (1, 3, 4), (2, 3, 4)이다.

따라서 N=3, M=4일 때, 오작교가 만들어질 수 있는 모든 경우의 수는 $_4C_3 = 4$(가지)이다.

이를 바탕으로 문제를 풀이한다.

01 N=4, M=6일 때, 오작교가 만들어질 수 있는 모든 경우의 수는 $_6C_4 = \dfrac{6 \times 5}{2} = 15$(가지)이다.

02 N=4, M=8일 때, 오작교가 만들어질 수 있는 모든 경우의 수는 $_8C_4 = \dfrac{8 \times 7 \times 6 \times 5}{4 \times 3 \times 2 \times 1} = 70$(가지)이다.

03 N=6, M=9일 때, 오작교가 만들어질 수 있는 모든 경우의 수는 $_9C_6 = \dfrac{9 \times 8 \times 7}{3 \times 2 \times 1} = 84$(가지)이다.

04 $N=8$, $M=13$일 때, 오작교가 만들어질 수 있는 모든 경우의 수는 $_{13}C_8 = \dfrac{13 \times 12 \times 11 \times 10 \times 9}{5 \times 4 \times 3 \times 2 \times 1} = 1,287$(가지)이다.

05 $N=12$, $M=14$일 때, 오작교가 만들어질 수 있는 모든 경우의 수는 $_{14}C_{12} = \dfrac{14 \times 13}{2} = 91$(가지)이다.

🕐 문제해결 TIP

문제에서 경우의 수를 구하다보면 조합을 활용한 문제임을 알 수 있을 것이다. 따라서 조합 공식을 활용하여 빠르게 문제를 풀이하고 넘어갈 수 있을 것이다.

[01~05] 다음 설명을 읽고, 무게추 N개의 무게가 주어질 때, 잴 수 없는 무게의 최솟값을 구하시오.

혜지는 물을 엎어 전자저울을 고장냈다. 지금 집에 있는 것이라곤 여러 개의 무게추와 양팔 저울뿐이어서 이걸로 무게를 재려고 한다. 양팔 저울의 축은 중앙에 있으며, 팔 길이는 동일하다. 저울의 한 쪽에는 무게추를, 한 쪽에는 물건만을 올려놓을 수 있다.

예시 {3, 1, 5, 2}
→ 잴 수 없는 무게의 최솟값은 12이다.

01 {1, 3, 2, 6, 30, 1, 7}

02 {1, 9, 2, 3, 7, 4, 4}

03 {10, 1, 1, 1, 4, 2, 6, 3}

04 {3, 2, 1, 8, 4, 2, 6, 20}

05 {1, 1, 10, 10, 60, 19, 2, 5, 8}

※ 답을 작성하세요.

01	02	03
04	05	

[06~10] 다음 설명을 읽고, 주어진 신용카드 번호가 유효하면 T, 유효하지 않으면 F로 검증하시오.

신용카드 번호는 일정한 규칙을 가지고 있다. 카드 번호가 유효한지 검사하기 위한 방식 중 하나로 Luhn 알고리즘이 쓰인다. 이 공식은 다음과 같은 규칙을 따른다.

- 신용카드의 16자리 숫자 중 가장 오른쪽 번호부터 세어 짝수 번째 수를 2배로 만든다.
- 2배로 만든 짝수 번째 수가 10 이상인 경우 각 자리의 숫자를 더해 대체한다.
- 얻은 모든 자리의 수를 더한다.
- 합이 10으로 나누어 떨어지면 유효한 번호이고 그렇지 않으면 유효하지 않은 번호이다.

예시 1039 2871 2822 9381
→ F

06 0391 8282 9918 6617

07 9318 6091 6014 7530

08 1987 9727 2122 8760

09 9281 7736 0101 4445

10 1938 8817 2200 0023

※ 답을 작성하세요.

06	07	08
09	10	

[11~15] 다음 설명을 읽고, 엿장수는 총 몇 조각의 엿가락을 포장하여 판매하는지 구하시오.

어느 엿장수는 Ncm의 엿가락을 가지고 있다. 손님마다 원하는 엿가락의 길이가 다르기 때문에, 만약 주문이 들어오면 엿장수는 다음과 같은 규칙에 따라 엿가락을 잘라서 판매하기로 했다.

만약 손님이 $N > X$인 Xcm의 엿가락을 요구한다면,

1. 엿장수가 가지고 있는 엿가락을 반으로 자른다. 만약 반으로 잘라서 생긴 두 엿가락 중 하나의 길이가 Xcm보다 길면, 하나는 그대로 두고, 다른 하나는 버린다.
2. 위의 과정을 반복하다가 반으로 잘라서 생긴 두 엿가락 중 하나의 길이가 Xcm와 같거나 더 짧아지면 아래의 과정을 시행한다.
   - 반으로 잘라서 생긴 두 엿가락 중 하나의 길이가 Xcm와 같으면 한 조각을 그대로 판매한다.
   - 반으로 잘라서 생긴 두 엿가락 중 하나의 길이가 Xcm보다 짧으면, 아래의 과정을 시행한다.
   1) 가지고 있는 엿가락 중에서 길이가 가장 짧은 것을 반으로 자른다.
   2-1) 만약, 1)에서 자른 엿가락의 절반 중 하나를 버리고 남은 엿가락들의 길이의 합이 Xcm보다 길다면, 1)에서 자른 막대의 절반 중 하나를 버리고 1)의 과정을 다시 시행한다.
   2-2) 만약, 1)에서 자른 엿가락의 절반 중 하나를 버리고 남은 엿가락들의 길이의 합이 Xcm보다 짧다면, 1)의 과정을 다시 시행한다.
   2-3) 만약, 1)에서 자른 엿가락의 절반 중 하나를 버리고 남은 엿가락들의 길이의 합이 Xcm와 같다면, 1)에서 자른 막대의 절반 중 하나를 버리고 남은 엿가락을 모두 포장하여 판매한다.

예시 $N = 16$, $X = 6$
→ 엿장수는 총 2조각의 엿가락을 포장하여 판매한다.

11 N=64, X=31

12 N=64, X=3

13 N=128, X=7

14 N=128, X=127

15 N=512, X=172

※ 답을 작성하세요.

11		12		13	
14		15			

1 수열&자료 대표유형

[01~05] 다음 설명을 읽고, 카드를 뒤로 밀어낸 총 횟수를 구하시오.

숫자 카드를 정렬하고자 한다. K번째 위치의 카드를 $K-1$, $K-2$, …, 1번째 위치 카드의 숫자와 비교하면서 적절한 위치로 한 칸씩 옮기고, 마지막 카드까지 정렬했을 때 최종적으로 오름차순으로 카드가 정렬되어 있도록 한다. 예를 들어 처음 카드 정렬이 다음과 같은 경우,

5	3	2	1	4

1) 첫 번째 카드(5)는 그대로 둔다.

5	3	2	1	4
1번	2번	3번	4번	5번

2) 1)의 두 번째 카드(3)와 첫 번째 카드(5)를 비교하였을 때, 오름차순으로 나열되기 위해서는 두 번째 카드가 첫 번째에 위치하여야 한다. 따라서 두 번째 카드를 첫 번째로 이동시키고, 1)의 첫 번째 카드(5)는 뒤로 한 칸 밀어낸다. (숫자 5 카드 뒤로 밀어낸 횟수 1회)

3	5	2	1	4
1번	2번	3번	4번	5번

3) 2)의 세 번째 카드(2)와 두 번째 카드(5), 첫 번째 카드(3)를 각각 비교하였을 때 숫자 2 카드가 가장 앞에 위치하여야 하므로 2)의 두 번째(5), 첫 번째(3) 카드는 뒤로 한 칸씩 밀어낸다. (숫자 3, 5 카드 밀어낸 횟수 각 1회)

2	3	5	1	4
1번	2번	3번	4빈	5번

4) 해당 과정을 다섯 번째 카드까지 반복하여 각 카드를 뒤로 밀어낸 횟수의 합을 구한다.

예시	5	3	2	1	4

→ 카드를 뒤로 밀어낸 횟수는 총 7회이다.

01

1	3	2	9	6

02

4	6	1	3	2

03

9	8	3	2	1

04

8	1	7	3	6	2

05

17	15	13	11	9	7	5	3	1

※ 답을 작성하세요.

01   **02**   **03**

04   **05**

문제에 제시된 정렬의 카드를 밀어내는 총 횟수는 다음과 같다.

3)의 네 번째 카드(1)와 세 번째 카드(5), 두 번째 카드(3), 첫 번째 카드(2)를 비교하였을 때 네 번째 카드(1)가 가장 앞에 위치하여야 하므로 3) 의 세 번째(5), 두 번째(3), 첫 번째(2) 카드를 뒤로 한 칸씩 밀어낸다. (숫자 2, 3, 5 카드 밀어낸 횟수 각 1회)

1	2	3	5	4
1번	2번	3번	4번	5번

위의 다섯 번째 카드(4)와 네 번째 카드(5), 세 번째 카드(3)를 비교했을 때 다섯 번째 카드(4)가 중간에 위치하여야 하므로 위의 네 번째 카드 (5)를 뒤로 한 칸 밀어낸다. (숫자 5 카드 밀어낸 횟수 1회)

1	2	3	4	5
1번	2번	3번	4번	5번

따라서 각 과정에서 카드를 뒤로 밀어낸 횟수는 총 $1+2+3+1=7$(회)이다.

이를 바탕으로 문제를 풀이한다.

01 세 번째 카드(2)는 두 번째 카드(3)보다 앞에 위치해야 하므로 두 번째 카드(3)를 뒤로 한 칸 밀어내면 1, 2, 3, 9, 6이다.
다섯 번째 카드(6)는 네 번째 카드(9)보다 앞에 위치해야 하므로 네 번째 카드(9)를 뒤로 한 칸 밀어내면 최종적으로 오름차순으로 카 드가 정렬된다.
따라서 카드를 뒤로 밀어낸 횟수는 총 $1+1=2$(회)이다.

02 세 번째 카드(1)는 두 번째(6), 첫 번째(4) 카드보다 앞에 위치해야 하므로 두 번째(6), 첫 번째(4) 카드를 뒤로 한 칸씩 밀어내면 1, 4, 6, 3, 2이다.
네 번째 카드(3)는 세 번째(6), 두 번째(4) 카드보다 앞에 위치해야 하므로 세 번째(6), 두 번째(4) 카드를 뒤로 한 칸씩 밀어내면 1, 3, 4, 6, 2이다.
다섯 번째 카드(2)는 네 번째(6), 세 번째(4), 두 번째(3) 카드보다 앞에 위치해야 하므로 각 카드를 뒤로 한 칸씩 밀어내면 1, 2, 3, 4, 6 오름차순으로 카드가 정렬된다.
따라서 카드를 뒤로 밀어낸 횟수는 총 $2+2+3=7$(회)이다.

03 두 번째 카드(8)는 첫 번째 카드(9)보다 앞에 위치해야 하므로 첫 번째 카드(9)를 뒤로 한 칸 밀어내면 8, 9, 3, 2, 1이다.
세 번째 카드(3)는 두 번째(9), 첫 번째(8) 카드보다 앞에 위치해야 하므로 각 카드를 뒤로 한 칸씩 밀어내면 3, 8, 9, 2, 1이다.
네 번째 카드(2)는 세 번째(9), 두 번째(8), 첫 번째(3) 카드보다 앞에 위치해야 하므로 각 카드를 뒤로 한 칸씩 밀어내면 2, 3, 8, 9, 1이다.
다섯 번째 카드(1)는 네 번째(9), 세 번째(8), 두 번째(3), 첫 번째(2) 카드보다 앞에 위치해야 하므로 각 카드를 뒤로 한 칸씩 밀어내면 1, 2, 3, 8, 9 오름차순으로 카드가 정렬된다.
따라서 카드를 뒤로 밀어낸 횟수는 총 $1+2+3+4=10$(회)이다.

04 두 번째 카드(1)는 첫 번째 카드(8)보다 앞에 위치해야 하므로 첫 번째 카드(8)를 뒤로 한 칸 밀어내면 1, 8, 7, 3, 6, 2이다.

세 번째 카드(7)는 두 번째 카드(8)보다 앞에 위치해야 하므로 두 번째 카드(8)를 뒤로 한 칸 밀어내면 1, 7, 8, 3, 6, 2이다.

네 번째 카드(3)는 세 번째(8), 두 번째(7) 카드보다 앞에 위치해야 하므로 각 카드를 뒤로 한 칸씩 밀어내면 1, 3, 7, 8, 6, 2이다.

다섯 번째 카드(6)는 네 번째(8), 세 번째(7) 카드보다 앞에 위치해야 하므로 각 카드를 뒤로 한 칸씩 밀어내면 1, 3, 6, 7, 8, 2이다.

여섯 번째 카드(2)는 다섯 번째(8), 네 번째(7), 세 번째(6), 두 번째(3) 카드보다 앞에 위치해야 하므로 각 카드를 뒤로 한 칸씩 밀어내면 1, 2, 3, 6, 7, 8 오름차순으로 카드가 정렬된다.

따라서 카드를 뒤로 밀어낸 횟수는 총 $1+1+2+2+4=10$(회)이다.

05 9개의 숫자가 내림차순이 되도록 카드가 나열되어 있으므로 카드를 뒤로 밀어낸 횟수는 총 $1+2+3+4+5+6+7+8=36$(회)이다.

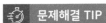

문제해결 TIP

03, 05와 같이 숫자가 내림차순으로 정렬된 경우, K번째 카드가 반드시 1번째부터 $(K-1)$번째 카드를 뒤로 밀어낸다는 규칙이 있음을 알 수 있다. 따라서 총 횟수는 $1+2+\cdots+(K-1)$이 되어 빠르게 답을 찾아낼 수 있다.

[01~05] 다음 설명을 읽고, A와 B 중 승리하는 플레이어를 구하시오.

> A와 B는 설날을 맞이하여 공깃돌 가져가기 게임을 하기로 하였다. 플레이어는 공깃돌을 한 번에 1개 혹은 3개씩 가져갈 수 있고, N개의 공깃돌 중 마지막 공깃돌을 가져가는 사람이 승리한다. 게임은 항상 A가 먼저 시작하여 A가 공깃돌을 가져간 다음 B가 가져가고, 그 다음 다시 A가 가져가는 방식으로 진행된다.
>
> 예시 | N=4
> → 승리하는 플레이어는 B이다.

01 N=6

02 N=7

03 N=10

04 N=15

05 N=20

※ 답을 작성하세요.

01		02		03	
04		05			

[06~10] 다음 설명을 읽고, 비트간 XOR을 적용하여 새로운 수열의 값을 구하시오.

논리 연산 중에는 배타적 논리합(XOR)이 있다. 다음은 XOR과 비트 연산자에 대한 설명이다.

- Exclusive OR의 약어인 XOR은 두 개의 입력 신호가 같으면 출력이 0(거짓)으로 나타나고, 다르면 1(참)로 나타난다.
- 비트 연산은 한 개 혹은 두 개의 이진수에 대해 비트(자릿수) 단위로 적용되는 연산이다.
- 비트 연산에서 XOR은 두 이진수의 각 자릿수를 비교해 값이 같으면 0을, 다르면 1로 계산한다.

길이가 n인 어떤 수열이 주어졌을 때, $1 \leq a \leq b \leq n$인 a, b에 대하여 $[a, b]$ 구간의 각 수에 c라는 값으로 비트간 XOR을 적용하면 새로운 수열을 구할 수 있다.

예시 수열: {1, 2, 3, 4, 5}, $a=2$, $b=3$, $c=1$
→ {1, 3, 2, 4, 5}

06 수열: {1, 0, 0, 2, 9}, $a=3$, $b=4$, $c=4$

07 수열: {9, 8, 7, 6, 4}, $a=1$, $b=2$, $c=3$

08 수열: {0, 2, 4, 8, 10}, $a=1$, $b=4$, $c=2$

09 수열: {7, 15, 31, 63, 1, 2}, $a=2$, $b=4$, $c=2$

10 수열: {2, 4, 8, 16, 32, 64, 128}, $a=1$, $b=7$, $c=1$

※ 답을 작성하세요.

06	07	08
09	10	

[11~15] 다음 설명을 읽고, 최대한 많은 전등을 켜기 위해 스위치를 누른 경우, 켜지는 전등 조합의 가짓수를 구하시오.

영진이는 휴가를 맞이하여 강원도에 있는 별장에 놀러갔다. 천장을 보니 N개의 전등이 있었는데, 이상하게도 전체 전등을 한 번에 켤 수 없었다. 초보 시공 업자가 스위치와 전등 연결을 잘못 시공하였기 때문이었다. 영진이가 스위치를 눌렀을 때, 항상 다음과 같은 방법으로 전등이 켜진다고 한다.

1. 모든 스위치와 전등은 동일한 번호(1~N)를 가지고 있다.

2. 스위치를 누르면 연결된 전등에 불이 켜진다.

3. 2개 이상의 스위치를 누르면, 전선이 서로 만나는 경우에 서로 만나는 전선의 전등은 불이 켜지지 않는다. 예를 들어, 다음 [그림]에서 2, 3번 스위치를 같이 누르면 2, 3번 전등은 불이 켜지지만, 1, 4번 스위치를 같이 누르면 1, 4번 전등은 불이 켜지지 않는다.

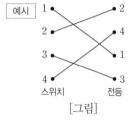

[그림]

→ 켜지는 전등 조합의 가짓수는 3가지이다.

11

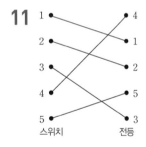

12

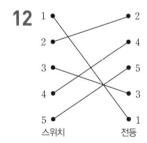

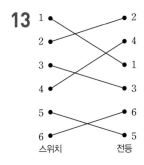

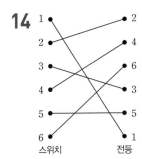

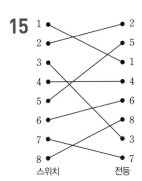

※ 답을 작성하세요.

11   12   13

14   15

1 동적계획법 대표유형

[01~05] 다음 설명을 읽고, 계단 오르기 게임에서 최대 점수를 얻는 경우를 구하시오.

계단 오르기 게임은 계단이 아닌 가장 아래의 시작 지점부터 계단 가장 위의 도착 지점까지 가는 게임이다. 각각의 계단에는 특정 점수가 부여되어 있는데, 해당 계단을 밟으면 그 점수를 얻게 된다. 계단을 오르는 규칙은 다음과 같다.

- 계단은 한 번에 한 계단 또는 두 계단씩 오를 수 있다. 즉, 한 계단을 밟으면 그 다음에는 바로 다음 계단이나, 다다음 계단을 밟을 수 있다.
- 연속된 세 개의 계단을 모두 밟아서는 안 된다. 단, 시작점은 계단에 포함되지 않는다.
- 마지막 계단은 반드시 밟아야 한다.

예시 각 계단별 점수: [10, 20, 30, 40]
→ 최대 점수는 80점이다.

01 각 계단별 점수: [1, 4, 1, 4, 3]

02 각 계단별 점수: [3, 2, 1, 6, 7, 8]

03 각 계단별 점수: [4, 7, 11, 2, 8, 7]

04 각 계단별 점수: [1, 2, 4, 3, 5, 6, 10, 9, 6, 5]

05 각 계단별 점수: [5, 3, 1, 9, 2, 11, 32, 12, 43, 21]

※ 답을 작성하세요.

01		02		03	
04		05			

DP[N]을 N번째 계단을 밟았을 때의 누적된 최고 점수라고 하면 DP[N]은 (N−1)번째 계단을 밟았을 경우와 (N−1)번째 계단을 밟지 않았을 경우로 나눌 수 있고, 두 경우 중 더 높은 점수가 DP[N]과 같다. 이때 (N−1)번째 계단을 밟았을 경우, (N−2)번째 계단은 밟지 못하고, (N−1)번째 계단을 밟지 않았을 경우, (N−2)번째 계단을 반드시 밟아야 한다. 이에 따라 X[N]을 N번째 계단에 부여된 점수라고 하면 DP[N]은 DP[N−3]+X[N−1]+X[N] 또는 DP[N−2]+X[N]이고, 둘 중 더 높은 점수가 DP[N]이므로 이를 다음과 같은 식으로 나타낼 수 있다.

DP[N]=Max(DP[N−3]+X[N−1]+X[N], DP[N−2]+X[N])

각 계단별 점수는 [10, 20, 30, 40]이므로 이를 이용하여 최대 점수를 구하면 다음과 같다.

DP[1]=10, DP[2]=30,

DP[3]=Max(X[2]+X[3], DP[1]+X[3])=Max(50, 40)=50

DP[4]=Max(DP[1]+X[3]+X[4], DP[2]+X[4])=Max(80, 70)=80

따라서 최대 점수는 80점이다.

이를 바탕으로 문제를 풀이한다.

01 각 계단별 점수는 [1, 4, 1, 4, 3]이므로 이를 이용하여 최대 점수를 구하면 다음과 같다.

DP[1]=1, DP[2]=5, DP[3]=5

DP[4]=Max(DP[1]+X[3]+X[4], DP[2]+X[4])=Max(6, 9)=9

DP[5]=Max(DP[2]+X[4]+X[5], DP[3]+X[5])=Max(12, 8)=12

따라서 최대 점수는 12점이다.

02 각 계단별 점수는 [3, 2, 1, 6, 7, 8]이므로 이를 이용하여 최대 점수를 구하면 다음과 같다.

DP[1]=3, DP[2]=5, DP[3]=4

DP[4]=Max(DP[1]+X[3]+X[4], DP[2]+X[4])=Max(10, 11)=11

DP[5]=Max(DP[2]+X[4]+X[5], DP[3]+X[5])=Max(18, 11)=18

DP[6]=Max(DP[3]+X[5]+X[6], DP[4]+X[6])=Max(19, 19)=19

따라서 최대 점수는 19점이다.

03 각 계단별 점수는 [4, 7, 11, 2, 8, 7]이므로 이를 이용하여 최대 점수를 구하면 다음과 같다.

DP[1]=4, DP[2]=11, DP[3]=18

DP[4]=Max(DP[1]+X[3]+X[4], DP[2]+X[4])=Max(17, 13)=17

DP[5]=Max(DP[2]+X[4]+X[5], DP[3]+X[5])=Max(21, 26)=26

DP[6]=Max(DP[3]+X[5]+X[6], DP[4]+X[6])=Max(33, 24)=33

따라서 최대 점수는 33점이다.

04 각 계단별 점수는 [1, 2, 4, 3, 5, 6, 10, 9, 6, 5]이므로 이를 이용하여 최대 점수를 구하면 다음과 같다.

DP[1]=1, DP[2]=3, DP[3]=6

DP[4]=Max(DP[1]+X[3]+X[4], DP[2]+X[4])=Max(8, 6)=8

DP[5]=Max(DP[2]+X[4]+X[5], DP[3]+X[5])=Max(11, 11)=11

DP[6]=Max(DP[3]+X[5]+X[6], DP[4]+X[6])=Max(17, 14)=17

DP[7]=Max(DP[4]+X[6]+X[7], DP[5]+X[7])=Max(24, 21)=24

DP[8]=Max(DP[5]+X[7]+X[8], DP[6]+X[8])=Max(30, 26)=30

DP[9]=Max(DP[6]+X[8]+X[9], DP[7]+X[9])=Max(32, 30)=32

DP[10]=Max(DP[7]+X[9]+X[10], DP[8]+X[10])=Max(35, 35)=35

따라서 최대 점수는 35점이다.

05 각 계단별 점수는 [5, 3, 1, 9, 2, 11, 32, 12, 43, 21]이므로 이를 이용하여 최대 점수를 구하면 다음과 같다.

DP[1]=5, DP[2]=8, DP[3]=6

DP[4]=Max(DP[1]+X[3]+X[4], DP[2]+X[4])=Max(15, 17)=17

DP[5]=Max(DP[2]+X[4]+X[5], DP[3]+X[5])=Max(19, 8)=19

DP[6]=Max(DP[3]+X[5]+X[6], DP[4]+X[6])=Max(19, 28)=28

DP[7]=Max(DP[4]+X[6]+X[7], DP[5]+X[7])=Max(60, 51)=60

DP[8]=Max(DP[5]+X[7]+X[8], DP[6]+X[8])=Max(63, 40)=63

DP[9]=Max(DP[6]+X[8]+X[9], DP[7]+X[9])=Max(83, 103)=103

DP[10]=Max(DP[7]+X[9]+X[10], DP[8]+X[10])=Max(124, 84)=124

따라서 최대 점수는 124점이다.

🕹 **문제해결 TIP**

동적계획법의 기본 원리를 고려해보고, 이전 단계와 현재 단계를 연관지어 문제를 해결하는 방법에 대해 생각한다.

[01~05] 다음 설명을 읽고, 사라가 최대로 마실 수 있는 맥주의 총량을 구하시오.(단, A는 맥주잔의 용량을 놓여 있는 순서대로 나타낸 수열이다.)

사라는 세계 맥주 박람회에 갔다. N개의 맥주잔이 일렬로 놓여있고, 각 맥주잔에는 용량이 적혀있다. 또한 테이블에는 맥주를 마시는 규칙이 다음과 같이 적혀있었다.

- 각 맥주잔에는 맥주잔의 용량만큼 맥주가 담겨 있습니다.
- 맥주잔을 선택하면 한 번에 모두 마신 후 빈 잔을 제자리에 올려두세요.
- 연속하여 놓여 있는 3잔을 마시는 행위는 금지되어 있습니다.

예시 $N=4$, $A=\{3, 2, 5, 1\}$
   → 사라가 최대로 마실 수 있는 맥주의 총량은 9이다.

---

01 $N=6$, $A=\{5, 8, 10, 8, 6, 1\}$

02 $N=6$, $A=\{3, 2, 5, 1, 9, 1\}$

03 N=7, A={4, 1, 2, 3, 6, 2, 8}

04 N=7, A={9, 8, 7, 4, 1, 2, 3}

05 N=10, A={1, 9, 2, 8, 3, 7, 4, 6, 5, 1}

※ 답을 작성하세요.

01

02

03

04

05

[06~10] 다음 설명을 읽고, 정수 X를 1로 만들기 위해 필요한 연산 횟수의 최솟값을 구하시오.

정수 X를 1로 만들기 위해서 사용할 수 있는 연산은 3가지이다.

- X가 3으로 나누어 떨어지는 경우, 3으로 나눌 수 있다.
- X가 2로 나누어 떨어지는 경우, 2로 나눌 수 있다.
- 1을 뺀다.

예시 X=5
→ 5를 1로 만들기 위해 필요한 연산 횟수의 최솟값은 3회이다.

---

06 X=10

07 X=12

08 X=19

09 X=55

10 X=109

※ 답을 작성하세요.

06 ▢▢▢▢▢▢▢   07 ▢▢▢▢▢▢▢   08 ▢▢▢▢▢▢▢

09 ▢▢▢▢▢▢▢   10 ▢▢▢▢▢▢▢

[11~15] 다음 설명을 읽고, 감소하는 부분 수열 중 가장 긴 값의 길이를 구하시오.

어떤 자연수의 집합인 수열이 주어진다. 이때, 감소하는 부분 수열이란 수가 점점 작아지는 부분 집합이고 원래의 순서를 잃지 않는 수열을 말한다.

예시 $X = \{1, 2, 5, 4\}$
→ 감소하는 부분 수열 중 가장 긴 값의 길이는 2이다.

11 $X = \{1, 3, 8, 2, 9, 1\}$

12 $X = \{2, 4, 2, 8, 3, 6, 7\}$

13 $X = \{8, 2, 1, 4, 5, 6, 2, 7\}$

14 $X = \{1, 3, 2, 5, 6, 1, 9, 10, 8, 2\}$

15 $X = \{2, 8, 1, 7, 4, 2, 1, 9, 7, 2, 1\}$

※ 답을 작성하세요.

11 ▨▨▨▨▨▨▨▨▨▨▨ **12** ▨▨▨▨▨▨▨▨▨▨ **13** ▨▨▨▨▨▨▨▨▨▨

14 ▨▨▨▨▨▨▨▨▨▨ **15** ▨▨▨▨▨▨▨▨▨▨

1 그리디 대표유형

[01~05] 다음 설명을 읽고, 서로 다른 N개의 자연수의 합을 알 때, N의 최댓값을 구하시오.

서로 다른 N개의 자연수의 합이 K라는 것을 알고 있을 때, N의 최댓값이 얼마인지 구해야 한다. 예를 들어, K가 10인 경우 다음과 같이 구분할 수 있다.

$1+2+3+4$

$2+3+5$

$3+7$

$4+6$

$1+9$

$\vdots$

예시 $K=9$

→ N의 최댓값은 3이다.

---

01 K=16

02 K=25

03 K=60

04 K=110

05 K=5,051

※ 답을 작성하세요.

01 **02** **03**

04 **05**

서로 다른 N개의 자연수의 합이 K일 때, N을 최대로 늘리는 방법을 생각해 본다. '서로 다른', '최대 개수'의 N을 만들기 위해서는 먼저 수를 $1+2+3+\cdots$으로 더해나가야 한다. 가장 근접한 숫자까지 $1+2+3+\cdots+i$를 하다가 이 수들의 합이 K보다 크거나 같아질 때 멈춘다. 그리고 이때의 $(i-1)$이(혹은 같아지는 경우 i) 정답이 된다.

자연수의 차이를 1씩 내면서 너해가는 경우가 최대한 여러 개의 자연수로 더할 수 있는 방법이며, 이 수들의 합이 K보다 크거나 같아진다면 더하기를 멈추고 이 차이를 극복할만한 작은 자연수들을 몇 개 더해주는 경우에 N의 최댓값을 구할 수 있다.

예를 들어, K=9인 경우, $1+2+3+4=10$이 되는 순간 합이 9를 넘어가므로 더하기를 멈춘다. 그렇다면 $1+2+3=6$에서 9가 되기 위해 부족한 3을 더하는 경우, 즉,

$1+2+6$

$1+5+3$

$4+2+3$

이 경우가 N을 최대로 하는 자연수의 합이 된다.

따라서 N의 최댓값은 3이다.

이를 바탕으로 문제를 풀이한다.

01 $1+2+3+\cdots+i$에서 $i=6$인 경우, K의 값인 16보다 커지므로 더하기를 멈춘다. 그렇다면 $1+2+3+4+5=15$에서 16이 되기 위해 부족한 1을 더하는 경우 즉,

$1+2+3+4+6$

이 경우가 N을 최대로 하는 자연수의 합이 된다.

따라서 N의 최댓값은 5이다.

02 $1+2+3+\cdots+i$에서 $i=7$인 경우, K의 값인 25보다 커지므로 더하기를 멈춘다. 그렇다면 $1+2+3+4+5+6=21$에서 25가 되기 위해 부족한 4를 더하는 경우 즉,

$1+2+3+4+5+10$

$1+2+3+4+9+6$

$1+2+3+8+5+6$

$1+2+7+4+5+6$

이 경우가 N을 최대로 하는 자연수의 합이 된다.

따라서 N의 최댓값은 6이다.

03 $1+2+3+\cdots+i$에서 $i=11$인 경우, K의 값인 60보다 커지므로 더하기를 멈춘다. 그렇다면 $1+2+3+4+5+6+7+8+9+10=55$에서 60이 되기 위해 부족한 5를 더하는 경우 즉,

$1+2+3+4+5+6+7+8+9+15$

$1+2+3+4+5+6+7+8+14+10$

$1+2+3+4+5+6+7+13+9+10$

$\cdots$

이 경우가 N을 최대로 하는 자연수의 합이 된다.

따라서 N의 최댓값은 10이다.

04 $1+2+3+\cdots+i$에서 $i=15$인 경우, K의 값인 110보다 커지므로 더하기를 멈춘다. 그렇다면 $1+2+3+\cdots+14=105$에서 110이 되기 위해 부족한 5를 더하는 경우 즉,

$1+2+3+\cdots+12+13+19$

$1+2+3+\cdots+12+18+14$

$1+2+3+\cdots+17+13+14$

...

이 경우가 N을 최대로 하는 자연수의 합이 된다.

따라서 N의 최댓값은 14이다.

05 $1+2+3+\cdots+i$에서 $i=101$인 경우, K의 값인 5,051보다 커지므로 더하기를 멈춘다. 그렇다면 $1+2+3+\cdots+99+100=5,050$에서 5,051이 되기 위해 부족한 1을 더하는 경우, 즉,

$1+2+\cdots+99+101$

이 경우가 N을 최대로 하는 자연수의 합이 된다.

따라서 N의 최댓값은 100이다.

문제해결 TIP

$1+2+3+\cdots+n=\dfrac{n(n+1)}{2}$이다. 이를 이용하면 최대가 되는 N의 값을 쉽게 구할 수 있다. 05의 5,051을 예로 들면 $5,051 \times 2=10,102$이고 $n(n+1)$이 10,102에 근접한 수이려면 $n=100$일 때 $n(n+1)=100 \times 101=10,100$이고, $n=101$일 때 $n(n+1)=101 \times 102=10,302$로 10,102를 초과하므로 N의 최댓값은 100임을 알 수 있다.

[01~05] 다음 설명을 읽고, 도영이가 N일 동안 수확할 수 있는 포도의 최대 개수를 구하시오.

도영이는 매일 아침 포도를 수확하러 텃밭에 간다. 밭에는 N그루의 개량된 포도나무가 있고, 도영이는 하루에 1그루의 나무에 맺혀 있는 포도만 전부 수확할 수 있다. 나무에서 포도를 전부 수확하면, 해당 나무에서는 더 이상 포도가 열리지 않는다. 또한 포도나무들은 매일 밤마다 포도가 자라 맺히게 되는데, 맺히는 포도의 개수는 나무마다 다르다. (맨 처음 나무에 달린 포도의 개수, 하룻밤 동안 자라는 포도의 개수)는 (A_i, B_i)이다.

예시 $N=3$, $\{(4, 4), (2, 3), (1, 2)\}$
    → 도영이가 수확할 수 있는 포도의 최대 개수는 18개이다.

01 $N=4$, $\{(2, 5), (3, 1), (4, 1), (7, 1)\}$

02 $N=5$, $\{(1, 10), (3, 8), (2, 4), (6, 1), (3, 3)\}$

03 N=7, {(1, 1), (2, 3), (3, 1), (4, 3), (2, 5), (7, 1), (6, 3)}

04 N=9, {(2, 1), (1, 2), (2, 3), (3, 2), (4, 4), (4, 5), (5, 4), (6, 7), (7, 6)}

05 N=10, {(1, 1), (2, 2), (3, 3), (4, 4), (5, 5), (6, 1), (7, 2), (8, 3), (9, 4), (10, 5)}

※ 답을 작성하세요.

01	02	03
04	05	

[06~10] 다음 설명을 읽고, 어떤 정수 X의 다음 수를 구하시오.

어떤 정수 X의 다음 수는 X와 구성이 같지만, X보다 큰 수 중 가장 작은 수를 말한다. 어떤 정수 X와 Y의 구성이 같다는 것은, X를 이루고 있는 모든 자릿수의 숫자의 등장 횟수기, Y를 이루고 있는 모든 자릿수의 숫자의 등장 횟수와 같다는 것이다. 예를 들면, 1,234는 4,321과 구성이 같다고 할 수 있고, 1,234는 1,233과 구성이 다르다고 할 수 있다.

예시 X＝123
→132

06 X＝13,244

07 X＝123,454

08 X＝18,273,762

09 X＝876,512,653

10 X＝98,625,199,654

※ 답을 작성하세요.

06	07	08
09	10	

[11~15] 다음 설명을 읽고, 가희가 실망지수를 최소화하면서 친구들에게 초콜릿을 나눠주고자 할 때, 최소 실망지수를 구하시오.(단, A는 각각의 친구들이 원하는 초콜릿의 개수를 나타낸 수열이다.)

가희는 밸런타인데이를 맞이하여 N개의 미니 초콜릿을 M명의 친구들에게 나눠주려고 한다. 친구들은 이미 사전조사를 통해 원하는 초콜릿의 개수를 가희에게 말해두었다. 원하는 개수만큼 초콜릿을 주지 못하면 친구들은 실망하게 되는데, 이 실망지수는 각 친구들이 받지 못한 초콜릿 개수의 제곱을 모두 합한 값과 같다.

예시 $N=10$, $M=2$, $A=\{3, 8\}$
→ 최소 실망지수는 1이다.

---

11 $N=10$, $M=3$, $A=\{1, 2, 11\}$

12 $N=20$, $M=4$, $A=\{3, 5, 8, 9\}$

13 $N=30$, $M=5$, $A=\{10, 8, 2, 3, 9\}$

14 $N=30$, $M=5$, $A=\{15, 12, 8, 6, 5\}$

15 $N=100$, $M=8$, $A=\{20, 6, 3, 10, 40, 13, 11, 24\}$

※ 답을 작성하세요.

11	12	13
14	15	

[01~05] 다음 설명을 읽고, 강을 건널 수 있는 모든 경우의 수를 구하시오.

도연이는 어느 온라인 게임에서 1, 2, 3, ···, N개의 돌다리가 있는 강을 건너가려고 한다. 이때, 도연이는 자신만의 규칙을 다음과 같이 정해 건너려고 한다.

- 항상 첫 번째 돌다리에 올라간 채로 강을 건너가기 시작한다.
- 1≤a≤N인 임의의 자연수 a에 대해 현재 올라가 있는 돌다리가 i번째 돌다리라고 할 때 (i+a)번째 돌다리로 한 번에 점프할 수 있다.
- 항상 마지막인 N번째 돌다리에 정확히 도착해야 한다.

예시 N=4
→ 강을 건널 수 있는 모든 경우의 수는 4가지이다.

01 N=5

02 N=7

03 N=9

04 N=15

05 N=100

※ 답을 작성하세요.

01

02

03

04

05

[06~10] 다음 설명을 읽고, 음이 아니면서 가장 짧은 연속된 정수 수열을 구하시오.

숫자 A와 B가 주어진다. 수열은 모든 원소의 합이 A이면서, 길이가 최소 B이어야 한다.

예시 $A = 18$, $B = 2$
→ {5, 6, 7}

06 $A = 18$, $B = 4$

07 $A = 45$, $B = 10$

08 $A = 34$, $B = 4$

09 $A = 42$, $B = 4$

10 $A = 35$, $B = 6$

※ 답을 작성하세요.

06	07	08
09	10	

[11~15] 다음 설명을 읽고, 규칙에 따라 모든 벽을 칠하는 비용의 최솟값을 구하시오.

민호는 봄을 맞이하여, 모든 벽을 아름답게 색칠하고자 한다. 1번부터 N번까지의 벽이 순서대로 있고, 벽은 빨강, 주황, 노랑 중 하나의 색으로 칠해야 한다. i(1≤i≤N)번 벽을 빨강, 주황, 노랑으로 색칠하는 비용에 따라 다음의 규칙을 만족히면서 노는 벽을 색칠한다.

• i(2≤i≤N−1)번 벽의 색은 (i−1)번, (i+1)번 벽의 색과 달라야 한다.

예시

구분	1번	2번	3번
빨강	10	20	30
주황	10	10	10
노랑	20	20	20

→ 모든 벽을 칠하는 비용의 최솟값은 40이다.

11

구분	1번	2번	3번	4번
빨강	1	9	2	11
주황	3	3	10	12
노랑	5	4	5	13

12

구분	1번	2번	3번	4번
빨강	4	7	4	11
주황	7	2	7	12
노랑	4	7	4	3

13

구분	1번	2번	3번	4번	5번
빨강	1	9	2	11	3
주황	3	3	10	12	3
노랑	5	4	5	13	3

14

구분	1번	2번	3번	4번	5번
빨강	1	1	2	10	3
주황	3	3	4	8	2
노랑	3	1	4	1	1

15

구분	1번	2번	3번	4번	5번	6번
빨강	8	1	4	2	1	3
주황	2	9	2	1	6	7
노랑	1	4	11	11	6	5

※ 답을 작성하세요.

11   12   13

14   15

[16~20] 다음 설명을 읽고, 주어진 수열 중 연속된 몇 개의 수를 선택해서 구할 수 있는 합 중 가장 큰 값을 구하시오.(단, 반드시 1개 이상의 수를 선택해야 한다.)

수열 {10, 1, 3, −2, 1}이 주어졌을 때, 주어진 수열 중 연속된 몇 개의 수를 선택하여 구할 수 있는 합들은 다음과 같다.

{10, 1} → 11
{10, 1, 3} → 14
{10, 1, 3, −2, 1} → 13
{1, 3} → 4
{1, 3, −2, 1} → 3
⋮

예시 {10, 1, 3, −2, 1}
→ 주어진 수열 중 연속된 몇 개의 수를 선택해서 구할 수 있는 합 중 가장 큰 값은 14이다.

16 {2, 0, −1, 4, 1}

17 {3, 4, 5, 6, −10, −1, 9}

18 {2, 2, 2, −1, 9, 1, 1, 1, 4, −5}

19 {100, −1, −2, −3, −4, −10, 70, 10, −20}

20 {12, 50, −10, 8, −3, 20, 42, −32, −1, 5}

※ 답을 작성하세요.

16   17   18

19   20

[21~25] 다음 설명을 읽고, 보물섬에서 들고 나올 수 있는 보석의 최대 가격을 구하시오.

아인이는 세계를 탐험하다가 우연히 보물섬을 발견하였다. 보물섬에는 보석이 총 N개 있고, 각 보석은 (무게, 가격)=(W, V)를 가진다. 아인이의 가방에는 주머니가 K개 있는데, 각 주머니에 담을 수 있는 최대 무게는 X_i이고, 주머니당 최대 1개의 보석만 넣을 수 있다. 예를 들어, 보석이 3개, 주머니가 2개 있는 경우에는 다음과 같이 주어진다.

예시 보석=A(5, 10), B(20, 20), C(15, 30)
주머니의 무게 X_i=[10, 20]
→ 보물섬에서 들고 나올 수 있는 보석의 최대 가격은 40이다.

21 보석=A(5, 5), B(4, 5), C(3, 5), D(2, 5), E(1, 5)
주머니의 무게 X_i=[1, 2, 3]

22 보석=A(20, 5), B(15, 20), C(15, 30), D(20, 10)
주머니의 무게 X_i=[20, 10, 15, 10]

23 보석=A(3, 10), B(10, 10), C(5, 10), D(10, 100), E(30, 100), F(20, 20), G(30, 30)
주머니의 무게 X_i=[10, 100, 50, 20]

24 보석=A(5, 5), B(100, 10), C(20, 100), D(50, 100), E(100, 100), F(1, 1), G(20, 20)
주머니의 무게 X_i=[30, 25, 20, 15, 10, 5]

25 보석=A(1, 1), B(100, 100), C(1, 100), D(90, 5), E(2, 5), F(35, 45), G(15, 15), H(20, 2)
주머니의 무게 X_i=[9, 7, 1, 95, 100]

※ 답을 작성하세요.

21		22		23	
24		25			

작은 성공부터 시작하라.

성공에 익숙해지면 무슨 목표든지 이룰 수 있다는
자신감이 생긴다.

– 데일 카네기(Dale Carnegie)

PART

3

기출변형 & 실전모의고사

기출변형 모의고사

실전모의고사 1회

실전모의고사 2회

S W 적 성 진 단 & 에 세 이 & 면 접

수리/추리논리(객관식 15문항/30분)

01 다음 도형들이 변화하는 규칙을 찾아 '?'에 들어갈 가장 알맞은 도형을 고르면?

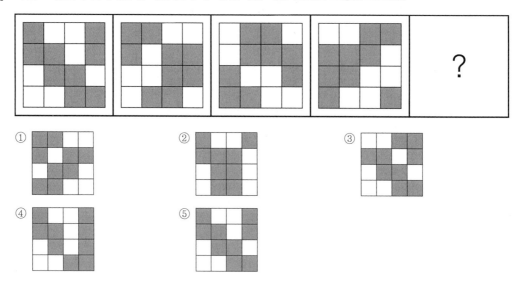

02 다음 도형들이 변화하는 규칙을 찾아 '?'에 들어갈 가장 알맞은 도형을 고르면?

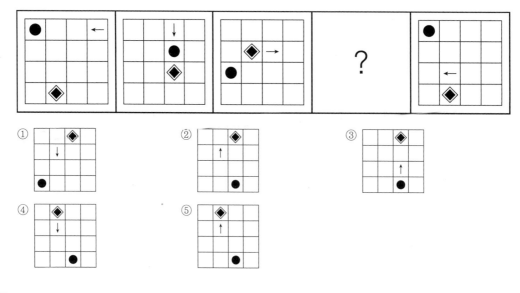

03 다음 설명을 읽고, 영호가 달리는 평균 속력을 a, 영호가 공을 차고나서 다시 받을 때까지 공의 평균 속력을 b라고 할때, $b-a$의 값을 고르면?

> 영호는 축구 연습을 하고 있다. 영호는 축구공을 향해 달려와서 벽으로부터 18m 떨어진 지점에 놓여 있는 축구공을 벽을 향해 발로 찼다. 이후 영호는 계속 벽을 향해 달렸고, 공을 찬 시점으로부터 2초 후 벽으로부터 튕겨져 나온 공을 받았다. 이때 영호와 벽 사이의 거리가 12m였다.

① 10m/s   ② 11m/s   ③ 12m/s
④ 13m/s   ⑤ 14m/s

04 A건물에는 a~h까지 총 8개 회사가 입주하고 있다. 건물 관리팀의 팀장이 바뀐 후, 팀장은 기존의 자료를 바탕으로 거주자 정보를 문서화하는 작업을 팀원들에게 지시하였다. [기존 자료]가 다음과 같을 때 d사의 호수를 고르면?

┌ 기존 자료 ┐
- 건물은 3층이며 층마다 3개 호실로 구성되어 있다.
- 각 층의 호수번호는 층수를 가장 앞자리로 하여 ○01호, ○02호, ○03호로 매겨지며 3개 호실이 순서대로 나란히 배치된다.
- a사 옆에는 e사와 h사가 입주하고 있다.
- e사의 바로 아래층은 배관 문제에 따른 물 새는 현상이 발생하여 현재 공실로 배관 공사가 진행 중이다.
- b사의 위층 입주사는 현재 회의실 공사가 진행 중이라 가끔 소음이 발생하고 있다.
- c사는 203호에 입주하고 있다.
- f사의 양 옆에는 각각 b사와 g사가 입주하고 있다.

① 103호   ② 201호   ③ 202호
④ 302호   ⑤ 303호

05 다음 [표]는 연령대별 선호하는 도서 분야를 조사한 설문 자료이다. 주어진 자료에 대한 설명 중 옳지 <u>않은</u> 것을 고르면?

[표] 연령대별 선호 도서 분야 (단위: %)

구분	문학	장르소설	자기계발	취미·오락	철학·종교	경제·경영	정치·시사
19~29세	31.8	20	12.2	7.1	3.7	15	3
30~39세	29	13.4	12	10.5	2.7	10.1	3.4
40~49세	29.1	15	11.1	8.8	6.9	4.1	3.9
50~59세	29.4	11.9	8.9	12.8	11.6	2.8	4.0
60세 이상	27.6	8.6	5	12.3	24	2.1	4.7

① 50대 이상에서 가장 선호하지 않는 분야는 정치·시사이다.
② 각 연령대에서 문학 분야의 선호도가 가장 높다.
③ 장르소설의 선호 비율은 19~29세에서 가장 높다.
④ 40~49세 연령대에서 철학·종교보다 선호도가 2배 이상 높은 분야는 2개이다.
⑤ 정치·시사 도서의 선호 비율은 연령대가 높을수록 높아진다.

06 A 연구소의 선임 연구원(갑, 을, 병, 정)과 신입 연구원(가, 나, 다)은 하루에 각각 한 명씩 다음 [조건]과 같이 월요일부터 금요일까지 함께 5일간 당직을 선다. 이때 항상 참인 것을 고르면?

┤ 조건 ├
- 어떤 연구원도 이틀 이상 연속으로 당직을 서지 않는다.
- 선임 연구원 중 갑은 첫날과 마지막 날에 당직을 선다.
- 갑은 다와 함께 당직을 서지 않는다.
- 을은 나와 함께 당직을 서지 않는다.
- 정은 가와 함께 화요일 당직을 선다.
- 월요일 당직을 선 신입 연구원은 목요일에도 당직을 선다.

① 모든 연구원은 1일 이상 당직을 선다.
② 연구원 중 총 사흘 동안 당직을 서는 연구원이 있다.
③ 을이 당직을 서는 경우, 항상 다와 함께 당직을 선다.
④ 가는 항상 갑과 함께 당직을 선다.
⑤ 목요일에는 병이 당직을 선다.

07 다음 설명을 읽고, 기계 A, B, C를 함께 가동했을 때 며칠 만에 생산을 완료할 수 있는지 고르면?

> 라면 생산 공장에서 기계 A, B, C를 가동하여 한정수량의 특별 프로모션 라면을 생산하려고 한다. 기계 A를 단독으로 가동할 시 20일이 걸리고, A와 B를 함께 가동하면 12일이 걸리고, A와 C를 함께 가동하면 15일이 걸린다.

① 9일
② 10일
③ 11일
④ 12일
⑤ 13일

08 다음 [조건]을 읽고 [문구]의 내용이 사실임을 확인하기 위해 뒤집어 보아야 할 카드를 모두 고르면?(단, 뒤집어서 확인하는 카드의 개수는 최소로 한다.)

┤ 문구 ├
• 하트 문양의 카드를 뒤집으면 반대쪽에는 반드시 2가 적혀 있다.

┤ 조건 ├
• 카드의 한 쪽은 문양이 그려져 있고 반대쪽에는 숫자가 적혀 있다.
• 현재 테이블에 놓여 있는 카드 5장에 보이는 면에는 하트 문양, 스페이드 문양, 숫자 2, 숫자 7, 숫자 9가 적혀있다.

① 하트 문양 카드, 스페이드 문양 카드
② 하트 문양 카드, 숫자 2 카드
③ 하트 문양 카드, 숫자 7 카드, 숫자 9 카드
④ 하트 문양 카드, 숫자 2 카드, 숫자 7 카드, 숫자 9 카드
⑤ 하트 문양 카드, 스페이드 문양 카드, 숫자 2 카드, 숫자 7 카드, 숫자 9 카드

09 다음 설명을 읽고, y의 값을 고르면?

> 　준하와 재석은 제품 포장 업무를 하고 있다. 준하는 10분 동안 y개의 제품을 포장한 뒤 2분간 쉬며, 재석은 15분간 11개의 제품을 포장한 뒤 3분간 쉰다. 준하와 재석 둘이 함께 오후 12시 정각에 포장 업무를 시작했고 마지막 10분은 준하 혼자 제품을 포장하여 100개의 제품을 포장하였다. 업무가 종료된 시간은 오후 1시 22분이다.

① 8　　　　　　　② 9　　　　　　　③ 10
④ 11　　　　　　　⑤ 12

10 민철이는 21% 농도의 소금물과 6% 농도의 소금물을 섞어서 15% 농도의 소금물 300g을 만들었다. 이때 6% 농도의 소금물은 몇 g인지 고르면?

① 100g　　　　　　② 120g　　　　　　③ 150g
④ 180g　　　　　　⑤ 200g

11 A식당은 인기가 많아서 주말은 반드시 예약을 해야 식사를 할 수 있다. 먼저 예약한 사람이 원하는 식사 시간대를 선택할 수 있고, 선택이 완료되면 해당 시간대의 예약은 마감된다. 금주 토요일 a~f가 다음 [조건]에 따라 예약과 식사를 하였다고 할 때, 항상 옳은 것을 고르면?

> ┤ 조건 ├
> • a는 f보다 먼저 예약을 했지만 늦게 식사를 한다.
> • e보다 먼저 예약한 사람은 한 명뿐이다.
> • d는 f 바로 다음에 예약을 하였고, 바로 앞 타임에 식사를 한다.
> • e는 d보다, d는 b보다 먼저 예약을 하고 식사를 한다.
> • c보다 늦게 예약을 한 사람과 c보다 먼저 식사를 하는 사람은 각각 한 명뿐이다.

① 두 번째로 예약을 한 사람이 가장 먼저 식사를 한다.
② c는 세 번째로 식사를 한다.
③ a는 b 바로 다음에 식사를 한다.
④ 마지막으로 예약한 사람이 마지막으로 식사를 한다.
⑤ f 바로 다음 순서로 식사를 하는 사람은 b이다.

12 다음 설명을 읽고, 속력을 올리기 전 을 사원의 자동차 속력을 고르면?

> A팀의 갑 대리는 400km 떨어진 출장지에 80km/h의 속력으로 운전하여 가고 있다. 함께 출발하기로 한 을 사원은 급한 업무가 발생하여 1시간 늦게 출발하게 되었다. 3시간을 일정한 속도로 운전하여 가던 을 사원은 제 시간에 도착하기 위해 기존보다 속도를 20km/h 높여서 나머지 거리를 운전하였다. 갑 대리와 을 사원은 출장지에 동시에 도착하여 늦지 않게 거래처 미팅을 할 수 있었다.

① 90km/h   ② 95km/h   ③ 100km/h
④ 105km/h   ⑤ 110km/h

13 다음 도형들이 변화하는 규칙을 찾아 '?'에 들어갈 가장 알맞은 도형을 고르면?

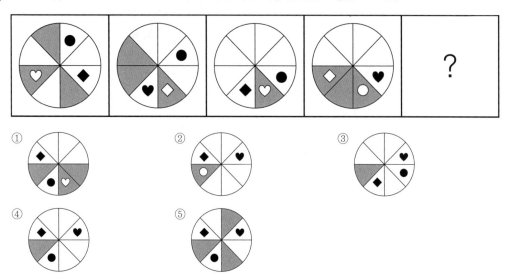

14 다음 [표]는 사고유형별 교통사고 발생건수 및 사상자 수에 관한 자료이다. 주어진 자료에 대한 설명 중 옳은 것을 고르면?

[표] 사고유형별 교통사고 발생건수 및 사상자 수

구분	사고유형	사고건수(건)	사망자 수(명)	부상자 수(명)
차량 대 사람	횡단	13,147	520	13,551
	차도 통행	3,702	230	3,654
	길 가장자리 통행	2,079	40	2,122
	보도 통행	2,015	26	2,096
	기타/불명	15,278	288	15,757
차량 대 차량	충돌	85,489	626	132,932
	추돌	32,993	195	59,441
	기타/불명	46,070	210	66,737

① 차량 대 사람과 차량 대 차량 각 항목에서 사망자 수가 두 번째로 많은 사고유형은 사고건수도 가장 많다.
② 전체 부상자 중 충돌 사고유형 부상자가 절반 이상을 차지한다.
③ 각 사고유형에서 부상자 수 대비 사고건수의 비율은 모두 100%를 초과한다.
④ 사고건수 대비 가장 많은 부상자가 발생하는 사고유형은 추돌이다.
⑤ 차량 대 사람의 사고유형 중 길 가장자리 통행의 사고건수가 가장 적다.

15 Z기업은 다음 [표1]과 같이 각 부서별 필요 인력 수요와 필요 요건을 조사하였다. 이를 고려하여 [표2]의 합격자들을 각 부서에 배정했다고 할 때, 경력직 중 경영, 경제 전공 두 명이 배정된 부서를 바르게 연결한 것을 고르면?(단, 팀별로 필요 요건에 순위가 있을 시 우선 배정한다.)

[표1] 부서별 수요 및 필요 요건

구분	필요 인력	필요 요건
인사팀	경력직 1명	전공 무관
개발팀	경력직 1명 or 신입 2명	공학 전공
마케팅팀	경력직 1명	1순위: 경영 전공 2순위: 경제 전공
회계팀	신입 2명	경영 or 회계 전공 1명 공학 or 경제 전공 1명
기획팀	경력 1명	경영 or 회계 전공
생산팀	신입 1명	전공 무관

[표2] 합격자 현황

구분	합격자
경력직	공학 전공 1명, 경영 전공 1명, 경제 전공 1명, 회계 전공 1명
신입	공학 전공 1명, 경제 전공 1명, 회계 전공 1명

① 경영 전공 – 인사팀, 경제 전공 – 마케팅팀
② 경영 전공 – 기획팀, 경제 전공 – 인사팀
③ 경영 전공 – 기획팀, 경제 전공 – 마케팅팀
④ 경영 전공 – 마케팅팀, 경제 전공 – 기획팀
⑤ 경영 전공 – 마케팅팀, 경제 전공 – 인사팀

[01~05] 다음 설명을 읽고, 플레이어가 뒤집기 게임에서 승리하기 위한 최대 합을 구하시오.(단, A는 숫자 카드의 배열을 나타낸 수열이다.)

다음은 뒤집기 게임에 대한 설명이다.

- N개의 숫자 카드를 일렬로 나열한다.
- 숫자 카드에 적힌 숫자는 1, 2, 3으로 이루어져 있으며, 1의 뒷면에는 3이, 2의 뒷면에는 2가, 3의 뒷면에는 1이 쓰여져 있다.
- 나열된 카드의 연속된 일부분을 뒤집을 수 있는 찬스가 1번 존재한다.
- 플레이어는 찬스를 쓸 수도 있고, 쓰지 않을 수도 있다.
- 플레이어가 구할 수 있는 최대 숫자의 합을 구하면 승리한다.

예시 $N=3$, $A=\{1, 3, 2\}$
→ 플레이어가 뒤집기 게임에서 승리하기 위한 최대 합은 8이다.

---

01 $N=5$, $A=\{3, 3, 1, 2, 1\}$

02 $N=6$, $A=\{1, 3, 2, 1, 1, 2\}$

03 $N=8$, $A=\{2, 3, 2, 2, 2, 3, 3, 2\}$

04 $N=10$, $A=\{2, 1, 1, 2, 1, 2, 1, 3, 3, 2\}$

05 $N=15$, $A=\{1, 1, 3, 1, 1, 3, 3, 3, 3, 1, 2, 1, 1, 1, 1\}$

※ 답을 작성하세요.

01	02	03
04	05	

[06~10] 다음 설명을 읽고, 공깃돌 게임에서 얻을 수 있는 최대 점수를 구하시오.

　자연수가 적혀진 N개의 공깃돌이 주어진다. 이 중 공깃돌 3개(a, b, c)를 골라 얻는 점수를 $|a-b|+|b-c|+|c-a|$라 한다. 더 이상 고를 수 없을 때까지 3개씩 골라 버리면서 점수를 얻는 것을 반복했을 때, 마지막까지 얻은 점수의 합이 공깃돌 게임에서 얻는 최종값이 된다.

　예시 N=6, {1, 4, 6, 2, 4, 2}
　　→ 공깃돌 게임에서 얻을 수 있는 최대 점수는 14점이다.

---

06 N=6, {9, 1, 4, 1, 8, 2}

07 N=6, {1, 8, 6, 1, 5, 3}

08 N=9, {7, 6, 5, 11, 3, 10, 7, 2, 7}

09 N=9, {11, 2, 4, 10, 2, 7, 2, 9, 3}

10 N=12, {14, 13, 14, 10, 11, 14, 8, 4, 9, 3, 7, 5}

※ 답을 작성하세요.

06	07	08
09	10	

[11~15] 다음 설명을 읽고, 가장 큰 정사각형의 크기를 구하시오.

2차원 평면에 N개의 점들이 주어졌을 때, 원점을 포함하는 십자가를 그리고자 한다. 십자가는 다음과 같이 원점을 포함하는 정사각형을 좌우로 무한히 늘리고 상하로도 무한히 늘린 모양이다. 십자가는 주어진 점들을 경계가 아닌 내부에 포함하지 않아야 한다. 이러한 십자가의 중심이 될 수 있는 가장 큰 정사각형을 찾아 크기를 구해야 한다. 단, 주어지는 점들은 원점이나 좌표축 위에는 존재하지 않는다.

예시   N＝5, {(3, 5), (−2, 3), (5, 1), (4, −3), (−3, −5)}

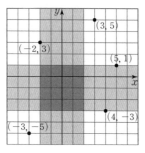

→ 가장 큰 정사각형의 크기는 16이다.

11   N＝5, {(2, −6), (−4, −2), (3, −1), (−3, 6), (5, 3)}

12   N＝7, {(3, 5), (−2, 8), (−5, 3), (3, 8), (5, −4), (−6, −1), (−5, −4)}

13 N=9, {(9, 4), (−8, 9), (−8, 12), (7, −12), (10, −3), (11, −12), (9, −12), (−8, 6), (−4, −12)}

14 N=11, {(−4, −8), (9, −6), (−8, −10), (−3, −9), (6, 3), (8, 8), (−10, 7), (−2, −3), (8, 11), (−14, 4), (−9, −10)}

15 N=14, {(−25, −22), (−13, 20), (20, −12), (−14, −19), (1, 5), (3, 12), (15, −27), (−13, 19), (25, −27), (−12, 28), (26, 12), (2, 26), (15, 18), (−18, 15)}

※ 답을 작성하세요.

11		12		13	
14		15			

[16~20] 다음 설명을 읽고, N을 1, 2, 3의 합으로 나타내는 방법의 수를 구하시오.

자연수 N을 1, 2, 3의 합으로 나타내는 방법은 다음과 같다.

- 합을 나타낼 때 1개 이상의 수를 사용해야 한다.
- 같은 수를 2번 이상 연속해서 사용할 수 없다.

예시 $N=4$
→ 방법의 수는 총 3가지이다.

---

16 $N=5$

17 $N=6$

18 $N=7$

19 $N=9$

20 $N=11$

※ 답을 작성하세요.

16	17	18
19	20	

[21~25] **다음 설명을 읽고, 하루에 가능한 최대 업무량을 구하시오.**(단, X, Y, Z, K는 모두 자연수이다.)

연동이는 1시간 단위로 일을 진행하거나 휴식을 취한다. 1시간 일할 때마다 피로도가 X만큼 쌓이고, 업무량은 Y만큼 진행할 수 있다. 또한 1시간 휴식을 취할 때마다 피로도가 Z만큼 감소한다. 업무를 시작할 때 연동이의 피로도는 0이고, 피로도가 K를 넘지 않도록 하면서 일을 진행하려고 한다.

예시 X=5, Y=3, Z=2, K=10
→ 하루에 가능한 최대 업무량은 24이다.

21 X=10, Y=5, Z=1, K=10

22 X=11, Y=5, Z=1, K=10

23 X=8, Y=4, Z=2, K=14

24 X=4, Y=3, Z=1, K=15

25 X=9, Y=4, Z=4, K=20

※ 답을 작성하세요.

21		22		23	
24		25			

수리/추리논리(객관식 15문항/30분)

01 다음 글의 내용이 참일 경우, 반드시 <u>거짓</u>인 진술을 고르면?

> 전기차를 상용화하기 시작한 2013년에는 국내 전기차 등록 대수가 1,464대에 불과했다. 그러나 2021년 9월 기준 국내 전기차 등록 대수는 20만 1,520대를 기록했다. 전기차 보급 대수가 급증한 만큼 산적한 과제도 많은데, 그중 특히 중요한 것은 전기차 충전 문제이다.
>
> 우리나라는 도심지 대부분에 아파트가 들어서 있어서 시내에 전기차 충전소를 설치하기 어려운 환경이다. 이로 인해 운전자들이 전기차를 충전하려면 집에서 멀리 떨어진 외곽으로 나가야 하는 경우가 빈번하다. 이 문제를 해결하기 위해 아파트 단지에 있는 공용 주차장 활용과 주거 지역 내 스마트 그리드(Smart Grid)의 도입이 필요하다.
>
> 공용 주차장에 스마트 그리드와 연계한 과금형 콘센트를 설치하면 출근 시간부터 심야 시간까지 이용률을 고려한 전력 수급이 가능하다. 스마트 그리드란 기존 전력망에 정보·통신기술(ICT)을 접목한 지능형 전력망을 뜻한다. 전력 공급자와 소비자가 양방향으로 실시간 정보를 교환할 수 있어서 에너지 효율을 극대화할 수 있다. 이렇게 집 앞 주차장에서 편하게 쓸 수 있는 충전기가 생기면 전기차 운전자들은 충전을 위해 교외로 나갈 필요가 없어진다. 일선 발전소들도 보다 효율적으로 전력을 공급할 수 있다.
>
> 한편 전기차 보급이 늘어날수록 폐배터리도 쏟아져 나올 것으로 예상된다. 그만큼 배터리 재활용 시장의 성장 가능성도 높다. 2030년 12조 원 규모로 성장할 이 시장을 선점하려면 지금부터 관련법과 제도를 정비해야 한다. 더욱이 폐배터리는 재처리 과정에서 유독성 물질을 방출할 위험이 있어서 이와 관련한 기술·환경 요건을 제대로 갖춰나가야 할 것이다.

① 2021년 국내 전기차 등록 대수는 2013년 대비 100배 넘게 늘었다.
② 스마트 그리드를 도입하지 않으면 아파트 단지 내 공용 주차장에서 전기차를 충전할 수 없다.
③ 아파트 거주자는 스마트 그리드와 연계한 과금형 콘센트를 설치하면 전기요금을 절약할 수 있다.
④ 도심에 사는 전기차 운전자들은 시내 주유소에서 전기차를 쉽게 충전할 수 있다.
⑤ 폐배터리 처리와 관련된 법안과 제도를 정비해야 배터리 재활용 시장을 선점할 수 있다.

02 다음 중 단어 쌍의 관계가 나머지와 <u>다른</u> 것을 고르면?

① 심판 — 판정
② 특파원 — 취재
③ 후보 — 당선
④ 법원 — 수락
⑤ 기업 — 채용

03 A기업의 B 대리가 담당한 업무는 총 6개이다. 6개의 업무 중 경쟁사 조사 업무와 거래처 미팅 업무를 포함하여 총 4개의 업무를 금일 처리해야 한다. 팀장의 지시로 경쟁사 조사 업무보다 거래처 미팅 업무를 먼저 처리해야 한다고 할 때, 금일 B대리가 업무를 처리하는 경우의 수를 고르면?(단, 금일 반드시 처리해야 하는 업무 외의 업무는 B대리가 선택하여 처리할 수 있다.)

① 12가지   ② 18가지   ③ 36가지
④ 72가지   ⑤ 96가지

04 X팀 10명은 직무 관련 트렌드 파악을 위해서 Y컨퍼런스에 참석하였다. Y컨퍼런스는 2개의 섹션 a, b로 구성되어 있으며 섹션 a에는 최대 8명, 섹션 b에는 최대 4명이 참석할 수 있다고 할 때, X팀이 섹션을 나누어 참석하는 경우의 수를 고르면?(단, X팀 10명 모두가 빠짐없이 Y컨퍼런스의 각 섹션에 나누어 참석한다.)

① 275가지   ② 300가지   ③ 325가지
④ 350가지   ⑤ 375가지

05 2023년 10월 24일은 화요일이다. 2024년 5월 5일은 무슨 요일인지 고르면?(단, 2020년은 윤년이다.)

① 수요일   ② 목요일   ③ 금요일
④ 토요일   ⑤ 일요일

06 성주, 유진, 동혁, 종원, 윤재, 영철 중 2명은 토요일에 당직을 하고, 2명은 일요일에 당직을 하고, 2명은 주말에 당직을 하지 않는다. 이 중 당직을 하지 않는 사람은 반드시 거짓을, 당직을 하는 사람은 반드시 참을 말한다고 할 때, 다음 [조건]을 바탕으로 일요일에 당직을 하는 사람의 조합으로 알맞은 것을 고르면?

┤ 조건 ├
- 성주: 나는 동혁이와 같은 날 당직이야.
- 유진: 나는 일요일에 당직이야.
- 동혁: 나는 종원이와 같은 날 당직이야.
- 종원: 나는 일요일에 당직을 하지 않아.
- 윤재: 영철이는 토요일 당직이야.
- 영철: 윤재는 주말에 당직을 하지 않아.

① 성주, 동혁
② 유진, 윤재
③ 유진, 영철
④ 동혁, 종원
⑤ 윤재, 영철

07 김 씨는 주말마다 등산을 간다. 10월에 관악산, 도봉산, 북악산, 북한산, 인왕산을 등반하였는데, 매주 다른 산을 등반하였다. 다음 [조건]을 바탕으로 항상 옳은 것을 고르면?

┤ 조건 ├
- 관악산을 등반한 바로 다음 주말에 북악산을 등반하였다.
- 북한산은 가장 먼저 등반하지 않는다.
- 인왕산은 도봉산보다 먼저 등반한다.
- 도봉산은 북한산보다 늦게 등반한다.
- 인왕산은 세 번째로 등반하지 않는다.
- 북악산은 마지막으로 등반하지 않는다.

① 인왕산은 북한산보다 먼저 등반한다.
② 관악산은 세 번째로 등반하지 않는다.
③ 도봉산은 가장 마지막으로 등반한다.
④ 북악산은 북한산보다 먼저 등반한다.
⑤ 인왕산은 가장 먼저 등반한다.

08 A~D는 각각 테니스, 등산, 축구, 탁구 중 두 개의 동호회에 가입하였다. A~D가 가입한 동호회가 다음 [조건]을 따른다고 할 때, 옳은 것을 고르면?

┤ 조건 ├
- 각 동호회에는 1명 이상이 가입하였다.
- A는 테니스 동호회에 가입하였다.
- B는 축구 동호회에 가입하지 않았다.
- C가 등산 동호회에 가입하였고, D는 탁구 동호회에 가입하였다.
- A는 B, C와 같은 동호회에 가입하지 않았다.
- 축구 동호회에는 2명이 가입하였다.

① D는 축구 동호회에 가입하였다.
② B는 D와 같은 동호회에 가입하지 않았다.
③ C는 B와 같은 동호회에 가입하지 않았다.
④ C가 가입한 동호회는 모두 D가 가입하였다.
⑤ 탁구 동호회에는 2명이 가입하였다.

09 다음 [표]는 연도별 해운 화물 수송량과 2019년 지역별 해운 화물 수송량을 조사한 자료이다. 주어진 자료에 대한 설명 중 옳지 <u>않은</u> 것을 고르면?

[표1] 연도별 해운 화물 수송량 (단위: 1,000RT)

구분	수출			수입			총합계
	국적선	외국선	수출합계	국적선	외국선	수입합계	
2013년	47,599	318,213	365,812	106,850	596,904	703,754	1,069,566
2014년	45,088	339,053	384,141	87,833	636,564	724,397	1,108,538
2015년	47,344	340,007	387,351	83,870	651,983	735,853	1,123,204
2016년	48,297	359,720	408,017	88,483	688,140	776,623	1,184,640
2017년	48,812	368,500	417,312	83,960	715,510	799,470	1,216,782
2018년	52,202	370,060	422,262	82,341	737,994	820,335	1,242,597
2019년	54,187	397,937	452,124	87,773	772,591	860,364	1,312,488

[표2] 2019년 지역별 해운 화물 수송량 (단위: 1,000RT)

구분	선적	일본	기타 아시아	기타 대륙	기타	합계
수입	국적선	15,727	54,459	17,541	46	87,773
	외국선	29,016	265,958	476,868	749	772,591
	합계	44,743	320,417	494,409	795	860,364
수출	국적선	17,764	32,958	3,364	101	54,187
	외국선	26,788	186,450	184,129	570	397,937
	합계	44,552	219,408	187,493	671	452,124

① 해운 화물 전체 수송량은 매년 꾸준히 증가하였다.

② 2019년 수입 화물 수송량 규모는 모든 지역에서 수출 규모보다 더 크다.

③ 수출 해운 화물의 국적선과 외국선의 수송량 차이가 300백만 RT이상인 해는 총 4개이다.

④ 2019년 해운 화물 수입 수송량에서 외국선이 차지하는 비중이 세 번째로 높은 지역은 기타 대륙이다.

⑤ 2019년 국적선을 통해 일본으로 수출된 화물량은 국적선 수출 전체 화물량의 30% 이상이다.

10 A~H팀이 다음과 같은 대진표에 따라 시합을 하려고 한다. 다음 [조건]을 바탕으로 항상 옳은 것을 고르면?

┤조건├
- A는 B와 결승에서 만날 수 있다.
- E는 F와 결승에서 만날 수 없다.
- D는 F와 예선에서 시합을 한다.
- C는 예선2조이다.
- A는 H와 결승에서 만날 수 있다.

① A와 E는 예선에서 시합을 한다.
② C와 G는 준결승에서 만난다.
③ B는 예선1조이다.
④ D와 F는 예선1조이다.
⑤ G와 H는 결승에서 만날 수 있다.

11 A사와 B사는 2023년 한 해 총 5곳의 수주계약을 두고 경쟁 중이다. 현재 A사와 B사가 각각 1곳씩의 수주계약을 따낸 상황에서 A사가 계약을 따낼 확률이 60%라고 할 때, A사가 B사보다 더 많은 계약을 따낼 확률을 고르면?

① 62.8% ② 63.8% ③ 64.8%
④ 65.8% ⑤ 66.8%

[표] 25~29세 근로자의 성별·학력별 임금 수준   (단위: 천 원)

구분	25~29세	남자	여자	고졸	전문대졸	대졸 이상
2000년	1,077	1,126	999	1,044	1,037	1,184
2005년	1,532	1,586	1,458	1,416	1,430	1,703
2010년	1,841	1,941	1,728	1,640	1,702	2,031
2011년	1,942	2,011	1,856	1,770	1,833	2,103
2012년	2,017	2,088	1,933	1,818	1,900	2,181
2013년	2,087	2,162	2,002	1,900	1,967	2,237
2014년	2,192	2,267	2,106	2,065	2,074	2,308
2015년	2,218	2,302	2,122	2,052	2,109	2,341
2016년	2,282	2,365	2,187	2,133	2,150	2,397

12 다음 [보기]의 설명 중 옳은 것을 모두 고르면?

| 보기 |

ㄱ 2016년에는 학력이 높을수록 전년 대비 임금 증가율도 높다.

ㄴ 2000년을 제외한 나머지는 학력이 높을수록 임금 수준도 높다.

ㄷ 2000년 대비 2016년 여자와 남자의 임금 증가율은 각각 110% 이상이다.

ㄹ 2010~2016년 동안 남녀의 임금비(여자 임금에 대한 남자 임금의 비)는 매년 1 이상이다.

① ㄱ, ㄷ   ② ㄱ, ㄹ   ③ ㄴ, ㄷ

④ ㄴ, ㄹ   ⑤ ㄴ, ㄷ, ㄹ

13 다음 중 남자의 전년 대비 임금 증가율이 여자보다 높은 해를 고르면?

① 2012년   ② 2013년   ③ 2014년

④ 2015년   ⑤ 2016년

14 다음 결론이 반드시 참이 되게 하는 전제를 고르면?

전제1	문제를 잘 푸는 사람은 체스를 잘한다.
전제2	
결론	문제를 잘 푸는 어떤 사람은 필기시험에 강하다.

① 필기시험에 강한 사람은 체스를 잘한다.
② 필기시험에 강한 사람은 체스를 잘하지 못한다.
③ 필기시험에 강하지 않은 사람은 체스를 잘한다.
④ 체스를 잘하는 사람은 필기시험에 강하다.
⑤ 체스를 잘하지 못하는 사람은 필기시험에 강하다.

15 다음에 주어진 도형을 보고 적용된 규칙을 찾아 '?'에 해당하는 적절한 도형을 고르면?

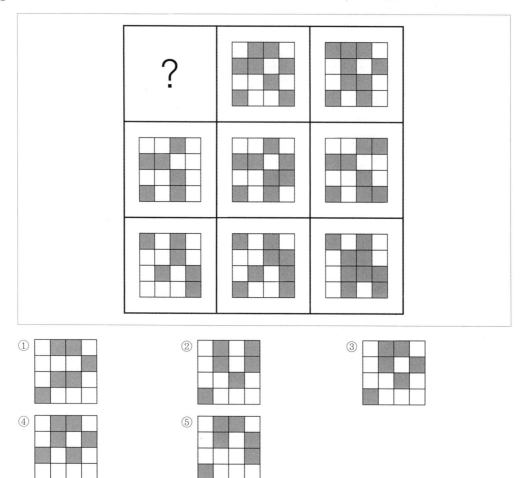

① 　　② 　　③

④ 　　⑤

[01~05] 다음 설명을 읽고, 만들 수 있는 직사각형의 개수는 총 몇 개인지 구하시오.

> 가로, 세로의 길이가 1인 정사각형이 N개 있다. 이 정사각형을 일부 또는 전부 이용해서 만들 수 있는 직사각형의 개수를 구하려고 한다. 단, 두 직사각형 X, Y가 있을 때, X를 이동하거나 회전시켜서 Y와 동일한 모양을 만들 수 있는 경우, 두 직사각형은 같은 것으로 한다. 또한 정사각형은 겹쳐질 수 없으며 직사각형 내부는 정사각형으로 가득 채워져 있어야 한다.
>
> 예시 N=4
> → 만들 수 있는 직사각형의 개수는 총 5개이다.

01 N=5

02 N=6

03 N=7

04 N=10

05 N=35

※ 답을 작성하세요.

01 ▨▨▨▨▨▨▨▨▨   02 ▨▨▨▨▨▨▨▨▨   03 ▨▨▨▨▨▨▨▨▨

04 ▨▨▨▨▨▨▨▨▨   05 ▨▨▨▨▨▨▨▨▨

다음 설명을 읽고, 최소한의 포대자루 개수를 배달하는 경우, 총 몇 자루를 배달해야 하는지 구하시오.

> 쌀집 직원 A는 떡집에 쌀 포대를 정확히 Nkg 배달해야 한다. 쌀을 담을 수 있는 포대자루의 사이즈는 Xkg과 Ykg이다. A는 최소한의 포대자루로 쌀을 배달해야 하고, 포대자루는 항상 가득 담겨진 채로 옮겨져야 한다.
>
> 예시 | N＝22, X＝4, Y＝6
> → 총 4자루를 배달해야 한다.

06 N＝39, X＝2, Y＝9

07 N＝81, X＝3, Y＝7

08 N＝111, X＝4, Y＝9

09 N＝131, X＝10, Y＝11

10 N＝1,024, X＝8, Y＝12

※ 답을 작성하세요.

06	07	08
09	10	

[11~15] 다음 설명을 읽고, 수열이 주어졌을 때, D가 될 수 있는 가장 큰 수를 구하시오.

자연수 N을 자연수 D로 나누었을 때의 몫을 Q, 나머지를 R이라고 하자. 이 경우 $R = N - Q \times D$가 성립한다. 만약 n개의 자연수로 이루어진 수열이 있을 때, 모든 수를 어떤 자연수 D로 나누었을 때 모든 수의 나머지가 같아지는 경우가 존재한다.

예시 $\{9, 6, 10, 2, 4\}$
→ D가 될 수 있는 가장 큰 수는 1이다.

11 $\{10, 18, 32, 12, 2\}$

12 $\{18, 54, 6, 24, 48\}$

13 $\{192, 648, 230, 420\}$

14 $\{1{,}938, 1{,}365, 601, 2{,}320, 2{,}702\}$

15 $\{524, 865, 755, 282, 700, 942, 1{,}184\}$

※ 답을 작성하세요.

11		12		13	
14		15			

[16~20] 다음 설명을 읽고, 주어진 자연수 N을 1, 2, 3의 합으로 나타내는 방법의 수를 구하시오.

자연수 N을 1, 2, 3의 합으로 나타내는 방법은 여러 가지가 있다. 예를 들어, N=3인 경우, 3의 합을 나타내는 방법은 다음과 같다. 단, 합을 나타낼 때는 반드시 수를 1개 이상 사용해야 한다.

1+1+1
1+2
2+1
3

예시 N=4
　→ 1, 2, 3의 합으로 나타내는 방법의 수는 7가지이다.

---

16 N=5

17 N=6

18 N=7

19 N=10

20 N=12

※ 답을 작성하세요.

16		17		18	
19		20			

알파벳 대문자로만 이루어진 단어들이 있다. 각 알파벳은 0부터 9까지의 자연수 중 하나를 의미한다. 그리고 각 자릿수는 정확하게 알파벳 하나이다. 0으로 시작하는 수는 없으며, 같은 알파벳은 같은 숫자로 바꾸어야 한다.

예시 ABC, BCA
  → 알파벳의 조합으로 가능한 수의 합 중 최댓값은 1,875이다.

21 ABCD, DCBA

22 AABB, ABAB, ABBA, BAAB

23 ABC, DEF, GHI, IHG, FED, CBA

24 AAD, EBB, CFC

25 ABCDE, BCDEF, CDEFG

※ 답을 작성하세요.

21		22		23	
24		25			

수리/추리논리(객관식 15문항/30분)

01 영희는 4살 터울의 자녀가 2명 있다. 현재 영희의 나이는 두 자녀의 나이를 합한 것의 세 배이고, 5년 후에는 영희의 나이와 두 자녀의 나이를 합한 것의 비가 7:4이다. 이때, 현재 둘째의 나이를 고르면?

① 3살   ② 4살   ③ 5살
④ 6살   ⑤ 7살

02 5% 농도의 소금물이 각각 100g씩 담긴 비커 A, B가 있다. 비커 A에는 7% 농도의 소금물 200g을 넣고, 비커 B에는 소금 xg을 추가하였더니 두 소금물의 농도가 같아졌다. 이때, x의 값을 고르면?

① $\dfrac{400}{171}$ ② $\dfrac{400}{281}$ ③ $\dfrac{400}{291}$
④ $\dfrac{400}{341}$ ⑤ $\dfrac{400}{371}$

03 다음 [그래프]는 어느 회사의 2020년 월별 매출액과 영업이익을 조사한 자료이다. 주어진 자료를 바탕으로 작성한 [보고서]의 내용 중 옳지 <u>않은</u> 것을 고르면?

[그래프] 월별 매출액 및 영업이익   (단위: 천만 원)

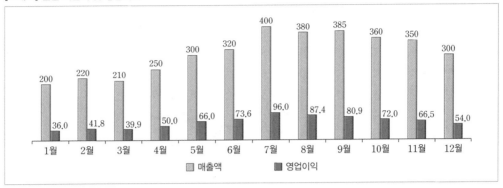

> ### 보고서
>
> 자사는 지난 2020년 1월부터 어느 정도 매출액이 상승세를 보였다. 자사 제품이 주로 여름에 판매되기에 ① 7월에는 2020년 중 최대치의 월별 매출액을 기록하였고, 이때의 매출액 대비 영업이익은 24%이다. 그 후로 ② 8월에는 7월 대비 매출액이 5% 감소하였고, 점차 하향세를 나타내었다. ③ 월별 매출액의 최고 수치와 최저 수치는 정확히 2배 차이를 기록하였고, ④ 해당 두 달에 대해서 영업이익의 차는 6억 원이었다. 한편, ⑤ 1월과 12월을 비교할 때 매출액 및 영업이익이 모두 상승한 만큼, 매출액 대비 영업이익 또한 소폭 상승한 것이 확인되었다.

04 다음 중 단어 쌍의 관계가 나머지와 <u>다른</u> 것을 고르면?

① 예탁 − 위축   ② 공포 − 포고   ③ 항설 − 가설
④ 흠모 − 흔모   ⑤ 추고 − 가탁

05 민규, 석민, 동희, 기원, 진영, 하나는 플리마켓에서 일렬로 나열되어 있는 서로 다른 6개의 부스를 운영하고 있다. 다음 [조건]을 바탕으로 반드시 옳지 <u>않은</u> 것을 고르면?

> ┤ 조건 ├
> • 부스 종류는 디저트 부스, 전통주 부스, 수공예 부스, 애견용품 부스, 수제화 부스, 풍경화 부스이다.
> • 동희는 민규 바로 왼쪽에 위치한 부스를 운영한다.
> • 수제화 부스는 가장 오른쪽에 위치한다.
> • 석민이가 운영하는 부스보다 왼쪽에 있는 부스를 운영하는 사람은 없다.
> • 디저트 부스를 운영하는 사람은 하나이다.
> • 기원이는 가장 오른쪽에서 두 번째에 위치한 부스를 운영한다.
> • 애견용품 부스는 디저트 부스 바로 왼쪽에 위치한다.
> • 진영이는 기원이와 이웃한 부스를 운영한다.

① 석민이는 애견용품 부스를 운영한다.
② 하나는 민규가 운영하는 부스 바로 오른쪽의 부스를 운영한다.
③ 진영이는 전통주 부스를 운영한다.
④ 디저트 부스는 수공예 부스보다 왼쪽에 위치한다.
⑤ 동희는 풍경화 부스를 운영한다.

06 가희, 나희, 다희, 라희가 각각 커피 또는 녹차를 시켰다. 커피를 시킨 사람은 반드시 참만을 말하며 녹차를 시킨 사람은 반드시 거짓만을 말할 때, 다음 [조건]을 바탕으로 커피를 시킨 사람을 고르면?

> ┤ 조건 ├
> • 가희: 라희는 커피를 시켰고, 나희는 거짓을 말하고 있어.
> • 나희: 나는 커피를 시켰고, 커피를 시킨 사람은 두 명이야.
> • 다희: 가희는 녹차를 시켰고, 나는 커피를 시켰어.
> • 라희: 나는 커피를 시켰어.

① 가희   ② 나희   ③ 가희, 라희
④ 나희, 다희   ⑤ 다희, 라희

07 사원이 혼자 일하면 5시간이 걸리고, 대리가 혼자 일하면 4시간이 걸리는 일이 있다. 사원이 혼자 30분 동안 일하다가 대리가 합류하여 같이 일하기 시작했을 때, 사원과 대리가 함께 일하는 시간을 고르면?

① 1시간 30분 ② 1시간 45분 ③ 2시간
④ 2시간 15분 ⑤ 2시간 30분

08 다음 [표]는 총 50,000명을 수용할 수 있는 공연장의 입장 시작 후 1분당 정문과 후문으로 들어오는 신규 관객 수이다. 들어오면 다시 나가는 사람은 없고, 입장 시작 30분 후에 입장을 마감한다고 할 때, 빈 객석은 총 몇 석인지 고르면?(단, 1분당 신규 입장 관객 수는 정문과 후문 각각 일정한 규칙으로 변화한다.)

[표] 공연 입장 시작 후 신규 입장 관객 수 (단위: 명)

구분	1분	2분	3분	4분	5분	6분	7분
정문	360	400	440	480	520	560	600
후문	200	200	200	200	200	200	200

① 15,800석 ② 16,800석 ③ 18,800석
④ 24,200석 ⑤ 25,800석

09 다음 [그래프]는 녹색기술 R&D 금액에 관한 자료이다. 2012년 대비 2015년 정부연구개발사업투자비 증가율에 가장 가까운 값을 고르면?

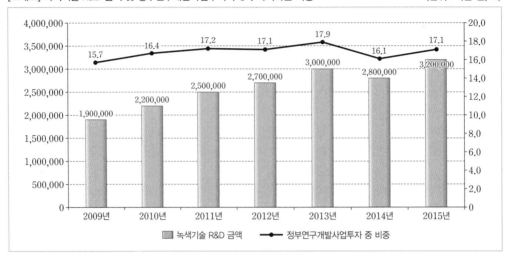

[그래프] 녹색기술 R&D 금액 및 정부연구개발사업투자비에서 차지하는 비중   (단위: 백만 원, %)

① 10% ② 14% ③ 19%

④ 23% ⑤ 25%

10 어느 회사의 동호회에서 4개 조로 나누어 퀴즈 대결을 하려고 한다. 각 조에는 서로 다른 부서의 사람들끼리 배정되었고, 직급은 같을 수도 있다. 이 동호회에는 홍보부 부장 1명과 사원 2명, 기획부 부장, 과장, 대리가 1명씩, 영업부 부장, 차장, 사원이 1명씩, 재무부 차장 1명과 과장 2명이 속해있으며 각 조에는 3명씩 배정되었다. 다음에 주어진 [조건]을 바탕으로 옳은 것을 고르면?(단, A, B, C, D는 각 조의 조장이다.)

┤ 조건 ├
- A: 우리 조 조원들은 모두 직급이 다르고, 기획부가 없어.
- B: 우리 조 사원의 부서는 C조 사원의 부서와 동일하고, 우리 조 재무부 직원의 직급은 D조 재무부 직원의 직급과 동일해.
- C: 우리 조원의 직급은 D조원의 직급과 겹치지 않아.
- D: 우리 조의 영업부와 기획부 직원의 직급은 동일해.

① A조에는 대리가 있다.
② B조에는 과장이 2명이다.
③ C조에는 대리가 2명이다.
④ C조에는 영업부 직원이 없다.
⑤ D조에는 기획부 직원이 없다.

11 팀장 2명과 대리 2명, 사원 4명이 원탁에 앉으려고 한다. 대리 2명은 서로 떨어져 앉고, 사원 4명은 서로 붙어 앉으려고 할 때, 원탁에 앉을 수 있는 모든 경우의 수를 고르면?

① 288가지 ② 324가지 ③ 456가지
④ 512가지 ⑤ 576가지

12 어느 컴퓨터 제조 회사에서 모니터 패널을 A회사로부터 20%, B회사로부터 55%, 나머지는 C회사로부터 납품받는다고 한다. 공정 담당자가 검수를 위해 납품된 모니터 패널 중 하나를 임의로 선택하였는데, 그 패널이 불량품이었다고 한다. 이때, 이 모니터 패널이 C회사로부터 납품되었을 확률을 고르면?(단, 납품받은 모니터 패널의 불량률은 A, B, C회사가 각각 0.3%, 0.2%, 0.1%이다.)

① $\frac{1}{4}$ ② $\frac{1}{3}$ ③ $\frac{1}{2}$
④ $\frac{8}{27}$ ⑤ $\frac{5}{39}$

13 다음 주어진 도형을 보고 적용된 규칙을 찾아 '?'에 해당하는 적절한 도형을 고르면?

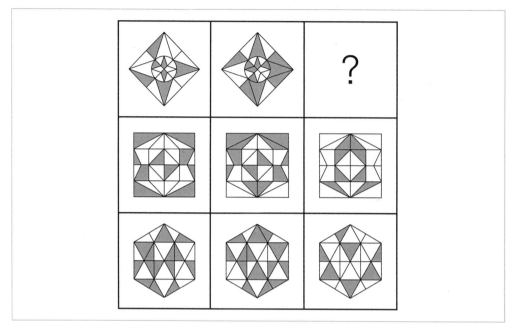

① 　　　② 　　　③

④ 　　　⑤

14 다음 전제를 보고 항상 참인 결론을 고르면?

전제1	분식이 아닌 것 중에 포장마차에서 파는 것이 있다.
전제2	모든 떡볶이는 분식이다.
결론	

① 모든 떡볶이는 포장마차에서 판다.
② 어떤 떡볶이는 포장마차에서 판다.
③ 어떤 떡볶이는 포장마차에서 팔지 않는다.
④ 포장마차에서 팔지 않는 것 중에 떡볶이가 있다.
⑤ 포장마차에서 파는 것 중에 떡볶이가 아닌 것이 있다.

15 사무실에서 코로나 확진자가 발생하였다. 다음 [조건]을 바탕으로 코로나 확진자가 어제 식사를 한 장소를 고르면?

조건

- 사무실에는 춘범, 우정, 나미, 혜영, 지후가 일하고 있다.
- 직원들은 어제 서로 겹치지 않게 분식집, 중국집, 치킨집, 피자집, 한식집에서 식사를 했다.
- 식사 후, 서로 겹치지 않게 세탁소, 도서관, 서점, 문구점, 카페를 방문하였다.
- 춘범은 분식집에서 식사를 하였고, 우정은 서점에 방문하였다.
- 지후는 중국집에서 식사를 하였고, 혜영은 세탁소에 방문하였다.
- 피자집에서 식사한 사람은 식사 후, 카페를 방문하였다.
- 코로나 확진자는 문구점에 방문하였다.
- 중국집에서 식사를 한 사람은 코로나 확진자가 아니다.

① 분식집
② 중국집
③ 치킨집
④ 피자집
⑤ 한식집

[01~05] 다음 설명을 읽고, 모든 핸드폰을 충전하기 위한 최소 시간을 구하시오.

클로이는 N개의 핸드폰과 M개의 충전기를 가지고 있다. 1개의 충전기에서는 1개의 핸드폰만 충전이 가능하며, 충전기의 개수에 따라 여러 개의 핸드폰을 동시에 충전할 수 있다. 이때 클로이는 모든 핸드폰을 충전하기 위한 최소 시간을 구하려고 한다.

예시 클로이는 4개의 핸드폰과 3개의 충전기를 가지고 있으며, 핸드폰은 충전을 위해 각각 4, 3, 1, 2시간을 필요로 한다.
→ 모든 핸드폰을 충전하기 위한 최소 시간은 4시간이다.

01 클로이는 5개의 핸드폰과 3개의 충전기를 가지고 있으며, 핸드폰은 충전을 위해 각각 9, 1, 3, 4, 11시간을 필요로 한다.

02 클로이는 6개의 핸드폰과 3개의 충전기를 가지고 있으며, 핸드폰은 충전을 위해 각각 9, 4, 6, 2, 8, 1시간을 필요로 한다.

03 클로이는 10개의 핸드폰과 4개의 충전기를 가지고 있으며, 핸드폰은 충전을 위해 각각 1, 2, 3, 4, 5, 6, 7, 8, 9, 10시간을 필요로 한다.

04 클로이는 10개의 핸드폰과 2개의 충전기를 가지고 있으며, 핸드폰은 충전을 위해 각각 1, 2, 3, 4, 5, 6, 7, 8, 9, 10시간을 필요로 한다.

05 클로이는 12개의 핸드폰과 2개의 충전기를 가지고 있으며, 핸드폰은 충전을 위해 각각 1, 3, 5, 7, 9, 10, 10, 10, 10, 10, 2, 2시산을 필요로 한다.

※ 답을 작성하세요.

01   02   03

04   05

[06~10] 다음 설명을 읽고, 만들 수 있는 가장 가치 있는 수를 구하시오.

민희는 여러 개의 숫자들을 가지고 있는데, 이 수들을 곱해서 가장 가치 있는 수를 만들고자 한다. 민희가 생각했을 때 짝수인 수보다 홀수인 수가 더 가치 있다. 또한 똑같이 홀수이거나 짝수인 수끼리는 숫자가 더 큰 수가 더 가치 있다.

가치 있는 수를 만들 때는, 반드시 모든 수를 사용할 필요는 없다. 그러나 적어도 한 개 이상의 수를 사용해야 한다.

예시 2, 3, 5
→ 만들 수 있는 가장 가치 있는 수는 15이다.

06 19, 23, 7

07 8, 2, 6

08 48, 2, 19, 5, 4, 7, 9

09 3, 5, 7, 444, 2

10 57, 4, 98, 3, 2, 7, 13, 15

※ 답을 작성하세요.

06	07	08
09	10	

[11~15] 다음 설명을 읽고, 수열이 주어졌을 때 증가하는 부분 수열 중 길이가 가장 긴 부분 수열의 길이를 구하시오.

> 증가하는 부분 수열이란, 어느 수열의 부분 수열 중 나열된 수가 점차 증가하는 수열을 의미한다. 예를 들어 수열 [10, 10, 30, 10, 20, 50]이 주어졌다면 증가하는 부분 수열은 [10, 20], [10, 30], [10, 50], [20, 50], [30, 50], [10, 20, 50], [10, 30, 50]이 존재한다.
>
> 예시 [1, 2, 4, 3, 15]
>   → 길이가 가장 긴 부분 수열은 [1, 2, 4, 15], [1, 2, 3, 15]가 있고, 길이는 4이다.

11 [15, 13, 11, 9, 7, 1, 1]

12 [1, 4, 1, 3, 2, 9, 1, 5, 6]

13 [1, 9, 8, 2, 3, 6, 10, 2]

14 [3, 1, 2, 1, 4, 1, 6, 1]

15 [1, 2, 3, 10, 9, 100, 1,000, 7, 2]

※ 답을 작성하세요.

11		12		13	
14		15			

[16~20] 다음 설명을 읽고, 보관함에 보관할 수 있는 물건들의 가치가 최대인 경우에 그 가치를 구하시오.

성현이는 봄을 맞이하여 집안 대청소를 하려고 한다. 다락방에서 필요 없는 물건을 정리하다가, 어릴 적의 추억이 담긴 소중한 물건들을 다량 발견했다. 하지만 보관함에 들어갈 수 있는 무게에는 한계가 있어서, 모든 물건을 담을 수는 없다. 그래서 성현이는 물건들이 각각 (무게, 가치)를 가질 때, 무게의 한계가 K인 보관함에 넣은 물건의 가치가 최대가 되도록 보관함에 물건들을 넣으려고 한다.

예시 교환일기(50, 10) / 네 컷 사진(20, 5) / 다이어리(70, 15)
$K=100$
→ 네 컷 사진, 다이어리를 보관함에 넣었을 때 보관할 수 있는 물건들의 가치가 최대이며, 그 가치는 20이다.

16 물건: [(10, 50), (5, 20), (10, 10), (40, 5)], $K=25$

17 물건: [(6, 13), (4, 8), (3, 6), (5, 12)], $K=7$

18 물건: [(1, 2), (2, 4), (4, 8), (8, 16), (5, 10)], $K=20$

19 물건: [(5, 5), (7, 4), (3, 7), (2, 8), (1, 5), (4, 1)], $K=7$

20 물건 [(1, 2), (3, 4), (5, 6), (7, 8), (9, 10), (11, 12), (13, 14), (15, 16), (17, 18)], $K=45$

※ 답을 작성하세요.

16	17	18
19	20	

[21~25] 다음 설명을 읽고, 원하는 금액을 만들기 위해 필요한 동전 개수의 최솟값을 구하시오.

1, 5, 10, 50, 100, 500원짜리 동전이 각각 200개씩 있다. 동전을 적절히 더해서 원하는 값 K원을 만들고자 하는데, 필요한 동전 개수를 최소로 하려고 한다.

예시 15원
→ 15원을 만들기 위해 필요한 동전 개수의 최솟값은 2개이다.

21 80원

22 211원

23 1,006원

24 9,988원

25 101,010원

※ 답을 작성하세요.

21		22		23	
24		25			

마음을 위대한 일로 이끄는 것은 오직 열정,
위대한 열정뿐이다.

– 드니 디드로(Denis Diderot)

PART

4

에세이

S W 적 성 진 단 & 에 세 이 & 면 접

에세이 작성 전략

SSAFY 에세이를 대하는 우리의 자세

취업준비생의 SW 역량향상을 목표로 진행되는 '삼성 청년 SW 아카데미(SSAFY)'는 일반적인 기업 채용과 유사하게 여러 과정을 거쳐 참여할 수 있다. 보통 IT 관련 교육의 경우 의지만 있다면 쉽게 참여할 수 있는 교육과정이 있는 반면에, 유명 대기업이나 IT기업이 직접 운영하여 진입의 문턱 자체가 높은 교육 과정도 있는데 SSAFY가 후자에 해당한다고 볼 수 있다.

다만 취업을 목표로 하는 것이 아닌 교육 참여를 목표로 하기에 서류전형과 면접전형에서 마음가짐이 달라야 한다. 어느 정도 완성된 모습을 기반으로 즉각적인 성과를 기대하는 취업은 그동안 만든 완성된 역량을 잘 어필해야 하는 반면에, 교육의 경우에는 아직 부족하기에 해당 교육을 통해 어떤 역량을 추가로 향상시킬지에 대한 계획과 접근이 중요할 수밖에 없다.

"나는 SW를 잘 다룬다! 가 아닌,
특정 모습의 개발자로서의 목표가 있기에,
어떠한 SW에 대한 관심이 많고, 어떠한 공부를 해왔는지…"

즉, SSAFY 에세이의 경우에는 '내가 무엇을 잘 할 수 있는지'에 대한 어필을 하는 것보다, '그동안의 내가 어떤 것들에 대한 관심을 가지고 IT공부를 하였는지'를 기술함과 동시에 '어떠한 학습계획을 가지고 있는지'를 잘 어필하는 것이 좋다. SSAFY 1기부터 9기까지의 에세이 문항들을 살펴보면 SW에 대한 관심과 향후 미래에 어떤 모습으로 성장할 것인지를 물어보는 문항들이 대부분이었다. '내가 이러한 SW를 다룰 수 있다'는 표현보다는 '미래 어떠한 커리어 로드맵이 있기에 어떠한 노력을 해보았고, 어떠한 SW에 관심이 많은지'를 어필하는 것이 효과적이다.

특히 중요한 부분은 SSAFY 에세이에서는 나의 성향이나 성격, 가치관 등을 궁금해 하는 것이 아니라, SW에 대한 관심과 학습 진행 정도를 묻는다는 것이다. 기업 채용의 과정이었다면 함께 할 동료로서의 모습이 평가의 기준이 되었겠지만, SSAFY의 경우에는 순수한 교육을 통해 인재양성을 목표로 하고 있기 때문에 SW에 대한 경험들을 집중해서 기술해야 한다. 또한 에세이의 문항 수가 적고(1~2개), 글자 수도 적기에(500~1,000자) 다양한 경험을 작성하기 어려울 수밖에 없다. 특히나 1~6기에서 줄곧 2개 문항의 에세이 작성이 요구되었던 것과 달리 지난 7기 에세이부터는 지원동기를 묻는 1개 문항(500자)으로 간소화 되었다. 문항 수는 1문항으로 줄어서 얼핏 보면 부담이 덜어졌다고 생각할지 몰라도, 500자 내로 핵심적인 내용만을 명확히 드러내어 작성하기란 쉽지 않다.

SSAFY 에세이 작성을 위해 기억해야 할 것들

| Tip 1 | 역량의 나열이 아닌 연결이 되어야 한다. |

"IT 관련 학습이 어느 정도 잘 되어있고, 관련 학과를 나온 사람들"

SSAFY처럼 SW에 대한 관심과 호기심, 관련한 노력을 언급해야 하는 글은 '내가 무엇을 해보았다'는 나열이 아닌 '어떤 이유로 해당 경험들을 하게 되었는지'를 연결시키는 것이 유리하다.

SSAFY 에세이를 작성하면서 학생들에게 당황스러운 부분은 글자 수의 부족이다. 아마도 대부분의 지원자들이 교육 참여를 목적으로 하는 자기소개서를 작성해 본 경험이 없기에 '내가 활동에 참여한 이유'가 아닌 '해당 활동의 내용'에 집중한다. 예를 들면 소프트웨어 실습이라는 과목을 이수하였다면, SSAFY 채용담당자는 과목이 어떠한 구조로 설계되었는지보다는 '해당 과목을 왜 이수하였고 무엇을 깨달았는지'를 궁금해 할 것이다.

즉, 나의 여러 활동이 미래의 특정한 목표를 위해 진행되고 있고 아직 완성되지는 않았지만, SSAFY를 통해 역량 향상이 조금 더 이루어진다면 목표에 가까워 질 수 있음을 어필해야 한다. 특히 관련 수업을 많이 이수하여 어느 정도 기술적인 습득이 이루어진 사람의 경우에는 다음 합격 샘플처럼 잘 하는 것과 배운 것에 대한 연결을 통해 정확히 인과관계를 잘 살려야 한다.

• 합격 에세이 샘플

> 소프트웨어 지식을 바탕으로 시스템 반도체(AP, Modem, IoT 등)의 기술과 솔루션 개발자를 목표로 하고 있습니다. 그리고 이를 위해 아날로그와 디지털 회로의 지식, 알고리즘 문제해결 능력, 문제를 분석하는 능력과 솔루션을 낼 수 있는 창의력이 필요하다고 생각합니다.
> 이에 따라 논리회로 강의를 통해 논리 연산의 방법과, 디지털 논리회로에 대한 개념을 이해하였습니다. 이후 시스템 프로그래밍, 시스템 소프트웨어 실습과 같은 강의에서 C언어 프로그래밍을 이용하여 데이터를 구조적으로 표현하는 방법과 이에 필요한 프로그래밍 기법을 배웠으며, 자료구조와 알고리즘을 익힐 수 있었습니다. 또한 컴퓨터 구조개론, 전기회로 실험 등의 강의를 통해 컴퓨터의 구조적 특성과 Assembly 언어를 배우고, 회로 설계를 통해 실제 전기회로를 공부하였습니다.
> SSAFY 교육을 수강하여 시스템 반도체와 OS, 개발에 필요한 다양한 프로그래밍 언어와 컴파일러 등에 대한 이론을 학습할 계획입니다.

만약 내가 관련 수업 등을 통해 어느 정도의 성취는 되어 있지만 글에 대한 자신이 없다면 위의 내용처럼 정확한 연결을 통해 글을 완성하는 것도 나쁘지 않다. 여러 활동과 경험이 있겠지만 글자 수가 한정되어 있기에 특정한 목표를 위해 공부한 내용을 연결하여 적으면 된다. 어차피 지원서 접수 단계에서 나의 경험과 경력사항을 입력하는 란은 별도로 있으니 걱정하지 않아도 된다.

"IT 관련 학습이 부족한 비전공자이지만 개발자를 목표로 하는 사람들"

최근 IT산업이 확장되면서 과거 백엔드 업무를 중심으로 각광받던 개발자들의 평가가 프론트엔드 쪽으로도 확장되었다. 이에 비전공자 출신의 학생들도 개발자의 커리어를 만들 수 있는 사회적 환경이 이루어지게 되었다. 가지고 있는 경험들이 부족하더라도 교육에 지원하는 것이기에 충분히 SSAFY 합격이 가능하다는 의미로 해석할 수 있는 부분이다.

관련 IT 경험이 부족한 사람들은 스토리를 기반으로 IT 관련 프로젝트나 과제 및 활동에서 어떠한 노력을 하였는지 말하는 것이 좋다. SSAFY의 목적은 교육이기에 이미 너무 많이 완성되어 있는 사람은 오히려 적합하지 않다. 열심히 교육을 이수하며 발전할 수 있는 가능성만을 보여주는 것으로도 충분하다. 막연하더라도 SW에 관심을 가지게 된 계기를 작성하고, 관심이 어떠한 노력으로 이어졌는지를 기술하면 된다.

해당 노력이 어떠한 결과와 능력을 가져다주었는지에 대한 이야기를 정리한 후, 그래서 개발자로서의 어떤 비전을 가지게 되었는지를 말해주면 좋은 글을 만들 수 있다. 아래의 합격 에세이 작성 Step에 맞춰 나의 글을 완성해 나가보자.

• 합격 에세이 작성 Step

> Step 1. 저는 ~한 경험을 통해 SW에 관심을 가지게 되었습니다.
> Step 2. 그래서 ~한 SW와 ~한 SW를 ~한 방법으로 배우고 이해하려 노력하였습니다.
> Step 3. 이러한 노력을 통해 ~한 결과와 ~한 성취를 할 수 있었습니다.
> Step 4. 이후 ~한 개발자로서의 성장을 목표로 하게 되었습니다.
> Step 5. ~한 개발자는 ~SW지식과 ~지식이 필요하다고 생각합니다.
> Step 6. 그래서 ~한 부분을 공부하고 경험하였습니다.
> Step 7. SSAFY 교육을 통해 부족한 ~한 부분을 채우고 싶어 지원하였습니다.

Tip 3 　잘하는 사람이 아닌 부족함을 채워 목표를 이루기 위해 노력하는 사람

"SSAFY 지원자가 가져야 할 마인드"

글을 작성할 때에는 해당 글의 목적성을 명확히 이해해야 한다. 특정 기업에서 성과를 낼 수 있는 역량을 어필하는 자기소개서와 특정 교육에서 성취를 목표로 하는 에세이는 다를 수밖에 없다. SSAFY의 에세이는 성과지향의 글이 아닌 배우고 이해하는 내용을 중심으로 작성해야 한다.

에세이 작성에 앞서 선행되어야 할 과정은 팀 프로젝트 등 내가 이전에 경험했던 내용을 복기하여 정리해보는 것이다. 내가 맡았던 역할과 성과를 내기 위해 했던 노력이나 과정 등 이전의 경험을 상세하게 정리하다 보면, 본격적인 에세이를 작성하기 전에 큰 틀을 잡을 수 있기 때문이다.

"○○교육을 통해 실무적으로 Python을 활용할 역량을 확보하여 ○○프로젝트에서 좋은 결과를 냈습니다."보다는 "○○교육을 통해 ○○개발자에 필요한 Python의 언어를 이해하였고, 프로젝트에서 ○○한 방법으로 활용하며 ○○을 이해하였습니다."라는 미묘한 차이를 가져가는 것이 좋다.

즉, 완성형이 아닌 과정형의 모습을 어필해야 한다. 현재의 나는 어떤 점이 부족한 상태인지 인지하고, 이를 보완하기 위해 'SSAFY에서 무엇을 배울 계획'이며, '어떻게 성장하고 싶은지'에 초점을 두고 작성해야 한다. 나아가 지원자 본인이 어떤 SW 개발자가 되려고 하는지 언급하며, 해당 진로를 달성하는 데 SSAFY가 어떤 중요한 역할을 하는지 강조하는 것이 바람직하다.

기출 에세이 작성해보기

1~9기 에세이 기출문항 한눈에 보기

• 9기

문항 1	학업 및 취업준비를 하며 가장 어려웠던 경험과 이를 해결하기 위해 했던 노력을 기술하고, SSAFY에 지원하신 동기에 대해서도 작성 바랍니다. (500자 내외 작성, 최대 600자까지 가능)

• 7~8기

문항 1	삼성 청년 SW 아카데미에 지원하신 동기와 향후 어떤 SW개발자로 성장하고 싶은지에 대해서 SW관련 경험을 토대로 작성 바랍니다. (500자 이내) – SW 관련 경험: SW/IT 관련 학습, IT 관련 자격증 취득 및 학습, 교내외 SW프로젝트 관련경험, 인턴/직무체험, IT제품/앱/게임 등 서비스 사용경험, 관련 기사 구독 및 영상 시청 등

• 5~6기

문항 1	SW에 관심을 갖게 된 계기와 향후 어떤 SW개발자로 성장하고 싶은지, 이유는 무엇인지 SW관련 경험(학습, 취미 등)을 토대로 작성 바랍니다. (500자 이상, 1,000자 이내)
문항 2	취업을 목표로 했던 활동(회사 입사지원 및 면접참석, 인턴 및 직무체험, 취업을 위한 학습 및 자격증 취득 등) 중에 가장 기억에 남는 경험을 기술하고, 이를 통해 배우고 느낀 점 등을 작성해 주시길 바랍니다. (500자 이상, 1,000자 이내)

• 4기

문항 1	SW에 관심을 갖게 된 계기와 향후 어떤 SW개발자로 성장하고 싶은지, 이유는 무엇인지 SW관련 경험(학습, 취미 등)을 토대로 작성 바랍니다. (500자 이상, 1,000자 이내)
문항 2	취업을 목표로 한 활동(취업 지원 횟수, 인턴, 프로젝트 활동, 경진대회 등)을 구체적으로 기재하고, 이와 같은 노력과 결과에 대해 배우고 느낀 점을 중심으로 작성 바랍니다. (500자 이상, 1,000자 이내)

• 1~3기

문항 1	본 과정의 지원동기와 향후 신로에 대해 SW관련 경험을 중심으로 상세히 작성해 주시기 바랍니다. (1,000자)
문항 2	공모전, 대외활동, 프로젝트 등 장기간에 걸쳐 과제를 완수했던 경험 또는 실패했던 사례에 대해서 상세히 작성해 주시기 바랍니다. (1,000자)

1기부터 6기까지는 지원서 접수 단계에서 매년 1,000자의 2개 문항을 작성하는 구조로 에세이를 제출하였는데, 7기에 들어서면서 1개의 에세이 문항을 SW적성진단 이후 제출하는 구조로 바뀌었다. 문항의 내용 또한 SW에 대한 관심과 미래 목표를 물어보는 것이 아닌, SSAFY의 참여 이유와 향후 개발자로서 목표를 간략하게 물어보는 형태로 바뀌었다. 해당 과정에서 핵심 위주로 에세이 작성을 유도하기 위해 글자 수의 제한도 500자 내외로 줄어들었다.

7~8기의 경우 핵심 위주의 간결한 글의 작성이 중요할 수밖에 없다. 내가 목표로 하는 SW개발자로서의 모습을 구체적으로 제시한 다음에 그동안 어떤 준비와 노력을 했는지를 기술하고 SSAFY를 통해 어떤 부족한 부분을 채우고 싶은지를 기술하는 것이 좋다. 이를 작성하기 위해서는 SSAFY에서 진행하는 교육과 나의 미래를 연결시키는 과정도 필요하다.

9기 에세이 문항은 7~8기 에세이 문항에서 조금 변화가 생겼다. 구체적인 SW 경험을 묻기보다는, 비전공자로서 학업 및 취업을 준비하면서 가장 어려웠던 경험과, 이를 극복하기 위한 노력, 그리고 SSAFY 지원 동기를 묻고 있다. 따라서 내가 관련 학업이나 프로젝트 등의 경험에서 어떠한 어려움이 있었고, 이를 해결하기 위해 어떠한 노력을 했는지, 그리고 해당 과정에서 내가 부족했던 점이나 배운 점이 있다면 무엇인지 기술하는 과정이 필요하다. 여기에 SSAFY의 비전과 인재상을 참고하여 어떤 개발자가 되고 싶은지 에세이에 녹여 작성하는 것이 좋다.

특히 SSAFY 모집 과정에는 인터뷰도 포함되는데, 그 중에서도 인성면접으로 불리는 '자유 Q&A' 시간에 작성했던 에세이를 기반으로 인터뷰가 진행될 수 있다. 따라서 이를 염두에 두고 에세이를 작성하는 편이 좋다. 인터뷰는 에세이의 연장선 중 하나이기에, 에세이에서 어필할 만한 자신의 경험을 정리해서 드러낸다면 인터뷰에서도 도움이 될 것이라고 본다.

SSAFY는 크게 세 가지 트랙으로 나누어지는데, [Coding Track], [Embedded Track], [Mobile Track]이다. 과정별 특징을 보면 Coding Track의 경우에는 기본적인 언어와 DB를 이해하는 IT의 기본적인 내용을 배운다고 보면 된다. Embedded Track의 경우에는 절차지향언어인 C언어를 중심으로 센서와 3D프린팅 등 조금은 심화적인 내용이 주 커리큘럼이다. 마지막으로 Mobile Track의 경우에는 객체지향언어인 JAVA를 중심으로 웹과 안드로이드 기반에 필요한 다양한 기술적 요소들을 배우고 있다.

IT 관련 학습이 오래되지 않은 학생들의 경우에는 기본적인 Coding Track의 커리큘럼을 기반으로 내가 해당 커리큘럼에서 어떤 내용을 할 수 있는지가 아닌 나의 준비에 해당 커리큘럼의 내용을 더하면 어떠한 개발자로서의 목표에 다가설 수 있는지를 어필해야 한다. 그래야 SSAFY에 지원하는 당위성 부분도 해결할 수 있다.

✎ 에세이 직접 작성해보기

삼성 청년 SW 아카데미에 지원하신 동기와 향후 어떤 SW개발자로 성장하고 싶은지에 대해서 SW관련 경험을 토대로 작성 바랍니다. (500자 이내)
– SW 관련 경험: SW/IT 관련 학습, IT 관련 자격증 취득 및 학습, 교내외 SW프로젝트 관련경험, 인턴/직무 체험, IT제품/앱/게임 등 서비스 사용경험, 관련 기사 구독 및 영상 시청 등

✓ 에세이 Sample 확인하기

삼성 청년 SW 아카데미에 지원하신 동기와 향후 어떤 SW개발자로 성장하고 싶은지에 대해서 SW관련 경험을 토대로 작성 바랍니다. (500자 이내)
– SW 관련 경험: SW/IT 관련 학습, IT 관련 자격증 취득 및 학습, 교내외 SW프로젝트 관련경험, 인턴/직무 체험, IT제품/앱/게임 등 서비스 사용경험, 관련 기사 구독 및 영상 시청 등

　사회의 다양한 불편함을 IT 기술로 해결할 수 있는 개발자가 되고 싶어 지원하게 되었습니다.

　학부 시절 저의 전공은 식품생명공학이었고, 학부를 졸업하고 전공과 연관이 있는 경험을 쌓고자 식품 유통회사에서 인턴 생활을 했습니다. 인턴 생활을 하면서 사내 ERP를 만들어 사용하게 되었는데, 새로운 ERP에 오류가 많았습니다. 수량을 잘못 입력해도 취소 기능이 없었고, 로그 추적이 불가능한 반쪽짜리 프로그램이었습니다. 잘못된 프로그램을 보면서 불편함을 느꼈고, 이러한 불편함이 개발에 대해 관심을 갖게 되는 계기가 되었습니다.

　처음에는 무료 강의 웹사이트를 통해 SQL과 Python을 혼자서 공부하였습니다. 그러나 독학에 대한 부족함을 느꼈고, 프로그래밍 학원에 다니며 부족한 부분을 채우기 위해 노력하였습니다. 여러 토이 프로젝트와 스터디를 진행해보며, 개발에 대한 역량을 기르고 비전공자로서 부족한 CS 지식을 채워갔습니다.

　저의 목표는 많은 사람에게 편리함을 제공하는 개발자가 되는 것입니다. 세상에 존재하는 수많은 불편한 시스템들을 더 좋게 개선할 수 있는 SW 개발자로 성장하고 싶습니다.

7~8기 에세이는 다음과 같은 4개의 Step을 거쳐 작성하는 것이 좋다.

Step 1. 어떤 분야의 개발자가 되기 위한 목표를 가지고 있는지 기술
Step 2. 개발자로서의 목표에 SSAFY가 왜 필요한지를 기술
Step 3. SSAFY에 들어오기 위해 어떤 IT 관련 경험들을 하였는지 기술
Step 4. SSAFY 커리큘럼을 기반으로 어떤 내용을 배우고 학습하고 싶은지를 기술

위의 4개의 Step을 거치며 글을 작성하되 최대한 간략히 글을 정리하는 것이 좋다. 질문에서는 지원동기와 개발자로서의 목표 순서로 문항이 구성되어 있으나 글을 작성하기 위해서는 시간의 흐름에 맞춰 순서적인 부분을 바꾸는 것이 유리하다.

작성이 어렵다면 다음과 같이 괄호에 자신의 내용을 넣어 글의 골격을 완성한 후 다듬는 것도 하나의 방법이다.

(   )경험을 통해 (   ) 개발자로서의 목표를 가지게 되었습니다. SSAFY의 (   ) 교육과 (   )교육은 제가 부족한 (   ) 부분을 채워 줄 수 있을 것이라는 확신에 지원하였습니다.

[소제목]

학교생활 동안 (   )을 통해 (   )을 배울 수 있었습니다. 해당 경험에서 개발자에게 필요한 (   )을 알 수 있었습니다. 이후 (   )을 하며 (   )을 배울(활용할) 수 있었습니다. 이는 (   )에 대한 이해를 높임과 동시에 (   )한 부분에서의 부족함도 알 수 있었습니다.
저는 (구체적으로 기술) 한 분야에서 성과를 내는 개발자가 되고 싶습니다. SSAFY에서 (   )을 배우고 (   )을 이해하기 위해 노력하겠습니다.

✏️ 에세이 직접 작성해보기

취업을 목표로 했던 활동(회사 입사지원 및 면접참석, 인턴 및 직무체험, 취업을 위한 학습 및 자격증 취득 등) 중에 가장 기억에 남는 경험을 기술하고, 이를 통해 배우고 느낀 점 등을 작성해 주시길 바랍니다. (500자 이상, 1,000자 이내)

✅ 에세이 Sample 확인하기

취업을 목표로 했던 활동(회사 입사지원 및 면접참석, 인턴 및 직무체험, 취업을 위한 학습 및 자격증 취득 등) 중에 가장 기억에 남는 경험을 기술하고, 이를 통해 배우고 느낀 점 등을 작성해 주시길 바랍니다. (500자 이상, 1,000자 이내)

IT 직무에 취업하기 위해 참석했던 한 면접이 가장 기억에 남습니다. 그리고 이러한 경험을 통해 성실함과 꾸준함, 집요함으로 기본기를 잘 갖춘 개발자가 되자는 목표를 수립할 수 있었습니다.

한 IT기업에 지원하여 인성 면접을 진행한 후 기술 면접을 보게 된 적이 있습니다. 면접을 열심히 준비했다고 생각했는데, 기본적인 CS 지식을 묻는 질문에 말문이 막혔습니다. 면접이 끝나고, 한 면접관께서 "걷기 전에 뛰는 사람은 없다."라는 조언을 해주셨습니다. 면접관님의 조언을 통해 가장 중요한 것은 기본기라는 것을 깨달았습니다. 매년 유행하는 언어가 바뀌고, 매일같이 신기술이 생겨나는 IT 산업에서 저는 기본이 되는 것을 잘 쌓아놓기보다는 새로운 것들을 따라가기에 바빴기 때문입니다.

해당 면접을 기점으로 저는 다양한 기술이나 신기술을 사용해보는 것보다는 기본기를 기르고, 하나의 언어에 대해서 깊이 있는 학습을 목표로 해왔습니다. SSAFY 교육 과정을 수강하면서 기본기를 잘 갖춘 역량 있는 개발자로 성장하기 위해 노력하겠습니다.

SSAFY의 경우 지원동기와 향후 목표를 물어보는 문항은 꼭 들어가는 편이지만 두 번째 문항은 유동적으로 바뀌어왔다. 게다가 7기부터는 에세이를 제출하는 단계가 변동되면서 이마저도 사라진 상태이다. 하지만 모집 프로세스와 그에 대한 세부사항은 언제나 유동적이기에 대비하는 것이 좋다. 간단히 지난 문항들의 특징을 살펴보며 글의 방향성을 잡는 것을 추천한다.

5~6기 기출 에세이 문항2는 취업과 관련된 활동에 대해 묻는 문항이다. 해당 문항을 작성하기 위해서는 취업 관련 활동이 주제가 되어야 한다. 인턴, 직무체험, 직업교육, 공모전, 자격증 취득 등을 기술한다고 생각하고 글을 작성하는 것이 가장 좋다.

500자 정도의 1개의 스토리를 작성하는 것도 괜찮지만, 최대 1,000자의 글자 수를 작성해야 하기 때문에 2개 정도의 스토리를 가지고 스토리텔링을 하는 것이 유리하다. 스토리텔링은 500자의 글 2개를 작성한다는 생각으로 글을 적으면 된다.

다음 구조에 맞춰 관련 활동을 2가지 정도 작성한 후에 각각의 스토리별로 소제목을 넣어 주면 글을 쉽게 완성할 수 있다.

두괄식	특정 경험을 통해 어떠한 역량이나 교훈을 얻었는지 작성
상황	경험에 대한 간단한 설명 제시(1문장)
문제(기회)	해당 경험을 무슨 목적으로 하게 되었는지 기술(1~2문장)
행동	구체적인 행동을 기술하고, 활동과정을 묘사(2~4문장)
결과	얻게 된 결과와 교훈에 대한 정리(1문장)
포부제시	두괄식에 기술된 키워드(역량, 교훈)를 다시 한 번 제시

에듀윌이
너를
지지할게
ENERGY

꿈을 품어라.
꿈이 없는 사람은
아무런 생명력도 없는 인형과 같다.

– 발타사르 그라시안(Baltasar Gracian)

여러분의 작은 소리
에듀윌은 크게 듣겠습니다.

본 교재에 대한 여러분의 목소리를 들려주세요.

공부하시면서 어려웠던 점, 궁금한 점,

칭찬하고 싶은 점, 개선할 점, 어떤 것이라도 좋습니다.

에듀윌은 여러분께서 나누어 주신 의견을

통해 끊임없이 발전하고 있습니다.

에듀윌 도서몰 book.eduwill.net
- 부가학습자료 및 정오표: 에듀윌 도서몰 → 도서자료실
- 교재 문의: 에듀윌 도서몰 → 문의하기 → 교재(내용, 출간) / 주문 및 배송

최신판 SSAFY 통합 기본서

발 행 일	2023년 3월 13일 초판
편 저 자	에듀윌 취업연구소
펴 낸 이	김재환
펴 낸 곳	(주)에듀윌
등록번호	제25100–2002–000052호
주 소	08378 서울특별시 구로구 디지털로34길 55
	코오롱싸이언스밸리 2차 3층

www.eduwill.net
대표전화 1600-6700

IT자격증 초단기 합격!
에듀윌 EXIT 시리즈

컴퓨터활용능력 필기
기본서(1급/2급)

컴퓨터활용능력 실기
기본서(1급/2급)

컴퓨터활용능력 필기 초단기끝장
(1급/2급)

ITQ 엑셀/파워포인트/한글/
OA Master

워드프로세서 초단기끝장
(필기/실기)

정보처리기사 기본서
(필기/실기)

합격을 위한 모든 무료 서비스
EXIT 합격 서비스 바로 가기

110만 권* 판매 돌파!
33개월* 베스트셀러 1위 교재

빅데이터로 단기간에 합격!
합격의 차이를 직접 경험해 보세요

기본서

한국사 초심자도
확실한 고득점 합격

2주끝장

빅데이터 분석으로
2주 만에 합격

ALL기출문제집

시대별+회차별 기출을
모두 담은 합격 완성 문제집

1주끝장

최빈출 50개 주제로
1주 만에 초단기 합격 완성

초등 한국사

비주얼씽킹을 통해
쉽고 재미있게 배우는 한국사

최신판

에듀윌 취업
SSAFY 통합 기본서
SW적성진단+에세이+면접 4일끝장

정답과 해설

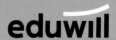

에듀윌 취업
SSAFY 통합 기본서
SW적성진단 + 에세이 + 면접 4일끝장

정답과 해설

CHAPTER 01 | 수리논리

4 | 수리논리 연습문제

01	④	02	④	03	④	04	①	05	①	06	⑤	07	①	08	②	09	①	10	①
11	③	12	②	13	③	14	④	15	②	16	①	17	③	18	③	19	④	20	②
21	②	22	④	23	④	24	②	25	③	26	②	27	③	28	②	29	②	30	②
31	①	32	①	33	⑤	34	⑤	35	⑤	36	③	37	④	38	④	39	①	40	⑤

01 ④

농도가 3%, 4%, 5%인 소금물의 양을 각각 xg, yg, zg이라 하면 세 비커에 들어 있는 소금의 양은 차례로 $\dfrac{3x}{100}$g, $\dfrac{4y}{100}$g, $\dfrac{5z}{100}$g이다.

이때 농도가 3%인 소금물과 농도가 4%인 소금물을 섞으면 농도가 3.6%인 소금물이 되므로

$$\dfrac{\dfrac{3x+4y}{100}}{x+y} \times 100 = 3.6 \rightarrow 3x+4y = 3.6(x+y) \rightarrow 3x = 2y$$

또한, 농도가 3%인 소금물과 농도가 5%인 소금물을 섞으면 농도가 4.2%인 소금물이 되므로

$$\dfrac{\dfrac{3x+5z}{100}}{x+z} \times 100 = 4.2 \rightarrow 3x+5z = 4.2(x+z) \rightarrow 3x = 2z$$

전체 소금물의 양이 800g이므로

$$x+y+z = x + \dfrac{3}{2}x + \dfrac{3}{2}x = 4x = 800 \rightarrow x = 200$$

따라서 $y = z = 300$이므로 양이 가장 적은 소금물의 양은 200g이다.

문제풀이 TIP

두 소금물을 섞었을 때의 농도는 두 소금물 농도의 가중평균으로 구할 수 있다. 따라서 다음이 성립한다.

$$3 \times \dfrac{x}{x+y} + 4 \times \dfrac{y}{x+y} = 3.6 \cdots ㉠$$

$$3 \times \dfrac{x}{x+z} + 5 \times \dfrac{z}{x+z} = 4.2 \cdots ㉡$$

㉠을 정리하면 $3x = 2y$, ㉡을 정리하면 $3x = 2z$를 보다 간단하게 도출할 수 있다.

02 ④

서영이가 오후 3시에 출발하여 평균 시속 2.4km로 10분 동안 이동하면 평균 분속 40m로 이동한 것과 같으므로 400m를 이동한 것이다. 또한 평균 분속 80m로 집으로 돌아가는데 소요되는 시간은 400÷80=5(분)이고, 집에서 선물을 찾아 다시 나오는데 소요된 시간은 5분이므로 다시 출발하는데까지 소요되는 시간은 20분이다. 이때 두 사람이 만난 시간이 3시 40분이므로 서영이가 평균 시속 5.4km로 20분 간 이동하면 1.8km를 이동한 것이 된다.

두 사람의 집 사이의 거리가 3km이므로 민정이 이동한 거리는 1.2km이고, 평균 시속 2.4km로 30분간 이동하였으므로 원래 약속시간은 3시 30분이다.

따라서 두 사람 중 카페와 집 사이의 거리가 더 가까운 사람은 민정이고, 원래 약속시간은 3시 30분이다.

문제풀이 TIP

시속과 분속은 단위가 다르므로 이를 통일하여 문제를 해결하는 것이 중요하다.

03 ④

각 상품의 프로모션이 적용된 가격을 먼저 구해보면 스마트폰은 81만 원, 블루투스 이어폰은 27만 원, 세트의 경우 총 합계가 102만 원이다. 또한 판매된 스마트폰 수를 a, 판매된 블루투스 이어폰의 수를 b, 판매된 세트 상품의 수를 c라고 하여 식을 세우면 다음과 같다.

$81a+27b+102c=8,265 \cdots$ ⓐ

$1.5(a+c)=(b+c) \cdots$ ⓑ

ⓑ에서 $c=2b-3a$라는 식을 도출할 수 있다. 이를 ⓐ에 대입해보면 $231b-225a=8,265$를 얻을 수 있다. a와 b는 자연수 또는 0만 가능하고, 판매된 블루투스 이어폰 수는 총 60개 이상이므로 식을 만족하는 자연수 쌍은 $a=30$, $b=65$이다. 따라서 판매된 세트의 수는 40세트가 된다.

04 ①

영희와 철수의 속도를 각각 $v_1$km/h, $v_2$km/h라고 하면

첫째 날 1.8km 떨어진 거리를 서로 걸어왔을 때 12분 만에 만났으므로 서로 가까워지는 속도는 $v_1+v_2=\dfrac{1.8}{\dfrac{12}{60}}$

$=\dfrac{1.8\times60}{12}=9$(km/h)이고, 다음 날은 9분 만에 만났으므로 $1.5v_1+1.2v_2=\dfrac{1.8}{\dfrac{9}{60}}=\dfrac{1.8\times60}{9}=12$(km/h)이다.

이를 연립방정식으로 풀면 다음과 같다.

$$\begin{cases} v_1+v_2=9 \\ 1.5v_1+1.2v_2=12 \end{cases} \rightarrow \begin{cases} v_1=4 \\ v_2=5 \end{cases}$$

이에 따라 영희가 첫 날 4km/h의 속도로 A지점까지 12분간 걸은 거리는 $4\times\dfrac{12}{60}=\dfrac{4}{5}$(km)이고,

다음 날 6km/h의 속도로 B지점까지 9분간 걸은 거리는 $6\times\dfrac{9}{60}=\dfrac{9}{10}$(km)이다.

따라서 A지점과 B지점의 거리 차이는 $\left(\dfrac{9}{10}-\dfrac{4}{5}\right)\times1,000=100$(m)이다.

05 ①

이번 달의 매출액을 x만 원이라고 하면 순수익은 $\dfrac{2}{5}x$만 원이고, A와 B는 각각 $\dfrac{2x}{5}\times\dfrac{5}{7}$(만 원), $\dfrac{2x}{5}\times\dfrac{2}{7}$(만 원)만큼 나누어 가지게 된다. A나 B가 가져가는 금액의 차이가 180만 원이라고 했으므로

$\dfrac{2x}{5}\times\dfrac{5}{7}-\dfrac{2x}{5}\times\dfrac{2}{7}=180 \rightarrow x=1,050$

따라서 이번 달 매출액은 1,050만 원이다.

06 ⑤

전체 경우의 수를 먼저 구한다. 여섯 개의 숫자 중 세 가지를 고르는 방법은 $_6C_3 = 20$(가지)이고, 이를 작은 원의 조각에 원순열로 배치하는 경우의 수는 $(3-1)! = 2$(가지), 나머지 세 개의 숫자를 큰 원의 조각에 배치하는 경우의 수는 $3! = 6$(가지)이다. 따라서 전체 경우의 수는 $20 \times 2 \times 6 = 240$(가지)이다.

세 개의 숫자 합이 9 이상이 되는 경우는 많으므로 숫자의 합이 8 이하인 경우를 구하면 $(1, 2, 3)$, $(1, 2, 4)$, $(1, 2, 5)$, $(1, 3, 4)$로 4가지이다. 이에 따라 작은 원 내부에 있는 숫자의 합이 9 이상이 되는 경우는 $_6C_3 - 4 = 16$(가지)이다. 이를 작은 원의 조각에 원순열로 배치하고, 나머지 세 개의 숫자를 큰 원의 조각에 배치하는 경우의 수는 $16 \times (3-1)! \times 3! = 192$(가지)이다.

따라서 작은 원의 내부에 있는 숫자의 합이 9 이상일 확률은 $\dfrac{192}{240} = \dfrac{4}{5}$이다.

07 ①

- X, Y가 모두 앉는 경우

  X, Y가 모두 빈 좌석에 앉고, 나머지 5명 중 1명이 남은 한 자리에 앉게 되므로 $a = {}_5C_1 = 5$

- 둘 중 한 사람만 앉는 경우

  X가 빈 좌석에 앉고 Y는 앉지 못하면, 나머지 5명 중 2명이 앉게 되므로 $_5C_2 = 10$

  Y가 앉는 경우도 마찬가지이므로 구하는 경우의 수 $b = 10 \times 2 = 20$

- 둘 다 앉지 못한 경우

  X, Y가 모두 앉지 못하였으니, 나머지 5명 중 3명이 앉게 되므로 $c = {}_5C_3 = 10$

∴ $a + b + c = 5 + 20 + 10 = 35$

08 ②

상자 X에서 한 번에 꺼낸 2개의 공이 모두 빨간색 공일 확률: $\dfrac{_5C_2}{_8C_2} = \dfrac{5}{14}$

상자 Y에서 한 번에 꺼낸 2개의 공이 모두 빨간색 공일 확률: $\dfrac{_3C_2}{_7C_2} = \dfrac{1}{7}$

따라서 선택한 상자가 Y일 확률은 $\dfrac{\dfrac{1}{7}}{\dfrac{5}{14} + \dfrac{1}{7}} = \dfrac{2}{7}$이다.

09 ①

처음 비커 A 소금물에 들어있는 소금의 양은 $200 \times 0.03 = 6$(g)이다. 비커 B와 같은 20% 농도가 되는 데 필요한 소금의 양을 xg이라고 하면 다음이 성립한다.

$$\dfrac{6+x}{200+x} \times 100 = 20 \to x = \dfrac{85}{2}$$

이에 따라 $\dfrac{85}{2}$g의 소금을 실수로 비커 B에 추가하였다.

따라서 현재 비커 B 속 소금물의 농도는 $\dfrac{20 + \dfrac{85}{2}}{100 + \dfrac{85}{2}} \times 100 ≒ 44$(%)이다.

10 ①

와인잔과 물컵의 개수를 각각 x, y라고 하면 $x+y=64$이고, 유리의 무게는 $(0.2x+0.15y)$kg이므로 유리 구매가는 $(400x+300y)$원이다. 총 판매가격은 $20,000x+5,000y$이므로 순수익은 $19,600x+4,700y$이고, 다음과 같은 연립방정식이 성립한다.

$$\begin{cases} x+y=64 \\ 19,600x+4,700y=718,000 \end{cases} \rightarrow x=28,\ y=36$$

따라서 판매한 와인잔의 개수는 28개이다.

11 ③

2단 로켓의 길이가 5m이므로 고도가 50m일 때 실제로 상승한 거리는 45m이다. 고도 50m일 때까지는 10m/s의 일정한 속도로 상승하므로 $\dfrac{45}{10}=4.5$(초)가 소요된다. 이후 고도가 100m에 도달할 때까지 상승하기 위해 필요한 거리는 50m이고, 20m/s의 일정한 속도로 상승하므로 $\dfrac{50}{20}=2.5$(초)가 소요된다.

따라서 고도 100m에 도달하기까지 걸린 시간은 $4.5+2.5=7$(초)이다.

12 ②

- 노이즈 수치는 1년이 지날 때마다 $+1$, -2, $+3$, -4, … 와 같이 반복되며 변화한다. 짝수 연도만 보면 1씩 줄어들고 있으므로 10년 후 노이즈 수치는 $100-5=95$이다.
- 오류 발생 계수는 매년 두 배씩 증가하므로 10년 후 오류 발생 계수는 $10\times2^{10}=10,240$이다.

13 ③

지난해 상반기에 생산 예정이었던 두 제품은 $1,000\times0.8=800$(개)이다. 그중 20%는 불량품이었으므로 실제 생산량은 $800\times0.8=640$(개)이다. 즉, 하반기에는 360개를 생산하였다.

따라서 하반기에 생산된 제품 A의 개수는 $360-200=160$(개)이므로, 지난해에 생산된 제품 A의 개수는 $340+160=500$(개)이다.

14 ④

조건부확률 문항으로 분모에는 품종을 맞추기 위한 확률을, 분자에는 품종을 맞추되 그것이 동시에 품종 A인 확률이 제시되어야 한다.

$$\frac{0.95\times\dfrac{3}{6}}{0.95\times\dfrac{3}{6}+0.90\times\dfrac{2}{6}+0.85\times\dfrac{1}{6}}=\frac{57}{110}$$

따라서 영희가 맞힌 와인의 품종이 A일 확률은 $\dfrac{57}{110}$이다.

15 ②

주어진 일의 양을 1이라고 하면 A는 1분 동안 $\dfrac{1}{60}$, B는 1분 동안 $\dfrac{1}{150}$만큼 일한다. 40분 동안 A와 B는 $40\times\left(\dfrac{1}{60}+\dfrac{1}{150}\right)=\dfrac{14}{15}$만큼 일할 수 있으므로 남은 일의 양은 $\dfrac{1}{15}$이다.

따라서 남은 일을 B가 혼자서 끝내는 데 걸리는 시간은 $\dfrac{1}{15}\div\dfrac{1}{150}=10$(분)이다.

16 ①

먼저, $x=600-200=400$이다.

8% 농도의 소금물 $600g$ 속 소금의 양은 $600\times\dfrac{8}{100}=48(g)$이고, 5% 농도의 소금물 $400g$ 속 소금의 양은 $400\times\dfrac{5}{100}=20(g)$이다. 이에 따라 $y\%$ 농도의 소금물 $200g$에는 $48-20=28(g)$의 소금이 들어있다.

따라서 $200\times\dfrac{y}{100}=28(g)$이므로 y는 14이다.

17 ③

여러 숫자를 곱해서 홀수가 나오려면 모든 숫자가 홀수여야 하고, 숫자 '0'이 들어가면 안된다. 네 자리 중 앞 두 자리는 월(1~12월) 부분이므로 앞 두 자리에 올 수 있는 숫자는 02~24이다. 이 중 십의 자리와 일의 자리가 모두 홀수로만 구성된 수는 11, 13, 15, 17, 19로 총 5가지이다.

네 자리 중 뒤 두 자리는 일(1~31일) 부분이므로 뒤 두 자리에 올 수 있는 숫자는 02~62이다. 이 중 십의 자리와 일의 자리가 모두 홀수로만 구성된 수는 11, 13, 15, 17, 19로 5가지, 31, 33, 35, 37, 39로 5가지, 51, 53, 55, 57, 59로 5가지로 총 $5+5+5=15$(가지)이다.

따라서 비밀번호로 가능한 모든 경우의 수는 $5\times15=75$(가지)이다.

18 ③

총 5번의 라운드에서 먼저 승리하면 최종 승리하는 게임이므로 여덟 번째 라운드까지 게임을 진행하여 철수가 최종 승리하였다면 철수는 여덟 번째 라운드에서 승리하였다. 두 번째부터 일곱 번째 라운드까지 6개의 라운드 중 철수가 4번 승리해야 최종 승리하므로 확률은 $_6C_4\times\left(\dfrac{1}{2}\right)^4\times\left(\dfrac{1}{2}\right)^2=\dfrac{15}{64}$이다.

따라서 철수가 최종 승리했을 확률은 $\dfrac{15}{64}\times\dfrac{1}{2}=\dfrac{15}{128}$이다.

19 ④

2월 15일에 비가 왔을 때 2월 18일에 비가 오는 경우는 다음과 같다.

구분	2월 15일	2월 16일	2월 17일	2월 18일
경우 1	비○	비○	비○	비○
경우 2	비○	비×	비○	비○
경우 3	비○	비○	비×	비○
경우 4	비○	비×	비×	비○

각 경우의 확률을 구하면 다음과 같다.

- 경우 1: $\dfrac{4}{5}\times\dfrac{4}{5}\times\dfrac{4}{5}=\dfrac{64}{125}$
- 경우 2: $\dfrac{1}{5}\times\dfrac{2}{3}\times\dfrac{4}{5}=\dfrac{8}{75}$
- 경우 3: $\dfrac{4}{5}\times\dfrac{1}{5}\times\dfrac{2}{3}=\dfrac{8}{75}$
- 경우 4: $\dfrac{1}{5}\times\dfrac{1}{3}\times\dfrac{2}{3}=\dfrac{2}{45}$

따라서 2월 18일에 비가 올 확률은 $\dfrac{64}{125}+\dfrac{8}{75}+\dfrac{8}{75}+\dfrac{2}{45}=\dfrac{866}{1,125}$이다.

20 ②

200개 미만으로 제품 A를 a개 구입하는 경우 지불해야 하는 금액은 $0.9 \times 5a = 4.5a$(만 원)이고, 제품 A를 200개 구입하는 경우 지불해야 하는 금액은 $0.85 \times 5 \times 200 = 850$(만 원)이다. 이때, 200개를 구입하는 것이 더 이익이 되려면 다음의 부등식이 성립해야 한다.

$$4.5a > 850 \rightarrow a > \frac{850}{4.5} = 188.88 \cdots$$

따라서 제품 A를 189개 이상 구입할 때는 200개를 구입하는 것이 오히려 더 이익이다.

21 ②

A와 B가 30분 동안은 시속 4km의 같은 속도로 걸었으므로 30분 뒤 두 사람 사이의 거리는 $5.6 - \left(\frac{30}{60} \times 4 \times 2\right) = 1.6$(km)이다. B가 3분을 쉬는 동안 A가 걸은 거리는 $\frac{3}{60} \times 4 = 0.2$(km)이고, 남은 거리인 $1.6 - 0.2 = 1.4$(km)를 A와 B가 4:3의 비율로 나누어 걷게 되므로 A가 걸은 거리는 $1.4 \times \frac{4}{7} = 0.8$(km)이다.

따라서 A가 걸은 거리의 총합은 $2 + 0.2 + 0.8 = 3$(km)이다.

22 ④

- A 바이러스는 1시간마다 2, 4, 6, ⋯ 과 같이 짝수를 나열한 것만큼 증가한다.

  일반항으로 나타내면 $a_n = 10 + \sum_{k=1}^{n} 2k = 10 + 2 \times \frac{n(n+1)}{2} = n^2 + n + 10$이므로 10시간 뒤 120마리이다.

- B 바이러스는 1시간마다 0, 10, 20, 30, 50, 80 ⋯ 과 같이 증가하므로 피보나치 수열을 따른다. 따라서 나열해 보면 10, 10, 20, 30, 50, 80, 130, 210, 340, 550, 890이므로 10시간 뒤 890마리이다.

23 ④

2,000원, 1,500원, 1,000원짜리 물건의 구매 개수를 순서대로 (a, b, c)라고 하면, 8,000원어치를 구매 가능한 경우의 수는 다음과 같다.

- $(2, 2, 1) = {}_2C_2 \times {}_4C_2 \times {}_5C_1 = 30$(가지)
- $(2, 0, 4) = {}_2C_2 \times {}_4C_0 \times {}_5C_4 = 5$(가지)
- $(1, 4, 0) = {}_2C_1 \times {}_4C_4 \times {}_5C_0 = 2$(가지)
- $(1, 2, 3) = {}_2C_1 \times {}_4C_2 \times {}_5C_3 = 120$(가지)
- $(0, 4, 2) = {}_2C_0 \times {}_4C_4 \times {}_5C_2 = 10$(가지)
- $(0, 2, 5) = {}_2C_0 \times {}_4C_2 \times {}_5C_5 = 6$(가지)

따라서 구매 가능한 모든 경우의 수는 $30 + 5 + 2 + 120 + 10 + 6 = 173$(가지)이다.

24 ②

20L, 40L 각각 주유하고 세차한 경우 모두 세차 기계 이용료 할인을 받았거나 받지 않았다고 가정해본다. 이때 세차비는 동일하므로 기름 $40 - 20 = 20$(L)에서 30,000원의 차액이 발생한 것임을 알 수 있다. 해당 경우 L당 주유비가 $30,000 \div 20 = 1,500$(원)인데, 20L와 40L의 주유비가 각각 $1,500 \times 20 = 30,000$(원), $1,500 \times 40 = 60,000$(원)으로 세차 기계 이용료가 다르므로 모순이 발생한다.

이에 따라 20L를 주유한 경우 세차 기계 이용료를 할인받지 못하고, 40L를 주유한 경우는 세차 기계 이용료를 할인받았음을 알 수 있다. L당 주유비를 x라고 하면 다음 식이 성립한다.

$(40x+2,000)-(20x+6,000)=30,000 \rightarrow x=1,700$

따라서 L당 주유비는 1,700원이다.

25 ③

x축 위에서 두 점을 선택하고, y축 위에서 두 점을 선택한다. 그러면 다음과 같이 제1사분면에서 교점이 생기는 한 가지의 경우를 반드시 만들 수 있다.

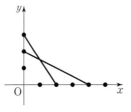

즉, x축 위에서 두 점, y축 위에서 두 점을 선택하기만 하면 되므로 경우의 수는 $_5C_2 \times _3C_2 = 30$(가지)이다.

26 ②

실제로 피곤한 사람과 피곤하지 않은 사람을 올바르게 판단한 경우와 잘못 판단한 경우로 나누면 다음과 같이 정리할 수 있다.

실제 \ 판단	피곤함	피곤하지 않음
피곤함	$500 \times 0.99 = 495$(명)	$500 \times 0.01 = 5$(명)
피곤하지 않음	$500 \times 0.1 = 50$(명)	$500 \times 0.9 = 450$(명)

즉, 김 씨가 피곤하다고 판단한 사람은 모두 $495+50=545$(명)이고, 피곤하지 않다고 판단한 사람은 $5+450=455$(명)이다.

따라서 총 1,000명 중 한 사람을 선택했을 때 피곤한 사람이라고 판단할 확률은 $\frac{545}{1,000} \times 100 = 54.5$(%)이다.

27 ③

2개의 연회비 카드 중에서 이득이 더 큰 경우는 연회비에서 적립금을 차감한 금액이 적을수록, 적립금에서 연회비를 차감한 금액이 많을수록 이득이 더 크다. 할인마트에서 카드별 매월 평균 구매금액을 a라고 할 때, 월 평균 최소 구매금액을 구하는 식은 다음과 같다.

$30,000-12a \times 0.01 > 80,000-12a \times 0.02 \rightarrow a > 416,666.66\cdots$

따라서 a는 백 원 단위에서 반올림하면 417,000원이다.

28 ②

최대 방전수치는 $3^n - n$의 일정한 규칙으로 변화하고, 최소 방전수치는 2^n의 규칙으로 변화한다.

따라서 최대 방전수치는 $3^{10}-10=59,039$이고, 최소 방전수치는 $2^{10}=1,024$이다.

29 ②

선생님이 맨 앞과 맨 뒤에 배치되는 방법은 $2!$이다. 새싹반은 앞뒤로 연속하여 배치되지 않으므로 열매반 4명을 일렬로 나열하고 그 사이에 새싹반을 배치해야 한다. 열매반 4명을 일렬로 나열하는 방법은 $4!$이다. 열매반 4명 사이의 5개 공간 중 새싹반 3명을 배치하는 방법은 $_5P_3$이다.

따라서 총 경우의 수는 $2! \times 4! \times {_5P_3} = 2,880$(가지)이다.

30 ②

A기계에서 생산된 100개의 제품을 불량품 없이 판매하였다면 100만 원의 이익이 발생해야 하는데, 불량품에 의해 기대이익이 75만 원이다. 불량품으로 인한 손해가 25만 원이므로 불량품의 개수는 10개이다. 이에 따라 A기계에서 생산된 100개의 제품 중 10개의 불량품이 발생하므로 불량률은 10%이다.

B기계는 50만 원의 이익이 발생해야 하지만 기대이익이 44만 원이므로 불량품으로 인한 손해가 6만 원이고, 불량품의 개수는 5개이다. 이에 따라 B기계의 불량률은 5%이다.

따라서 A기계와 B기계로 각각 k개씩 총 2k개의 제품을 생산하여 판매하였고, 판매한 1개가 불량품이었는데 그 불량품이 A기계에서 생산되었을 확률은 $\dfrac{0.1 \times k}{0.1 \times k + 0.05 \times k} = \dfrac{0.1k}{0.15k} = \dfrac{2}{3}$이다.

31 ①

• A사료를 사용하여 사육할 경우, 한우 송아지 구입비와 사육비는 한 마리당 $100 + 300 = 400$(만 원)이다. 이때 한우 성체로 키워 판매할 경우 한 마리당 판매가의 기댓값은 $700 \times \dfrac{7}{10} + 600 \times \dfrac{3}{10} = 670$(만 원)이다.

  이에 따라 A사료를 사용할 경우 한 마리당 기대 순수익은 $670 - 400 = 270$(만 원)이다.

• B사료를 사용하여 사육할 경우, 한우 송아지 구입비와 사육비는 한 마리당 $100 + 270 = 370$(만 원)이다. 이때 한우 성체로 키워 판매할 경우 한 마리당 판매가의 기댓값은 $700 \times \dfrac{1}{2} + 600 \times \dfrac{1}{2} = 650$(만 원)이다.

  이에 따라 B사료를 사용할 경우 한 마리당 기대 순수익은 $650 - 370 = 280$(만 원)이다.

32 ①

1시간 이용한 날의 수를 x일, 2시간 이용한 날의 수를 y일이라고 하면 다음과 같은 연립방정식이 성립한다.

$\begin{cases} x + y = 90 \\ x + 2y = 124 \end{cases} \rightarrow x = 56,\ y = 34$

따라서 총 이용요금은 $2,000x + 3,000y = 2,000 \times 56 + 3,000 \times 34 = 214,000$(원)이다.

33 ⑤

먼저 주사위를 3번 던져 나오는 경우의 수는 $6^3 = 216$(가지)이다. 오름차순 또는 내림차순이 나오는 경우의 수는 여섯 개의 숫자 중에서 중복되지 않게 3개의 숫자를 고르기만 하면 되므로 $_6C_3 = 20$(가지)이다.

따라서 세 수가 오름차순 또는 내림차순일 확률은 $\dfrac{20 + 20}{216} = \dfrac{5}{27}$이다.

34 ⑤

3% 농도의 소금물 300g이 들어있는 비커 A에 처음 추가하려던 5% 농도 소금물의 양을 xg이라고 하면 소금의

양은 $\dfrac{5x}{100}$g이므로 $\dfrac{9+\dfrac{5x}{100}}{300+x}\times100=4$가 성립한다. 이를 계산하면 x는 300임을 알 수 있다.

비커 B에는 4% 농도의 소금물과 5% 농도의 소금물이 4:3 비율로 섞였으므로 소금물 700g의 농도는

$\dfrac{4\times4+5\times3}{4+3}=\dfrac{31}{7}(\%)$이다.

이때 비기 A에 추가할 5% 농도의 소금물을 yg이라고 하면 다음과 같은 식이 성립한다.

$\dfrac{9+0.05\times y}{300+y}\times100=\dfrac{31}{7}\ \rightarrow\ y=750$

따라서 추가해야 하는 소금물의 양은 750g이다.

35 ④

앞면이 동전 3개가 모두 뒤집히고, 뒷면의 동전 1개만 뒤집히지 않을 확률은 $\left(\dfrac{1}{2}\right)^{3}\times\left(\dfrac{1}{2}\right)=\dfrac{1}{16}$이다.

뒷면의 동전 1개만 뒤집힐 확률은 $\left(\dfrac{1}{2}\right)^{3}\times\left(\dfrac{1}{2}\right)=\dfrac{1}{16}$이나.

따라서 철수가 승리할 확률은 $\dfrac{1}{16}+\dfrac{1}{16}=\dfrac{1}{8}$이다.

36 ③

민수가 10분 동안 만들 수 있는 조각품의 개수는 $\dfrac{121}{110}\times10=11$(개)이므로 민수가 2시간 동안 만들 수 있는 조각품의 개수는 $11\times12=132$(개)이고, 다운이가 2시간 동안 만들 수 있는 조각품의 개수는 $300-132=168$(개)이다.

따라서 다운이는 1개의 조각품을 만드는 데 $\dfrac{120}{168}$(분)이 걸리므로 119개를 만드는 데 $\dfrac{120}{168}\times119=85$(분), 즉 1시간 25분이 걸린다.

37 ④

소금 한 숟가락의 무게를 xg이라고 하면 비커 A의 소금물 농도는 $\dfrac{2x}{100+2x}\times100$이고, 비커 B의 소금물 농도는

$\dfrac{x}{200+x}\times100$이다. 이때 정수 k를 활용하여 정수배를 표현하면 $\dfrac{2x}{100+2x}\times100=k\times\dfrac{x}{200+x}\times100$이다.

이를 정리하면 $x=\dfrac{200-50k}{k-1}$이고, 가능한 경우는 $k=2,\ x=100$과 $k=3,\ x=25$이다.

따라서 소금 한 숟가락의 무게가 될 수 있는 모든 값의 합은 $100+25=125$(g)이다.

38 ④

마진율을 a라고 하면 이윤은 총 판매액에서 원가를 뺀 금액이다. 이에 따라 식을 세우면 다음과 같다.

$30,000\times(1+a)\times100+33,000\times(1+a)\times100-30,000\times200=1,560,000\ \rightarrow\ a=0.2$

따라서 처음 설정했던 마진율은 20%이다.

39 ①

동일한 간격으로 나무를 심으면서 네 모서리에도 반드시 나무를 심어야 하므로 나무와 나무 사이의 간격은 정원의 가로와 세로의 길이인 117, 91의 공약수가 되어야 한다. 또한 나무를 최소한으로 심으려고 하므로 공약수 중에서도 최대공약수만큼의 간격을 벌려야 한다. $117=9\times13$, $91=7\times13$이므로 117과 91의 최대공약수는 13이다. 따라서 13m의 간격으로 나무를 심을 경우 가로는 9등분을 할 수 있고, 세로는 7등분을 할 수 있다. 등분한 조각의 한쪽 방향 끝에 나무를 심을 경우 아래 그림과 같이 나무를 심을 수 있다.(검은 점이 나무이며, 선분은 등분한 조각의 크기를 나타낸다.)

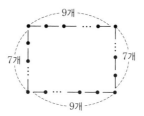

따라서 필요한 나무의 개수는 $(9+7)\times2=32$(그루)이다.

> **문제풀이 TIP**
>
> $117=9\times13$, $91=7\times13$이므로 117과 91의 최대공약수는 13이다. 따라서 13m의 간격으로 나무를 심을 경우 가로는 9등분을 할 수 있고, 세로는 7등분을 할 수 있다. 즉, 가로 방향으로는 $9+1=10$(그루)의 나무를, 세로 방향으로는 $7+1=8$(그루)의 나무를 심을 수 있으므로 총 $(10+8)\times2=36$(그루)의 나무를 심어야 하는데, 이 경우 네 모서리마다 한 번씩 중복이 되므로 4그루를 차감하여 $36-4=32$(그루)의 나무만 필요하다.

40 ⑤

주사위의 눈에 따른 이동 경로를 정리해본다. 시계 방향을 +, 반시계 방향을 −로 표현하고 5로 나눈 나머지로 정리하면 다음과 같다.

- 홀수인 경우: 1(+1), 3(+9 → +4), 5(+25 → 0)
- 짝수인 경우: 2(−2 → +3), 4(−4 → +1), 6(−6 → +4)

목적지가 B이려면 합이 +4 또는 +9이어야 하므로 주사위 눈의 조합은 (1, 2), (3, 5), (5, 6), (2, 4)로 총 4가지이다. 이때 서로 순서가 바뀌는 경우도 있으므로 목적지가 B인 경우의 수는 $4\times2=8$(가지)이다.

목적지가 D이려면 합이 +2 또는 +7이어야 하므로 주사위 눈의 조합은 (1, 1), (1, 4), (4, 4), (3, 2), (2, 6)로 총 5가지이다. 이때 (1,1), (4,4)의 조합을 제외하고 서로 순서가 바뀌는 경우도 있으므로 목적지가 D인 경우의 수는 $2+3\times2=8$(가지)이다.

따라서 꼭짓점 B 또는 D로 이동할 확률은 $\dfrac{8+8}{36}=\dfrac{4}{9}$이다.

01 ⑤

2017년 2월에는 의복이 가장 높다.

| 오답풀이 |

① 1.6%에서 3.2%로 2배가 되었다. 즉, 100% 증가하였다.

② 가전·전자·통신기기, 서적, 의복, 생활용품, 애완용품, 여행 및 교통서비스 6개 품목이다.

③ 가방, 음·식료품, 농축수산물 3개 품목이다.

④ 가전·전자·통신기기, 신발, 가방, 음·식료품, 농축수산물, 가구, 여행 및 교통서비스 7개 품목이다.

02 ④

각 치킨집의 평균 평점은 다음과 같다.

- A치킨집: $\dfrac{1\times11+2\times18+3\times24+4\times40+5\times27}{120}=3.45$(점)

- B치킨집: $\dfrac{1\times1+2\times3+3\times5+4\times7+5\times14}{30}=4$(점)

- C치킨집: $\dfrac{2\times12+3\times48+4\times10+5\times30}{100}=3.58$(점)

따라서 평균 평점이 가장 높은 치킨집과 가장 낮은 치킨집의 평균 평점 차이는 $4-3.45=0.55$(점)이다.

03 ②

각 구별 투표수가 다음과 같다.

- A구: $40,000\times0.625=25,000$(표)
- B구: $50,000\times0.73=36,500$(표)
- C구: $60,000\times0.55=33,000$(표)
- D구: $45,000\times0.7=31,500$(표)
- E구: $55,000\times0.6=33,000$(표)

따라서 K시 총 투표율은 $\dfrac{25,000+36,500+33,000+31,500+33,000}{40,000+50,000+60,000+45,000+55,000}\times100=63.6$(%)이고,

'갑' 후보의 득표율은 $\dfrac{12,000+18,000+21,000+9,000+14,000}{25,000+36,500+33,000+31,500+33,000}\times100≒46.5$(%)이다.

04 ④

연도별 비영리 민간단체 등록 수는 다음과 같다.

(단위: 개)

2011년	2012년	2013년	2014년	2015년	2016년	2017년	2018년	2019년
10,209	10,889	11,579	12,252	12,894	13,464	13,933	14,275	14,699

따라서 전년 대비 비영리 민간단체 등록 수의 증감량은 다음과 같다.

(단위: 개)

2012년	2013년	2014년	2015년	2016년	2017년	2018년	2019년
680	690	673	642	570	469	342	424

05 ③

2015년 대비 2016년의 총수입 증가율은 $\frac{10,376-10,289}{10,289} \times 100 ≒ 0.85(\%)$이고, 일반비 증가율은 $\frac{6,188-6,013}{6,013}$

$\times 100 ≒ 2.91(\%)$이므로 일반비 증가율이 더 높다.

| 오답풀이 |

① 2017년 사육규모별 순수익은 다음과 같다.

40마리 미만	40~59마리	60~79마리	80마리 이상
1,421	2,533	3,348	3,224

따라서 60~79마리의 순수익이 가장 높다.

② 2015~2017년 평균소득은 각각 4,276천 원, 4,188천 원, 4,082천 원으로 2016~2017년 동안 전년 대비 감소하였다.

④ 60~79마리 규모가 순수익과 소득 모두 가장 높다.

⑤ 2017년의 평균과 2016년 평균을 비교하여 확인할 수 있다.

문제풀이 TIP

① 2017년 사육규모가 늘어날수록 총수입은 증가하고 사육비는 60~79마리까지는 감소하므로 굳이 계산하지 않아도 40마리 미만과 40~59마리는 60~79마리보다 순수익이 낮다는 것을 알 수 있다. 따라서 60~79마리와 80마리 이상만 서로 비교해보면 되는데, 총수입은 대략 100 정도 차이나지만 사육비는 더 크게 차이가 나므로 60~79마리의 순수익이 가장 높다는 것을 알 수 있다.

③ $\frac{10,376-10,289}{10,289} \times 100$과 $\frac{6,188-6,013}{6,013} \times 100$의 대소를 비교해야 하는데, 공통 계산인 $(\times 100)$을 제외하고 생각한다.

$\frac{10,376-10,289}{10,289}$는 분자가 100 미만이므로 증가율이 1% 미만이지만, $\frac{6,188-6,013}{6,013}$은 분자가 100 이상이므로 증가율이 1% 이상이다. 따라서 굳이 계산하지 않아도 일반비 증가율이 더 높다.

06 ①

2016년 대비 2017년 수입 감소율은 다음과 같다.

우유 판매	부산물 수입	송아지 판매	구비 판매	기타 수입
0.3%	11.1%	8.4%	47.6%	6.2%

따라서 감소율이 가장 낮은 요소는 우유 판매이다.

07 ③

재산등록 의무자 수의 전년 대비 증가 인원은 2016년 246명에서 2020년 5,414명까지 매년 그 증가 인원 수가 증가하고 있다.

| 오답풀이 |

① 2009년과 2010년의 재산등록 의무자 수는 전년 대비 감소하였다.

② 2008년부터 2020년 중 재산등록 의무자 수의 전년 대비 증가 인원이 가장 많은 해는 꺾은선 그래프가 가장 높은 2012년이다.

④ 재산등록 의무자 수가 가장 적었던 해는 106,229명인 2010년이고, 전년 대비 가장 적게 증가한 해는 246명 증가한 2016년이다.

⑤ 전년 대비 증가 인원이 가장 많이 감소한 해는 꺾은선 그래프가 가장 큰 폭으로 감소한 2013년이고, 다음 해인 2014년에는 7,604명 증가했다.

08 ①

'전기, 전자', '정보, 통신', '기계', '재료' 4개 분야만 작년 연구개발비가 2조 원을 넘었다. '화학'의 작년 연구개발비는 $\frac{20,857}{1.102} ≒ 18,926.5$(억 원)으로 2조 원 미만이다.

② $9,958 \times 7 = 69,706 < 70,411$이므로 7배 이상이다.

③ 올해 상위 10대 분야의 연구개발비는 331,626억 원이다. $\frac{331,626}{379,285} \times 100 ≒ 87.4(\%)$이므로 80% 이상이다.

④ 상위 10대 분야를 제외한 나머지 분야 전체의 연구개발비는 $379,285 - 331,626 = 47,659$(억 원)이다. 따라서 이보다 연구개발비가 많은 분야는 '전기, 전자', '정보, 통신', '기계' 3개 분야이다.

⑤ '화학', '보건, 의료' 2개 분야이다.

문제풀이 TIP

① '화학'만 살펴보면 되는데, 전년 대비 증가율이 10% 이상이므로 못해도 1,000 이상은 확실히 증가하였다. 따라서 '화학'의 작년 연구개발비는 20,000 아래임을 쉽게 알 수 있다.

③ 상위 10대 분야 연구개발비 합계를 정확히 계산하기 어려우므로, 어림셈을 사용한다. '전기, 전자' 9만, '정보, 통신' 7만, '기계'와 '재료'를 짝지어 9만, '화학' 2만, '생명과학', '화학공정', '농림, 수산'을 합쳐 3만, '보건, 의료'와 '건설, 교통'을 짝지어 2.8만으로 어림셈할 수 있다. 여기에 지금까지 버린 우수리들을 모두 고려하면 2.8만을 대략 3만으로 볼 수 있으며, 이를 모두 더하면 상위 10대 분야 연구개발비 합계는 $9+7+9+2+3+3=33$(만)이다. 따라서 상위 10대 분야가 전체에서 차지하는 비중은 대략 $\frac{33}{38} \times 100 ≒ 86.8(\%)$로 80% 이상이다.

09 ④

올해 상위 3대 분야가 연구개발비 전체에서 차지하는 비중은 $\frac{89,525+70,411+66,946}{379,285} \times 100 ≒ 60(\%)$이다.

10 ②

ⓒ 2021년에 기업부설 연구소가 전년 대비 3% 이상 증가한다면, 2021년은 $42,155 \times 1.05 ≒ 44,263$(개) 이상이며, 2011년 대비 $\frac{44,263-24,291}{24,291} \times 100 ≒ 82.2(\%)$ 이상 증가하게 된다.

ⓒ 기업부설 연구소는 2011년 24,291개를 시작으로 2018년에 40,399개로 2018년에 처음으로 4만 개를 넘겼다.

| 오답풀이 |

㉠ 2019년 기업부설 연구소는 전년 대비 $40,750 - 40,399 = 351$(개) 증가했다.

㉣ 전년 대비 기업부설 연구소가 3천 개 이상 증가한 해는 $32,167 - 28,771 = 3,396$(개) 증가한 2014년, $35,288 - 32,167 = 3,121$(개) 증가한 2015년으로 2개 연도이다.

6 | 추리논리 연습문제

유형 ❶		언어추리																	P. 80
01	②	02	⑤	03	②	04	④	05	③	06	③	07	③	08	⑤	09	③	10	①
11	②	12	②	13	④	14	④	15	⑤	16	③	17	⑤	18	④	19	③	20	④
21	④	22	②	23	④	24	④	25	④	26	④	27	④	28	②	29	⑤	30	③

01 ②

전제2의 대우명제를 고려하면 다음과 같은 벤다이어그램을 그릴 수 있다.

'~회색'이 '꽃'을 포함하고 있으므로 '꽃 → ~회색'이 항상 성립한다. 따라서 정답은 ②이다.

문제풀이 TIP

전제1과 전제2 모두 some 개념이 등장하지 않으므로 삼단논법을 사용하여 문제를 풀 수 있다. 꽃을 '꽃', 무채색을 '무', 회색을 '회'라고 표시하고 전제1과 전제2를 다시 써보면 다음과 같다.
- 전제1: 꽃 → ~무
- 전제2: 회 → 무
전제1과 전제2에서 모두 '무'가 등장하므로 '무'가 전제1과 전제2를 연결하는 연결고리, 즉 매개념이다. 매개념을 이용하기 위해 전제2의 대우명제를 구해보면 '~무 → ~회'이므로, 전제1과 전제2를 서로 연결하면 '꽃 → ~회'라는 결론을 내릴 수 있다.

02 ⑤

전제2의 대우명제를 고려하면 다음과 같은 벤다이어그램을 그릴 수 있다.

'김치'가 '대한'을 포함하고 있으므로 '대한 → 김치'가 항상 성립한다. 따라서 정답은 ⑤이다.

문제풀이 TIP

전제1과 전제2 모두 some 개념이 등장하지 않으므로 삼단논법을 사용하여 문제를 풀 수 있다. 국내여행을 좋아하는 사람을 '국', 김치찌개를 좋아하는 사람을 '김', 대한민국 국민을 '대'라고 표시하고 전제1과 전제2를 다시 써보면 다음과 같다.
- 전제1: 국 → 김
- 전제2: ~국 → ~대
전제1과 전제2에서 모두 '국'이 등장하므로 '국'이 전제1과 전제2를 연결하는 연결고리, 즉 매개념이다. 매개념을 이용하기 위해 전제2의 대우명제를 구해보면 '대 → 국'이므로, 전제1과 전제2를 서로 연결하면 '대 → 김'이라는 결론을 내릴 수 있다.

03 ②

전제1을 만족하는 벤다이어그램은 [그림1]과 같다.

[그림1]

여기에 전제2를 덧붙인 기본적인 벤다이어그램은 [그림2]와 같이 나타낼 수 있으며, '피아노'와 '~필라테스'의 공통영역에 해당하는 색칠된 부분이 반드시 존재해야 한다.

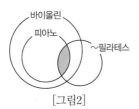

[그림2]

[그림2]에서 매개념 '피아노'를 제외한 '바이올린'과 '~필라테스' 사이의 관계를 보면, 둘 사이에 뚜렷한 포함관계가 존재하진 않으나 최소한 색칠한 부분만큼은 공통으로 포함하고 있다는 것을 알 수 있다. 즉, '바이올린'과 '~필라테스' 사이엔 반드시 공통영역이 존재한다. 따라서 정답은 ②이다.

문제풀이 TIP

전제2에 "어떤 ~는 ~이다."라는 some 개념이 있으므로 벤다이어그램을 활용한다. 피아노가 취미인 사람을 '피', 바이올린이 취미인 사람을 '바', 필라테스가 취미인 사람을 '필'이라고 표시하자. some 개념이 없는 전제1부터 벤다이어그램으로 표현하면 [그림3]과 같다.

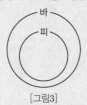

[그림3]

여기에 전제2를 덧붙인 기본적인 벤다이어그램은 [그림4]와 같이 나타낼 수 있으며, '피'와 '~필'의 공통영역에 해당하는 색칠된 부분이 반드시 존재해야 한다.

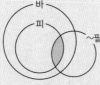

[그림4]

여기서 소거법을 사용하여 정답을 찾아보자. [그림4]를 보면 ①, ③은 옳지 않다는 것을 알 수 있다. 한편 [그림4]의 색칠된 부분이 존재하기만 하면 '~필'의 범위를 [그림5]와 같이 더 늘리거나, [그림6]과 같이 더 줄일 수도 있다.

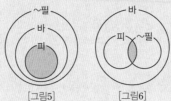

[그림5]   [그림6]

04 ④

전제1을 만족하는 벤다이어그램은 [그림1]과 같다.

[그림1]

이 상태에서 '스키'와 '~서핑' 사이의 공통영역이 존재한다는 결론을 반드시 만족하기 위해선 [그림2]와 같이 '스키'와 '~여름' 사이에 공통영역이 존재하면 된다.

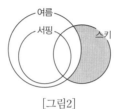

[그림2]

'스키'와 '~여름' 사이에 공통영역이 존재하면 자동적으로 [그림2]의 색칠된 부분이 '스키'와 '~서핑' 사이의 공통영역이 되어 결론을 만족할 수 있다. 따라서 정답은 ④이다.

05 ③

전제1을 만족하는 벤다이어그램은 [그림1]과 같다.

[그림1]

여기에 전제2를 덧붙인 기본적인 벤다이어그램은 [그림2]와 같이 나타낼 수 있으며, '학점'과 '어학점수' 사이에 공통영역에 해당하는 색칠된 부분이 반드시 존재해야 한다.

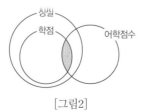

[그림2]

[그림2]에서 '성실'을 제외한 '학점'과 '어학점수' 사이의 관계를 보면, 둘 사이의 뚜렷한 포함관계가 존재하진 않으나 최소한 색칠한 부분만큼은 공동으로 포함하고 있다는 것을 알 수 있다. 즉, '학점'과 '어학점수' 사이엔 반드시 공통영역이 존재한다. 따라서 정답은 ③이다.

06 ③

전제2의 대우명제를 고려하면 다음과 같은 벤다이어그램을 그릴 수 있다.

'체육'이 '미술'을 포함하고 있으므로 '미술 → 체육'이 항상 성립한다. 따라서 정답은 ③이다.

문제풀이 TIP

전제1과 전제2 모두 some 개념이 등장하지 않으므로 삼단논법을 사용하여 문제를 풀 수 있다. 미술을 좋아하는 사람을 '미', 음악을 좋아하는 사람을 '음', 체육을 좋아하는 사람을 '체'라고 표시하고 전제1과 전제2를 다시 써보면 다음과 같다.
- 전제1: 미 → 음
- 전제2: ~체 → ~음
전제1과 전제2에서 모두 '음'이 등장하므로 '음'이 전제1과 전제2를 연결하는 연결고리, 즉 매개념이다. 매개념을 이용하기 위해 전제2의 대우명제를 구해보면 '음 → 체'이므로, 전제1과 전제2를 서로 연결하면 '미 → 체'라는 결론을 내릴 수 있다.

07 ③

전제1을 만족하는 가장 기본적인 벤다이어그램은 [그림1]과 같다.

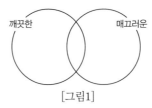

[그림1]

이 상태에서 '깨끗한 것'과 '딱딱한 것' 사이에 공통영역이 존재한다는 결론을 반드시 만족하기 위해선 [그림2]와 같이 '딱딱한 것'이 '매끄러운 것'을 포함하고 있으면 된다.

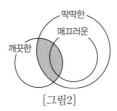

[그림2]

'딱딱한 것'이 '매끄러운 것'을 포함하고 있으면 [그림2]의 색칠된 부분이 반드시 존재하게 되므로, '깨끗한 것'과 '딱딱한 것' 사이에 공통영역이 존재한다는 결론을 반드시 만족하게 된다. 따라서 정답은 '매끄러운 것 → 딱딱한 것'을 문장으로 바꾼 ③이다.

전제1과 결론에 some 개념이 있으므로 벤다이어그램을 활용한다. 깨끗한 것을 '깨', 매끄러운 것을 '매', 딱딱한 것을 '딱'이라고 표시하자. 우선 전제1을 만족하는 가장 기본적인 벤다이어그램은 [그림3]과 같으며, 색칠된 부분이 반드시 존재해야 한다.

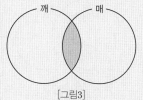

[그림3]

이 상태에서 ①을 만족하도록 '딱'의 벤다이어그램을 그려보도록 하자. ①을 만족하기 위해선 '딱'이 '매' 안에 포함되기만 하면 되므로 [그림4]와 같이 벤다이어그램을 그릴 수 있다.

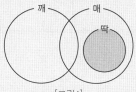

[그림4]

이 경우 전제1과 ①을 모두 만족하지만 결론을 만족하지 못한다. 따라서 ①을 전제2로 세울 경우 항상 결론이 도출되는 것은 아니므로 ①은 전제2로 적절하지 않다.

이와 같은 방식으로 전제1과 ②~⑤를 만족하는 벤다이어그램을 각각 그렸을 때, 결론을 위배하는 반례가 하나라도 발생한다면 해당 선택지를 소거할 수 있다. ②, ④는 [그림5]를 반례로 들 수 있고, ⑤는 [그림6]을 반례로 들 수 있다.

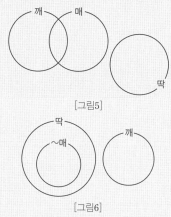

[그림5]

[그림6]

반면 ③은 전제2로 세웠을 때 항상 결론을 만족하므로 정답은 ③이다.

08 ⑤

전제1을 만족하는 벤다이어그램은 [그림1]과 같다.

[그림1]

여기에 전제2를 덧붙인 기본적인 벤다이어그램은 [그림2]와 같이 나타낼 수 있으며, '애완동물'과 '곤충' 사이에 공통영역에 해당하는 색칠된 부분이 반드시 존재해야 한다.

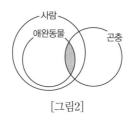

[그림2]

[그림2]에서 '애완동물'을 제외한 '사람'과 '곤충' 사이의 관계를 보면, 둘 사이의 뚜렷한 포함관계가 존재하진 않으나 최소한 색칠한 부분만큼은 공동으로 포함하고 있다는 것을 알 수 있다. 즉, '사람'과 '곤충' 사이엔 반드시 공통영역이 존재한다. 따라서 정답은 ⑤이다.

09 ③

거짓말은 한 명만 했다고 했으므로 거짓말과 관련된 내용에 우선 접근해야 한다.
B는 C가 거짓말을 했다고 했으므로 이를 참이라고 하면 C를 제외한 나머지가 참이 되어 E의 말에 따라 거짓말을 한 C가 스파이가 된다.
만약 B가 거짓말을 했다면 E가 스파이가 되고, 한 명만 거짓말을 한다는 [조건]에 의해 E의 말은 성립되지 않는 모순이 발생한다.
따라서 스파이는 C이다.

10 ①

[조건]을 표로 정리하면 다음과 같다.
a를 키우는 가족은 D 가족이고, B가족은 b나 d를 키운다고 했으므로 a, c, e를 키우지 않는다.

구분	a	b	c	d	e
A가족	×				
B가족	×		×		×
C가족	×				
D가족	○	×	×	×	×
E가족	×				

이때 e를 키우는 가족은 A와 E가 아니라고 했으므로 e를 키울 수 있는 가족은 C이다.

구분	a	b	c	d	e
A가족	×				×
B가족	×		×		×
C가족	×	×	×	×	○
D가족	○	×	×	×	×
E가족	×				×

E가족은 c를 키우지 않는다고 했으므로 c는 A가족이 키움을 알 수 있다.

11 ②

B는 자신이 파견을 가지 않는다고 하였으므로 C와 참, 거짓이 반대이다. 또한 C가 파견을 가지 않는다고 하였으므로 D와 참, 거짓이 반대이다. 만약 B의 발언이 참이라면 C, D가 거짓이고, A, E가 참이다. 즉, A의 발언에 따라 A, E가 파견을 가고, B의 발언에 따라 B, C가 파견을 가지 않고, E의 발언에 따라 D가 파견을 가지 않는다. 따라서 B, D가 파견을 간다고 한 C의 발언은 거짓, C가 파견을 가고, E가 파견을 가지 않는다고 한 D의 발언이 거짓이므로 모순이 생기지 않는다.

만약 B의 발언이 거짓이라면 C, D가 참이다. 따라서 C의 발언에 따라 B, D가 파견을 간다. 이때 B의 발언이 거짓이므로 B와 C가 파견을 가는데 이 경우 파견을 가는 사람이 세 명 이상이 되므로 모순이다.

따라서 C, D가 거짓을 말하고, A, E가 파견을 간다.

12 ②

정이 시장이 아니라면 정과 무의 발언이 참이다. 따라서 참을 말하는 사람이 2명 이상이므로 모순이다. 따라서 정이 시장이다. 정이 시장이라면 갑, 병, 정, 무의 말이 거짓이고, 자신이 시장이 아니라고 한 을의 말이 참이다.

정은 시장이므로 득표수가 가장 많다. 을의 말에 따라 을은 갑보다 득표수가 많고, 병의 말에 따라 병은 을보다 득표수가 적고, 무의 말에 따라 무의 득표수는 가장 적다. 따라서 정>을>(갑>병) 또는 (병>갑)>무이므로 2위를 한 후보는 을이다.

13 ④

A와 E는 같은 곳에 배정받는다. A는 의정부, E는 부천에서 근무하였고, 의정부에서 근무한 직원은 하남에 배정받지 않으므로 A, E는 의정부, 하남, 부천에 배정받지 못하고 성남에 배정받는다. 따라서 B, F는 성남에 배정받지 않는다. 의정부에 근무한 직원은 하남에 배정받지 않는다. 즉, B는 의정부, 하남, 성남에 배정받지 못하므로 부천에 배정받는다.

C가 의정부에 배정받는 경우 D는 의정부, 하남, 부천에 배정받을 수 있다. D가 의정부 또는 부천에 배정받으면 F는 하남에 배정받아야 한다. D가 하남에 배정받으면 F는 의정부, 하남 중 한 곳에 배정받는다.

C가 성남에 배정받는 경우 D와 F는 의정부 또는 하남에 배정받는다.

C가 부천에 배정받는 경우 D와 F는 의정부 또는 하남에 배정받는다.

따라서 가능한 경우는 다음과 같다.

구분	의정부	하남	성남	부천
경우 1	C, D	F	A, E	B
경우 2	C, F	D	A, E	B
경우 3	C	D, F	A, E	B
경우 4	C	F	A, E	B, D
경우 5	D	F	A, C, E	B
경우 6	F	D	A, C, E	B
경우 7	D	F	A, E	B, C
경우 8	F	D	A, E	B, C

14 ④

D와 E는 바로 옆자리에, A는 D의 바로 앞자리에 앉고 E는 2열에 앉지 않으므로 가능한 경우는 다음과 같다.

	A	
	D	E

	A	
E	D	

이때 B는 2행에 앉고 A, B, C는 모두 다른 열에 앉으므로 가능한 경우는 다음과 같다.

F	A	C
B	D	E

C	A	F
E	D	B

따라서 B는 항상 F의 바로 뒷자리에 앉는다.

15 ⑤

세미나장에서 A를 만났다는 B의 진술과 A는 세미나에 참석하지 않았다는 E의 진술은 서로 모순되므로 둘 중 한 명은 거짓을 말했다. 이때 거짓을 말하는 사람은 1명이므로 B와 E를 제외한 A, C, D의 진술은 참이 된다. 이에 따라 세미나에는 3명이 참석했으며, 참석하지 않은 사람은 D와 E이다. A는 세미나에 참석했으므로 거짓을 말한 사람은 E가 된다.

16 ③

4가지 장르를 6개의 관에서 상영한다면 2가지 장르는 각각 두 개의 관에서 상영하고, 2가지 장르는 한 개의 관에서 상영한다.
A관과 F관에 같은 장르의 영화가 상영되고 있다. C관은 B관과 같은 장르의 영화를 상영하지 않는다. D관은 액션 장르를 상영하고, C관은 액션 장르를 상영하지 않으므로 C관과 D관은 같은 장르의 영화를 상영하지 않는다. E관과 같은 장르의 영화를 상영하는 곳은 없으므로 C관은 E관과도 같은 장르의 영화를 상영하지 않는다. 즉, C관, E관은 다른 관과 같은 장르의 영화를 상영하지 않으므로 B관과 D관이 같은 장르의 영화를 상영하고, B관과 D관은 액션 영화를 상영한다.
만약 C관에서 공포 영화를 상영하면 E관에서 SF 영화를 상영하고, A관, F관에서 로맨스 영화를 상영한다. 만약 C관에서 로맨스 영화를 상영하면 E관에서는 공포 영화를 상영하지 않으므로 SF 영화를 상영하고, A관, F관에서 공포 영화를 상영한다. 만약 C관에서 SF 영화를 상영하면 E관에서 로맨스 영화를 상영하고, A관, F관에서 공포 영화를 상영한다.
따라서 가능한 경우는 다음과 같다.

A관	B관	C관	D관	E관	F관
로맨스	액션	공포	액션	SF	로맨스
공포	액션	로맨스	액션	SF	공포
공포	액션	SF	액션	로맨스	공포

| 오답풀이 |

① A관에서 로맨스 또는 공포 영화를 상영한다.
② C관에서 공포 또는 로맨스 또는 SF 영화를 상영한다.
④ C관과 D관은 다른 장르의 영화를 상영한다.
⑤ E관에서 SF 또는 로맨스 영화를 상영한다.

17 ⑤

확실한 [조건]부터 정리해나가면 다음과 같다.

맨 앞과 맨 뒤에는 우산을 쓴 사람이 서 있고, C는 우산을 쓴 사람 중에 가장 앞에 서 있다.

1(맨 앞)	2	3	4	5	6(맨 뒤)
C ○					○

우산을 쓰지 않은 B 뒤에는 우산을 쓴 사람 1명이 서 있다.

1(맨 앞)	2	3	4	5	6(맨 뒤)
C ○				B ×	○

우산을 쓴 사람 사이에는 우산이 없는 사람이 3명 서 있다고 했으므로 두 번째는 우산을 쓴 사람임을 알 수 있다.

1(맨 앞)	2	3	4	5	6(맨 뒤)
C ○	○	×	×	B ×	○

우산을 쓰지 않은 A의 양 옆에는 우산을 쓴 D와 우산을 쓰지 않은 E가 서 있다고 했으므로 A의 자리는 세 번째, D는 두 번째, E는 네 번째이다. 따라서 마지막에 서 있는 사람은 F이다.

1(맨 앞)	2	3	4	5	6(맨 뒤)
C ○	D ○	A ×	E ×	B ×	F ○

18 ④

B는 D 바로 다음으로 팔로워 수가 많고, E는 B 바로 다음으로 팔로워 수가 많고, D는 H 바로 다음으로 팔로워 수가 많으므로 팔로워 수는 H−D−B−E 순으로 많다. H는 코미디언이고, 각 코미디언은 배우 바로 다음으로 팔로워 수가 많으므로 배우−H−D−B−E가 되어야 한다. 배우 D, E의 순서가 이미 나와 있으므로 H 바로 위로 팔로워 수가 많은 사람은 F이다. A는 G 바로 다음으로 팔로워 수가 많으므로 G−A 순이다. 팔로워 수가 가장 많은 사람과 가장 적은 사람은 모두 가수인데 B는 가장 많지도, 적지도 않으므로 A 또는 C가 가장 많거나 적다. 그런데 A는 G보다 팔로워 수가 적으므로 팔로워 수가 가장 적은 사람이 되고, C가 팔로워 수가 가장 많은 사람이 된다. 따라서 C−F−H−D−B−E−G−A 순으로 팔로워 수가 많고, 팔로워 수가 세 번째로 적은 사람은 E이다.

19 ③

재무부 대리 G는 4위이다. 만약 1~3위 내에 기획부 대리가 있다면 기획부 대리는 연속하므로 기획부 대리 2명이 파견을 간다. 그런데 각 부서에서 한 명씩 파견을 가므로 옳지 않다. 따라서 기획부에서는 과장인 A가 파견을 간다. 재무부 대리는 평가 점수 순위가 연속하지 않으므로 3위는 재무부 대리가 아니다. 따라서 3위는 영업부 대리 E이다. 재무부 과장은 순위가 가장 낮으므로 재무부 과장은 파견을 가지 않는다. 재무부 대리인 G도 파견을 가지 않으므로 재무부 대리인 H가 파견을 간다. 따라서 파견을 가는 직원은 기획부 과장 A, 영업부 대리 E, 재무부 대리 H이다.

20 ④

노란색은 4층에 있고, 보라색은 노란색보다 아래에 있고, 1층이 아니다. 남색은 보라색보다 위에 있고, 파란색은 남색 바로 위에 있다. 따라서 보라색이 2층이거나 3층일 때 파란색이 남색 바로 위에 있기 위해서는 남색과 파란색이 5층, 6층 또는 6층, 7층에 위치해야 한다. 이때 초록은 노란색보다 위에 있으므로 각 경우에 따라 7층 또는 5층에 위치한다. 만약 보라색이 2층에 있으면 주황색은 빨간색보다 위에 있으므로 빨강, 주황은 1층, 3층에 있고, 보라색이 3층에 있으면 빨강, 주황은 1층, 2층에 위치한다. 따라서 가능한 모든 경우는 다음과 같다.

7층	초록	파랑	초록	파랑
6층	파랑	남색	파랑	남색
5층	남색	초록	남색	초록
4층	노랑	노랑	노랑	노랑
3층	주황	주황	보라	보라
2층	보라	보라	주황	주황
1층	빨강	빨강	빨강	빨강

따라서 빨간색 블록은 항상 1층에 위치한다.

21 ④

B는 딸기맛을 주문하지 않으므로 바나나맛 또는 초코맛을 주문한다. B가 바나나맛을 주문하면 C는 딸기맛을 주문하며, C와 A는 서로 다른 맛을 주문하고 D는 A와 서로 같은 맛을 주문하므로 D와 A는 초코맛 또는 바나나맛을 주문한다. 이때 D와 A가 바나나맛을 주문하면 모든 맛은 각각 1명 이상 주문하므로 E가 초코맛을 주문해야 하는데 이는 E는 초코맛을 주문하지 않는다는 조건에 모순되므로 D와 A는 초코맛을 주문한다. 따라서 가능한 경우는 다음과 같다.

딸기맛	바나나맛	초코맛
C	B	D
	E	A

딸기맛	바나나맛	초코맛
C	B	D
	E	A

B가 초코맛을 주문하고 E가 딸기맛을 주문하면 D와 E는 서로 다른 맛을 주문하므로 D와 A는 초코맛 또는 바나나맛을 주문한다. 이때 C와 A는 서로 다른 맛을 주문하므로 가능한 경우는 다음과 같다.

딸기맛	바나나맛	초코맛
E	C	B
	D	
	A	

딸기맛	바나나맛	초코맛
E	D	B
C	A	

딸기맛	바나나맛	초코맛
E	D	B
	A	C

B가 초코맛을 주문하고 E가 바나나맛을 주문하면 D와 E는 서로 다른 맛을 주문하므로 D와 A는 딸기맛 또는 초코맛을 주문한다. 이때 C와 A는 서로 다른 맛을 주문하므로 가능한 경우는 다음과 같다.

딸기맛	바나나맛	초코맛
D	E	B
A	C	

딸기맛	바나나맛	초코맛
D	E	B
A		C

딸기맛	바나나맛	초코맛
C	E	B
		D
		A

초코맛을 3명이 주문하는 경우의 수는 B, D, A가 초코맛을 주문하고 C와 E가 각각 딸기맛 또는 바나나맛을 주문하는 2가지이다.

22 ②

C와 D는 같은 회의실을 예약하였으므로 서로 다른 시간대에 예약하였다. A는 오전에 예약을 하였고, E와 같은 시간대에 예약을 하였다. D는 F와 같은 시간대에 예약을 하였다. 만약 A와 D가 같은 시간대에 예약을 했다면 오전에 네 부서가 예약을 하는데 오전과 오후에 세 부서씩만 예약했으므로 모순이다. 따라서 A, E가 오전, D, F가 오후에 예약을 하고, 이에 따라 C는 오전, B는 오후에 예약을 하게 된다. C가 제3회의실을 예약했으므로 D도 제3회의실을 예약한다. B가 오후에 제2회의실을 예약하였고, F는 제1회의실을 예약하지 않았으므로 제4회의실을 오후에 예약한다. A가 예약한 회의실에 다른 부서는 예약하지 않았으므로 A는 제1회의실을 오전에 예약하고, 제1회의실의 오후에는 예약이 없다. E는 제2회의실 또는 제4회의실을 오전에 예약한다. 따라서 G는 반드시 제1회의실을 오후에 예약할 수 있다.

> **문제풀이 TIP**
>
> C와 D의 회의실이 제3회의실로 동일하므로 C와 D의 예약 시간대가 서로 다르고, C는 A, D는 F와 같은 시간대에 예약했다는 것을 바탕으로 문제를 해결하면 빠르게 풀 수 있다.

23 ④

각 회사에 1명 또는 2명이 입사하므로 회사별로 1, 2, 2명씩 입사하는 것이 된다. 이때 도진이가 입사한 곳에는 다른 사람이 입사하지 않았으므로 1명이 입사한 곳에는 도진이가 입사한 것이 된다. 도진이가 A사에 입사했을 경우, B사와 C사에 2명씩 입사하게 되며, 하나는 C사에 불합격하였으므로 B사에 입사하고 나머지 미정, 소윤, 강훈이가 각각 B사 또는 C사에 입사하게 된다.

경우	A사	B사	C사
1	도진	하나, 미정	소윤, 강훈
2	도진	하나, 소윤	미정, 강훈
3	도진	하나, 강훈	미정, 소윤

도진이가 B사에 입사했을 경우, A사와 C사에 2명씩 입사하게 되며, 하나는 C사에 불합격하였으므로 A사에 입사하였다. 또한, 강훈이가 A사에 입사하면 미정이는 B사에 입사하여야 하는데 이미 B사는 도진이 1명이 입사하였으므로 모순이 되어 강훈이는 C사에 입사한다. 나머지 미정, 소윤이는 각각 A사 또는 C사에 입사한다.

경우	A사	B사	C사
4	하나, 미정	도진	강훈, 소윤
5	하나, 소윤	도진	강훈, 미정

도진이가 C사에 입사했을 경우, 강훈이가 A사에 입사하면 미정이는 B사에 입사하고 하나, 소윤이가 각각 A사 또는 B사에 입사한다. 강훈이가 B사에 입사하면 하나, 미정, 소윤이가 각각 A사 또는 B사에 입사한다.

경우	A사	B사	C사
6	강훈, 하나	미정, 소윤	도진
7	강훈, 소윤	미정, 하나	도진
8	미정, 소윤	강훈, 하나	도진
9	하나, 소윤	강훈, 미정	도진
10	하나, 미정	강훈, 소윤	도진

따라서 하나가 강훈이와 같은 회사에 입사하는 경우는 경우 3, 6, 8로 3가지이다.

24 ④

한 명이 거짓말을 하는데 C가 E가 거짓말을 한다고 하였다. 따라서 C가 참이면 E가 거짓이고, C가 거짓이면 E는 참이다. 따라서 A, B, D는 모두 참이다. A, B, D의 발언에 따라 각각 E, D, A는 스파이가 아니다. 만약 C의 말이 참이라면 E의 말이 거짓이므로 스파이가 거짓말을 하였다. 이 경우 E가 스파이가 되는데 A의 발언에 따라 E는 스파이가 아니므로 모순이다. 만약 C의 말이 거짓이라면 E의 말이 참이므로 스파이는 거짓말을 하지 않았다. A, D, E는 스파이가 아니고, 남은 B, C 중 B가 참을, C가 거짓말을 하였으므로 B가 스파이이다. 따라서 B를 제외하고 알파벳순으로 이니셜을 나열하면 암호는 ACDE이다.

25 ④

기획부 과장은 1번 테이블에 앉고, 서로 마주 보고 앉아 있다. 따라서 기획부 대리들은 2번 테이블에 앉고, 서로 이웃하지 않는다.

홍보부 과장은 영업부 과장 사이에 앉으므로 1번 테이블에 앉을 수 없어 2번 테이블에 앉는다. 따라서 2번 테이블에 홍보부 1명, 영업부 2명, 기획부 2명이 앉으므로 홍보부 1명이 더 앉아야 한다. 각 테이블마다 사원이 1명씩 앉으므로 2번 테이블에 홍보부 사원이 앉는다. 따라서 1번 테이블에 기획부 과장 2명, 영업부 대리 1명, 사원 1명, 홍보부 대리 2명이 앉는다. 홍보부 대리 왼쪽에 영업부 직원이 앉으므로 1번 테이블과 2번 테이블의 자리 배치는 다음과 같다.

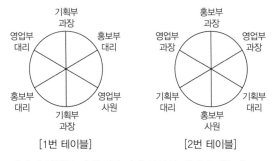

[1번 테이블]　　　　[2번 테이블]

따라서 영업부 사원 맞은편에 영업부 대리가 앉는다.

26 ④

A는 오전에 예약을 하였고, E와 같은 시간대에 예약을 하였다. 만약 F가 오전에 예약을 하였다면 B도 오전에 예약을 하므로 오전에 총 네 팀이 예약을 한다. 오전과 오후에 세 팀씩 예약하였으므로 모순이다. 따라서 B와 F는 오후에 예약을 하였다. B는 장미실을 예약하였으므로, 장미실 오후에 해당한다. E는 오전에 예약을 하고, E가 예약한 연회실에 다른 사람은 예약하지 않았다. 따라서 E는 채송화실을 예약하였다. F는 국화실을 예약하지 않았고, B와 같은 시간대에 예약하였으므로 장미실도 예약하지 않았다. 따라서 모란실을 예약하였다. C와 D는 같은 연회실을 예약해야 하므로 국화실을 예약한다. A는 B와 같은 연회실을 예약하지 않았으므로 A는 모란실을 예약해야 한다. 따라서 식당의 예약 현황은 다음과 같다.

구분	모란실	장미실	국화실	채송화실
오전	A		C/D	E
오후	F	B	D/C	

27 ④

- f블록 위에 있는 블록과 아래 있는 블록의 갯수는 같다고 했으므로 f블록은 아래에서 4번째에 위치한다.
- e블록보다 아래 있는 블록은 없다고 했으므로 e는 가장 밑에 있다.

← 위쪽   아래쪽 →

7	6	5	4	3	2	1
			f			e

- c블록은 e블록보다 위에 있고 f블록보다 아래에 있다고 했으므로 c는 2 또는 3에 위치한다.

7	6	5	4	3	2	1
			f		c	e

7	6	5	4	3	2	1
			f	c		e

- g블록은 d블록 바로 아래에 있다고 했으므로 (g블록, d블록)은 (5, 6) 또는 (6, 7)에 위치한다. 또한 a블록은 b블록보다 위에 있다고 했으므로 a블록은 7 또는 5, b블록은 그보다 아래인 3 또는 2에 위치한다.

따라서 a블록은 c블록보다 위에 위치한다는 내용은 항상 참이다.

| 오답풀이 |

① a블록은 7 또는 5에 위치한다.
② b블록은 3 또는 2에 위치한다.
③ d블록은 f블록보다 항상 위에 위치한다.
⑤ g블록이 6에 위치할 때, a블록은 5, f블록은 4에 위치하므로 a블록과 f블록보다 위에 위치할 수 있다.

28 ②

을은 B의 교육을 맡는다. 만약 갑이 C를 맡으면 을은 D를 맡는다. 병은 F의 교육을 맡지 않으므로 갑이 F의 교육을 맡고, 병은 A, E의 교육을 맡는다. 만약 을이 C의 교육을 맡으면 병은 F의 교육을 맡지 않으므로 갑이 F의 교육을 맡는다. 병이 D의 교육을 맡으면 갑이 E의 교육을 맡으므로 병이 맡을 수 있는 경우는 A, D 또는 A, E이다. 이 경우 갑은 E, F 또는 D, F의 교육을 맡는다. 만약 병이 C의 교육을 맡으면 A를 맡은 직원은 B를 맡지 않으므로 을은 A를 맡지 않고, 갑 또는 병이 A를 맡는다. 갑이 A를 맡고, 병이 D를 맡으면 갑이 E를 맡고, 을이 F를 맡는다. 병이 E를 맡으면 갑과 을이 D 또는 F를 맡는다. 만약 병이 A와 C의 교육을 맡으면 갑이 D, E, 을이 B, F를 맡거나 갑이 D, F, 을이 B, E를 맡거나 갑이 E, F, 을이 B, D를 맡는다. 병은 F의 교육을 맡지 않으므로 가능한 모든 경우는 다음과 같다.

경우	갑	을	병
1	C, F	B, D	A, E
2	E, F	B, C	A, D
3	D, F	B, C	A, E
4	A, E	B, F	C, D
5	A, D	B, F	C, E
6	A, F	B, D	C, E
7	D, E	B, F	A, C
8	D, F	B, E	A, C
9	E, F	B, D	A, C

따라서 갑이 E의 교육을 맡는 경우는 경우 2, 4, 7, 9로 4가지이다.

29 ⑤

A의 부사수는 갑이다. B의 부사수가 병이라면 D, E의 부사수가 무가 아니므로 C의 부사수가 무이다. 정의 사수는 E가 아니므로 D의 부사수가 정이고, E의 부사수가 을이다. B의 부사수가 정이라면 D, E의 부사수가 무가 아니므로 C의 부사수가 무이다. D와 E의 부사수는 을 또는 병이다. B의 부사수가 무라면 C의 부사수는 병, 정이 아니므로 을이다. 정의 사수가 E가 아니므로 정의 사수는 D이고, 병의 사수는 E이다.

A	B	C	D	E
갑	병	무	정	을
갑	정	무	을	병
갑	정	무	병	을
갑	무	을	정	병

| 오답풀이 |
① C의 부사수가 을인 경우가 있다.
② D의 부사수는 을 또는 병 또는 정이다.
③ 병의 사수는 B 또는 D 또는 E이다.
④ 정의 사수가 D라면 B의 사수는 병 또는 무이다.

30 ③

G는 304호, E는 305호, F는 306호에서 잔다. C가 있는 숙소에서는 2명이 자므로 305호에서 자지 않고, B는 F와 같은 방에서 자지 않으므로 306호에서 자지 않는다. D는 G와 다른 방에서 자므로 304호에서 자지 않는다.
만약 B가 304호에서 잔다면 A는 B와 같은 방에서 자므로 304호에서 잔다. C는 305호에서 자지 않으므로 306호에서 자고, 남은 D, H는 305호에서 잔다.
만약 B가 305호에서 자면 A는 B와 같은 방에서 자므로 305호에서 잔다. 따라서 D는 306호에서 잔다. C가 306호에서 자면 3명이 자게 되므로 모순이므로 C는 304호, 남은 H는 306호에서 잔다.

304호	305호	306호
A, B, G	D, E, H	C, F
C, G	A, B, E	D, F, H

따라서 D와 H는 함께 305호 또는 306호에서 잔다.

01 ③

①, ②, ④, ⑤는 모두 목적어와 서술어 관계이다.

주택 ― 이사에서 '주택을 이사한다.'라는 표현은 의미상 부자연스럽다. 주택으로 이사하거나 주택에 이사한다는 표현이 적절하다. 그러므로 목적어와 서술어 관계가 될 수 없다.

| 오답풀이 |

① 도면은 토목, 건축, 기계 따위의 구조나 설계 또는 토지, 임야 따위를 제도기를 써서 기하학적으로 나타낸 그림을 말한다. '도면을 설계하다.'라고 표현하므로 목적어와 서술어 관계이다.

② '영화를 상영하다.'라고 표현하므로 목적어와 서술어 관계이다.

④ '공사를 혼동하다.'는 목적어와 서술어 관계가 성립된다.

⑤ '메시지를 전달하다.'라고 표현하므로 목적어와 서술어 관계이다.

문제풀이 TIP

주어진 단어를 활용하여 어구나 문장을 만들어보면서 풀이한다.

02 ③

③은 유의관계이고 ①, ②, ④, ⑤는 반의관계이다.

• 복종: 남의 명령이나 의사를 그대로 따라서 좇음

• 순종: 순순히 따름

| 오답풀이 |

① 진취: 적극적으로 나아가서 일을 이룩함

　퇴영: 활기나 진취적 기상이 없게 됨

② 배웅: 떠나가는 손님을 일정한 곳까지 따라 나가서 작별하여 보내는 일

　마중: 오는 사람을 나가서 맞이함

④ 전담: 어떤 일이나 비용의 전부를 도맡아 하거나 부담함

　분담: 나누어서 맡음

⑤ 소비: 돈이나 물자, 시간, 노력 따위를 들이거나 써서 없앰

　생산: 인간이 생활하는 데 필요한 각종 물건을 만들어 냄

03 ④

• 북돋우다: 기운이나 정신 따위를 더욱 높여 주다.

• 고취하다: 힘을 내도록 격려하여 용기를 북돋우다.

두 단어의 관계는 유의관계이나 '뜸하다'는 "자주 있던 왕래나 소식 따위가 한동안 없다."라는 뜻이므로 "오랫동안 서로 소식이 막히다."라는 뜻의 '격조하다'와 유의관계이다. 따라서 정답은 ④이다.

| 오답풀이 |

① 잦다: 잇따라 자주 있다.

② 관조하다: 고요한 마음으로 사물이나 현상을 관찰하거나 비추어 보다.

③ 내방하다: 만나기 위하여 찾아오다.

⑤ 첨언하다: 덧붙여 말하다.

04 ③

- 치장하다: 잘 매만져 곱게 꾸미다.
- 다듬다: 맵시를 내거나 고르게 손질하여 매만지다.

두 단어의 관계는 유의관계이다. '관대하다'는 "마음이 너그럽고 크다."라는 뜻이므로 "마음이 넓고 관대하다."라는 뜻의 '확락하다'와 유의관계이다.

| 오답풀이 |

① 단장하다: 얼굴, 머리, 옷차림 따위를 곱게 꾸미다.
② 거스르다: 일이 돌아가는 상황이나 흐름과 반대되거나 어긋나는 태도를 취하다.
④ 대하다: 두 사람의 말이 서로 어긋날 때, 제삼자를 앞에 두고 전에 한 말을 되풀이하여 옳고 그름을 따지다.
⑤ 굉대하다: 어마어마하게 크다.

05 ①

- 뜯적대다: 손톱이나 칼끝 따위로 자꾸 뜯거나 진집을 내다.
- 따짝대다: 손톱이나 칼끝 따위로 조금씩 자꾸 뜯거나 진집을 내다.

두 단어의 관계는 유의관계이다. '껄떡거리다'는 "매우 먹고 싶거나 갖고 싶어 연방 입맛을 다시거나 안달하다."라는 뜻이므로 "속을 태우며 조급하게 굴다."라는 뜻의 '안달하다'와 유의관계이다.

| 오답풀이 |

② 깔짝대다: 작은 물건이나 일을 가지고 자꾸 만지작거리기만 하고 좀처럼 진전을 이루지 못하다.
③ 트집하다: 공연히 조그만 흠을 들추어내어 불평을 하거나 말썽을 부리다.
④ 미련하다: 터무니없는 고집을 부릴 정도로 매우 어리석고 둔하다.
⑤ 들추다: 무엇을 찾으려고 자꾸 뒤지다. 숨은 일, 지난 일, 잊은 일 따위를 끄집어내어 드러나게 하다.

06 ④

세금을 인하하고, 조치를 연장하고, 나라를 침공하고, 메달을 획득하는 것은 모두 목적어와 서술어 관계이다. '가격을 상승한다.'라고 표현하지 않으므로 ④는 단어 쌍의 관계가 나머지와 다르다.

07 ④

①, ②, ③, ⑤는 원인과 결과가 필연적으로 성립할 수 있는 인과관계로 원인과 결과를 나타낸다. '노동조합－합병'의 경우에는 노동조합이라는 존재가 합병이라는 결과에 영향을 미친다고 보기 어려우므로 ④는 단어 쌍의 관계가 나머지와 다르다.

08 ⑤

①, ②, ③, ④는 반의관계이고, ⑤는 유의관계이다.

- 출하: 짐이나 상품 따위를 내어보냄. 생산자가 생산품을 시장으로 내어보냄
- 적출: 짐이나 상품 따위를 실어 냄

| 오답풀이 |

① 호평: 좋게 평함. 또는 그런 평판이나 평가
　혹평: 가혹하게 비평함
② 종대: 세로로 줄을 지어 늘어선 대형
　횡대: 가로로 줄을 지어 늘어선 대형
③ 채권: 재산권의 하나. 특정인이 다른 특정인에게 어떤 행위를 청구할 수 있는 권리
　채무: 재산권의 하나. 특정인이 다른 특정인에게 어떤 행위를 하여야 할 의무

④ 조례: 학교 따위에서 그 구성원들이 모여 일과를 시작하기 전에 행하는 아침 모임
  종례: 학교에서, 하루 일과를 마친 뒤에 담임 교사와 학생이 한자리에 모여 나누는 인사

09 ①

상황을 낙관하고, 적군을 방어하고, 조약을 체결하고, 작전을 개시하는 것은 모두 목적어와 서술어 관계이다. '인력을 부족하다.'라고 표현하지 않으므로 ①은 단어 쌍의 관계가 나머지와 다르다.

10 ④

• 임치: 남에게 돈이나 물건을 맡겨 둠
• 기탁: 어떤 일을 부탁하여 맡겨 둠
두 단어의 관계는 유의관계이다. '건곤'은 "남녀의 성(性)에 관한 이치"라는 뜻이므로 같은 뜻의 '음양'과 유의관계이다.

| 오답풀이 |

① 곤방: 팔방의 하나. 정남(正南)과 정서(正西) 한가운데를 중심으로 한 45도 안의 방향이다.
② 건괘: 팔괘의 하나. 상형(象形)은 '☰'으로, 하늘을 상징한다.
③ 곡수: 골짜기에서 흐르는 물
⑤ 도지: 일정한 대가를 주고 빌려 쓰는 논밭이나 집터

| 01 | ③ | 02 | ② | 03 | ③ | 04 | ① | 05 | ⑤ | 06 | ③ | 07 | ① | 08 | ④ | 09 | ⑤ | 10 | ① |
| 11 | ④ | 12 | ② | 13 | ③ | 14 | ② | 15 | ② | | | | | | | | | | |

01 ③

2열 도형은 1열과 3열 도형의 음영을 합친 것이다.

02 ②

1열 도형은 2열과 3열 도형에서 공통되는 음영을 표시한 도형이다.

03 ③

2열 도형은 1열과 3열 도형에서 공통되는 음영을 나타낸 것이다.

04 ①

- 오른쪽으로 한 칸씩 갈 때마다 내부도형은 반시계 방향으로 90° 회전한다.
- 오른쪽으로 한 칸씩 갈 때마다 외부도형은 색이 칠해진 칸이 시계 방향으로 한 칸씩 옮겨간다.

05 ⑤

2열 도형은 1열 도형의 오른쪽 절반과 3열 도형의 왼쪽 절반을 합친 것이다.

06 ③

오른쪽으로 한 칸씩 갈 때마다 내부 도형은 시계 방향으로, 외부 도형은 반시계 방향으로 90° 회전한다.

07 ①

오른쪽으로 한 칸씩 갈 때마다 도형 전체가 반시계방향으로 90° 회전하면서 색반전한다.

08 ④

다음과 같이 문자표를 일단 적어 놓는다

- 알파벳

A	B	C	D	E	F	G	H	I	J	K	L	M
1	2	3	4	5	6	7	8	9	10	11	12	13
N	O	P	Q	R	S	T	U	V	W	X	Y	Z
14	15	16	17	18	19	20	21	22	23	24	25	26

- 한글자음

ㄱ	ㄴ	ㄷ	ㄹ	ㅁ	ㅂ	ㅅ	ㅇ	ㅈ	ㅊ	ㅋ	ㅌ	ㅍ	ㅎ
1	2	3	4	5	6	7	8	9	10	11	12	13	14

주어진 도식을 보면 (□, ☆) → △순으로 규칙을 파악해야 한다.

- □: KㅊA8 → □ → JㅍZ1이므로 □은 명백한 숫자연산 규칙으로 (−1, +3, −1, +3)이다.
- ☆: JㅍZ1 → ☆ → J1ㅍZ이므로 ☆은 명백한 순서 바꾸기 규칙으로 ABCD → ADBC 규칙이다.
- △ : S34G → □ → △ →T73I와 26FZ → △ → ☆ → 4Y7F에 □, ☆의 규칙을 적용하여 추론할 수 있다. S34G → □ → R63J가 되고, 47FY → ☆ →4Y7F가 된다. 이에 따라 R63J → △ → T73I이고, 26FZ → △ → 47FY이므로 △는 명백한 숫자연산 규칙으로 (+2, +1, +0, −1)의 규칙이다.

따라서 YGㅎ4 → □ →XJㅍ7 → △ → ZKㅍ6이다.

09 ⑤

주어진 도식을 보면 ◇ → □ → △ → ○순으로 규칙을 파악해야 한다.

- ◇: XㅂI다 → ◇ → 다IㅂX이므로 ◇은 명백한 순서 바꾸기 규칙으로 ABCD → DCBA의 역순 규칙이다.
- □: SㅅD라 → △ → ○ → XㅂI다에서 △ → ○를 추론할 수 있다. 명백한 숫자연산 규칙으로 (+5, −1, +5, −1)이다. KN7A → △ → □ → ○ → 2MPZ에서 □은 명백한 순서 바꾸기 규칙임을 알 수 있다. KN7A → △ → ○ → PM2Z이므로 □은 1번째와 3번째의 순서를 바꾸는 ABCD → CBAD 규칙이다.
- △: 배K7B → □ → △ → ◇ → A애J9에서 □과 ◇의 규칙을 적용하여 추론할 수 있다. 배K7B → □ → 7K배B가 된다. 9J애A → ◇ → A애J9이므로 7K배B → △ → 9J애A이다. 명백한 숫자연산 규칙으로 (+2, −1, +2, −1)이다.
- ○: SP4Z → ○ → △ → XO9Y에서 VP7Z → △ → XO9Y이므로 SP4Z → ○ → VP7Z가 된다. 명백한 숫자연산 규칙으로 (+3, 0, +3, 0)이 된다.

따라서 타PA7 → □ → AP타7 → ○ → DP가7 이다.

10 ①

다음과 같이 문자표를 먼저 적어 놓는다.

- 알파벳

A	B	C	D	E	F	G	H	I	J	K	L	M
1	2	3	4	5	6	7	8	9	10	11	12	13
N	O	P	Q	R	S	T	U	V	W	X	Y	Z
14	15	16	17	18	19	20	21	22	23	24	25	26

- 한글자음

ㄱ	ㄲ	ㄴ	ㄷ	ㄸ	ㄹ	ㅁ	ㅂ	ㅃ	ㅅ	ㅆ	ㅇ	ㅈ	ㅉ	ㅊ	ㅋ	ㅌ	ㅍ	ㅎ
1	2	3	4	5	6	7	8	9	10	11	12	13	14	15	16	17	18	19

주어진 도식을 보면 ☆ → ○ → (△, □) 순으로 규칙을 파악해야 한다.

- ☆: GSㅆ5 → ☆ → FUㅂ9이므로 ☆은 명백한 숫자연산 규칙으로 (−1, +2, −3, +4)이다.
- ○: FUㅂ9 → ○ → ☆ → EXㅁ6에서 ☆의 규칙을 적용하여 추론할 수 있다. FUㅂ9 → ○ → FVㅅ2이므로 명백한 숫자연산 규칙으로 (+0, +1, +2, +3)이다.
- □: Sㄷ8A → □ → ○ → ㄷTC1에서 ○의 규칙을 적용하여 추론할 수 있다. Sㄷ8A → □ → ㄷSA8이므로 명백한 순서 바꾸기 규칙으로 ABCD → BADC 규칙이다.
- △: 7Fㄹ4 → ☆ → △ → ○ → 8ㄷJ9에서 ☆, ○의 규칙을 적용하여 추론할 수 있다. 6Hㄴ8 → △ → 8ㄴH6이므로 명백한 순서 바꾸기 규칙으로 ABCD → DCBA의 역순 규칙이다. 또는 C8ㄲK → △ → ☆ → □ → ㄷJG5에서 ☆, □의 규칙을 적용하여 추론할 수 있다. C8ㄲK → △ → Kㄲ8C이므로 △은 명백한 순서 바꾸기

규칙임을 알 수 있다.

따라서 A57E → ☆ → Z74I → ○ → Z86L이다.

11 ④

8D6ㅊ → □ → D8ㅊ6 → △ → 6ㅊ8D

12 ②

ㄴE62 → □ → Eㄴ26 → ○ → Eㄷ49

13 ③

SF7ㄲ → ☆ → RH4ㄹ → △ → ㄹ4HR

14 ②

다음과 같이 문자표를 먼저 적어 놓는다.

A	B	C	D	E	F	G	H	I	J	K	L	M
1	2	3	4	5	6	7	8	9	10	11	12	13
N	O	P	Q	R	S	T	U	V	W	X	Y	Z
14	15	16	17	18	19	20	21	22	23	24	25	26

주어진 도식을 보면 △ → (□, ○) → ◇ → ◉순으로 규칙을 파악해야 한다.

- △: JU4R → △ → KS7N이므로 △은 명백한 숫자연산 규칙으로 (+1, −2, +3, −4)의 규칙이다.
- □: Q8W7 → □ → △ → S5A2로 추론할 수 있다. R7X6 → △ → S5A2이다. Q8W7 → □ → R7X6이므로 명백한 숫자연산 규칙으로 (+1, −1, +1, −1)의 규칙이다.
- ○: JP4W → △ → ○ → KS7N으로 추론할 수 있다. JP4W → △ → KN7S이므로 KN7S → ○ → KS7N 이다. ○은 명백한 순서 바꾸기 규칙으로 2번째와 4번째 문자를 바꾸는 ABCD → ADCB 규칙이다.
- ◇: KA2P → □ → ◇ → △ → P2AK로 추론할 수 있다. KA2P → □ → LZ3O이고 O3ZL → △ → P1CH이므로 ◇은 명백한 순서 바꾸기 규칙으로 ABCD → DCBA의 역순 규칙이다.
- ◉: SPW2 → ◇ → ○ → ◉ → 2SP로 추론할 수 있다. SPW2 → ◇ → 2WPS → ○ → 2SPW → ◉ → 2SP이므로 ◉은 4번째 문자를 삭제하는 규칙이다.

따라서 UI3H → □ → VH4G → △ → WF7C 이다.

15 ②

3SID → □ → 4RJC → ○ → 4CJR

01 ③

마지막 문단에서 다중주택은 취사시설을 만들 수 없어 뭔가를 조리하고 싶다면 공동공간을 활용해야 하나, 대부분의 다중주택 매물은 불법개조를 하여 주방을 설치한다고 했으므로 반드시 거짓이다.

| 오답풀이 |

① 두 번째 문단에서 근린생활시설의 법적 성격은 주택이 아니고, 마지막 문단에서 대부분의 다중주택 매물은 불법개조를 한다고 했다.
② 두 번째 문단에서 근린생활시설에 주거용으로 입주하는 세입자의 경우 전입신고가 가능하며 확정일자를 받을 수 있고, 전입신고를 하면 주택으로 간주된다고 언급되어 있다.
④ 마지막 문단에서 다중주택이 전세자금대출을 받을 수 있는 주택이라고 언급되어 있다.
⑤ 해당 건물주가 전입신고를 허용할 경우는 다주택자가 되고, 전입신고를 허용하지 않을 경우에만 1가구 1주택자가 되므로 알 수 없다.

문제풀이 TIP

지문에 드러난 대상의 특징을 간단하게 정리해가며 글을 읽으면 빠르게 문제를 풀 수 있다.

02 ④

우리나라는 1년 이내의 영업 정지 처분을 내리지만, 일본은 영업 정지 기간이 최장 5년으로 우리나라보다 그 기간이 훨씬 길므로 우리나라보다 일본의 처분이 더 무겁다.

| 오답풀이 |

① 마지막 문단에서 영국이 건축사 자격증을 보유한 건축 인허가 담당 공무원이 90%라고 하였을 뿐, 우리나라에 대한 정보는 주어진 글을 통해 알 수 없다.
② 세 번째 문단에서 '재무구조 증명이 중심인 우리나라'라고 언급한 점을 통해 알 수 있다.
③ 각 나라의 사례만 언급하고 있을 뿐, 어떤 제도나 방식이 효과적인지는 알 수 없다.
⑤ 영국은 인증제도를 따로 운용하지 않고, 프랑스에서도 필수가 아니기 때문에 인증 없이도 건설업을 할 수 있다고 하였다.

03 ③

여성이 남성에 비해 감성을 나타내는 부사나 감탄사를 빈번히 사용하는 것과 욕설과 금기어를 잘 사용하지 않는 경향이 있었다는 점을 생물학적 차이로 보기 어려우며 추론한 내용으로 적절하지 않다.

| 오답풀이 |

①, ⑤ 우리말에 여성의 신체나 태도, 성품, 행동 등에 관련된 것이 많고 직업과 관련된 것은 적다는 점, '의사, 교수, 사장' 등 지위가 높은 직업은 대부분 남성들이 차지하고 있어서 여성이 이러한 직업을 가지게 되었을 때, '여의사, 여교수, 여사장'이라고 표현한다는 점을 통해 짐작할 수 있다.
② 언어가 분화하듯 언어는 계속 변화하며 각각의 언어는 그 언어에 깃들어 사는 사람들의 삶을 반영하므로 여성의 사회적 지위 상승이 자연스럽게 언어에 반영될 것이다.
④ 각각의 언어는 그 언어에 깃들어 사는 사람들의 삶을 반영하고, 또 사람들은 그 언어 속에서 생각을 이어받으므로 넘녀 차별적인 언어를 계속 사용하면 남녀 차별은 쉽게 사라지지 않았을 것이다.

04 ③

보험사들은 오래전부터 데이터 분석을 통한 경영을 이어 왔다고 했으므로 최근에 데이터 분석을 업무에 활용하기 시작한 것은 아니다.

| 오답풀이 |

① 데이터 분석의 효과를 높이기 위해서는 데이터의 수량과 품질 향상이 필수적이다.

② 보험사기가 진화하고 있다고는 했지만 코로나19로 인해 보험사기가 급증하고 있는지는 주어진 글만으로는 알 수 없다.

④ 빅데이터 분석을 활용하면 사기 유형이나 사기범의 특성을 미리 파악히어 선세적으로 예방하거나 적발할 수 있다는 장점이 있다.

⑤ 인공지능 기법 활용을 저극적으로 고려하라는 의견이 나오고는 있지만 보험사에서 보험사기를 예방하기 위해 인공지능 기법을 적극 활용하고 있는지는 주어진 글만으로는 알 수 없다.

05 ②

작년에는 테이퍼링을 실시했고, 양적긴축은 올해 실시할 것이라고 언급하였으므로 반드시 거짓이다.

| 오답풀이 |

① 네 번째 문단에서 현금의 가치가 올라가는 금리 상승기에는 현금을 소유하는 것이 성장주에 투자하는 것보다 확률적으로 현명한 일로 간주된다고 했으므로 금리 하락기에는 성장주에 투자금이 몰리는 경향이 있다는 것을 알 수 있다.

③ 세 번째 문단에서 일반적으로 금융위기가 오면 시장에 돈을 풀어 시중 유동성을 늘리는 양적완화를 하고, 인플레이션이 심각해지면 양적긴축을 한다고 했으므로 추론할 수 있다.

④ 세 번째 문단에서 양적긴축은 연준이 보유 중인 국채나 주택저당증권의 만기가 도래해도 재투자하지 않는 것을 말한다고 했으므로 추론할 수 있다.

⑤ 마지막 문단을 통해 알 수 있는 내용이다.

> **문제풀이 TIP**
> 금리하락, 양적완화 등에 대해 이해하고, 동시에 반대의 상황에 대해서도 생각해가며 지문을 읽는다.

06 ⑤

지문의 내용은 가상인간이 가수로 데뷔하는 데, 인간보다도 더욱 인간적이면서 스타덤에 올랐다는 내용이다. 이에 대해서 반론을 제기하려면 현재 언론에서 홍보하고 있는 가상인간이 기존 가상의 캐릭터와 다르지 않다는 점과 인간적인 성향을 갖지 못했다는 점 등을 들어야 한다. 즉, 가상인간이 그래픽 기술의 미진으로 기존에 있던 캐릭터와 큰 차별점이 없고 인간적인 부분도 약하다는 것 등을 반론으로 제기해야 한다. 가상인간은 인간과 달리 통제가 가능하다는 점은 향후 오랫동안 가수로 활약을 할 수 있다는 근거가 될 수 있으므로 반론으로 적절하지 않다.

| 오답풀이 |

① 가상인간의 활약이 기대되지 않는 이유이므로 반론으로 적절하다.

② 이미 가상의 존재가 있었으며 이러한 존재는 지문에 제시한 가상인간과 큰 차이가 없으므로 반론으로 적절하다.

③ 가상인간이 자의식, 주체성, 개성을 갖고 있다는 내용이 지문에 없으므로 반론으로 적절하다.

④ 실제 가상인간들의 인기가 높다기보다는 새로운 화젯거리를 찾는 언론만 관심을 갖고 있다고 볼 수 있으므로 반론으로 적설하다.

07 ③

지문의 내용은 투자자 보호를 위해 엄격하게 상장 잣대를 정하고 전문가가 평가를 맡는 등 평가기준을 명확히 해야 한다는 것이다. ③은 규모가 작은 스타트업이 상장을 발판으로 투자금을 마련해 성장할 수 있다는 내용이므로 상장 잣대를 엄격하게 정해야 한다는 주장에 대한 반론으로 적절하다.

| 오답풀이 |

① 지문의 주장을 강화하는 내용이다.

② 지문의 주장을 강화하는 내용이다.

④ 지문의 내용과 일부 일치하는 내용이며 반론이라고 보기는 어렵다.

⑤ 무분별한 기업 상장과 관련된 내용이 아니므로 지문과 관련 없는 내용이다.

08 ②

동물의 털, 집먼지 등 주로 실내에서 재채기를 발생시키는 통년성 알레르기성 비염이 있고, 실외의 꽃가루가 원인인 계절성 알레르기성 비염이 있으므로 추론한 내용으로 적절하지 않다.

| 오답풀이 |

① 첫 번째 글을 통해 추론할 수 있다.
③ 두 번째 글에서 계절성 알레르기성 비염은 봄과 가을에 심하다고 언급했으므로 추론할 수 있다.
④ 첫 번째 글을 통해 추론할 수 있다.
⑤ 두 번째 글의 알레르기에 대한 설명이므로 추론할 수 있다.

09 ③

반도체칩에 들어가는 트랜지스터의 수를 줄이면 반도체칩의 열 발생 문제를 해결할 수 있지만 반도체칩의 성능은 떨어진다. 반도체칩의 성능을 향상시키면서 열 발생은 줄이는 방법을 제시해야 효과적인 반론이다.

| 오답풀이 |

① 작고 빠른 반도체칩을 사용하기 위해서 기계가 뜨거워지는 것을 감내하는 것이 아니라 최근 반도체칩은 발생하는 열을 줄이기 위해 트랜지스터의 구조를 바꾸고 있다는 주장은 적절한 반론이다.
② 주어진 글을 보면, 트랜지스터에서 열이 발생하는 이유는 집적도가 높아져 회로의 선폭이 좁아지면 게이트가 완벽한 스위치 역할을 하지 못하여 누설되는 전류가 많아지기 때문이다. 그리고 이렇게 누설되는 전류의 양이 많아질수록 반도체칩에서 발생하는 열은 많아진다. 즉 트랜지스터의 누설 전류를 줄이는 새로운 방법을 제시하는 것은 적절한 반론이다.
④ 최근에는 반도체칩의 설계를 할 때 열을 줄이는 설계를 가장 큰 목표로 삼고, 그 다음으로 속도를 높이는 방법을 고민하고 있다는 주장은 반도체칩의 열을 감내하지 않겠다는 것이므로 적절한 반론이다.
⑤ 부작용을 언급하며 발열 문제를 감내할 것이 아니라 해결해야 하는 문제라고 반론하고 있다.

10 ③

첫 번째 글에서 법원이 직권으로 혹은 소송 당사자의 신청을 받아 헌법재판소에 제청한다고 하였고, 두 번째 글에서 대형 로펌들은 자문 중인 기업들이 중대재해처벌법 위반으로 기소될 경우 위헌법률심판제청 신청을 준비한다고 하였으므로 법원이 위헌법률심판제청 신청을 기각할 경우 로펌은 직접 헌법소원을 청구할 것이다.

| 오답풀이 |

① 첫 번째 글을 통해 추론할 수 있다.
② 두 번째 글을 통해 추론할 수 있다.
④ 두 번째 글을 통해 추론할 수 있다.
⑤ 두 번째 글에서 대형 로펌들은 자문 중인 기업들이 중대재해처벌법 위반으로 기소될 경우 위헌법률심판제청 신청을 할 것을 준비하고 있다고 했고, 첫 번째 글에서 법원이 직권으로 혹은 소송 당사자의 신청을 받아 헌법재판소에 제청하고 헌법재판소는 해당 법률이 헌법에 위반된다고 판단해 그 효력을 상실시킬 수 있다고 한 내용을 통해 추론할 수 있다.

01	⑤	02	②	03	⑤	04	⑤	05	③	06	⑤	07	④	08	③	09	②	10	⑤
11	②	12	③	13	⑤	14	④	15	⑤										

01 ⑤

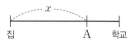

3km/h의 속도를 분속으로 환산하면 $\dfrac{3\text{km}}{\text{h}}=\dfrac{3{,}000\text{m}}{60\text{min}}=50\text{m/min}$이다. 집에서 학교까지 예정대로 걸어갔다면 $\dfrac{1{,}200\text{m}}{50\text{m/min}}=24$(분)이 걸렸을 것이다. 집으로 돌아가기로 한 지점을 A라고 하고, 집에서 A까지의 거리를 xm라고 하면 걸어서 이동한 시간은 $\dfrac{x}{50}$분이다. 또한 12km/h의 속도를 분속으로 환산하면 $\dfrac{12\text{km}}{\text{h}}=\dfrac{12{,}000\text{m}}{60\text{min}}=200\text{m/min}$이고, 달려서 이동한 거리는 $(x+1{,}200)$m가 된다. 이때 기존에 예정된 시간과 동일하게 학교에 도착했다고 했으므로 $\dfrac{x}{50}+\dfrac{x+1{,}200}{200}=24 \rightarrow x=720$이다.

따라서 이동한 총 거리는 $720 \times 2+1{,}200=2{,}640$(m)이다.

02 ②

김 사원이 지각하는 경우는 다음과 같이 세 가지 경우이다.

• A 버스에서 2개, B 버스에서 4개의 신호등이 지연될 확률

$${}_3\text{C}_2 \times \left(\dfrac{1}{4}\right)^2 \times \left(\dfrac{3}{4}\right) \times {}_4\text{C}_4 \times \left(\dfrac{1}{2}\right)^4 = \dfrac{9}{1{,}024}$$

• A 버스에서 3개, B 버스에서 3개의 신호등이 지연될 확률

$${}_3\text{C}_3 \times \left(\dfrac{1}{4}\right)^3 \times {}_4\text{C}_3 \times \left(\dfrac{1}{2}\right)^3 \times \left(\dfrac{1}{2}\right) = \dfrac{4}{1{,}024}$$

• A 버스에서 3개, B 버스에서 4개의 신호등이 지연될 확률

$${}_3\text{C}_3 \times \left(\dfrac{1}{4}\right)^3 \times {}_4\text{C}_4 \times \left(\dfrac{1}{2}\right)^4 = \dfrac{1}{1{,}024}$$

따라서 김 사원이 지각할 확률은 $\dfrac{4+9+1}{1{,}024}=\dfrac{7}{512}$이다.

03 ⑤

구매한 연필 묶음의 개수를 A개, 낱개 개수를 a개, 지우개 묶음의 개수를 B개, 낱개 개수를 b개라고 하면 다음 연립방정식이 성립한다.

$$\begin{cases} 12\text{A}+a+10\text{B}+b=100 \\ 5{,}600\text{A}+4{,}700\text{B}+500(a+b)=47{,}100 \end{cases} \rightarrow 4\text{A}+3\text{B}=29$$

A와 B는 정수이므로 $\begin{cases} \text{A}=2 \\ \text{B}=7 \end{cases}$ 또는 $\begin{cases} \text{A}=5 \\ \text{B}=3 \end{cases}$일 경우 성립한다.

- A=2, B=7인 경우

  $a+b=6$이므로 구매한 연필과 지우개의 개수로 가능한 경우는 (24자루, 76개), (25자루, 75개), (26자루, 74개), (27자루, 73개), (28자루, 72개), (29자루, 71개), (30자루, 70개)이다.

- A=5, B=3인 경우

  $a+b=10$이므로 구매한 연필과 지우개의 개수로 가능한 경우는 (60자루, 40개), (61자루, 39개), (62자루, 38개), (63자루, 37개), (64자루, 36개), (65자루, 35개), (66자루, 34개), (67자루, 33개), (68자루, 32개), (69자루, 31개), (70자루, 30개)이다.

따라서 구매한 연필의 개수가 될 수 없는 것은 71자루이다.

04 ⑤

10초짜리 폭죽, 20초짜리 폭죽, 30초짜리 폭죽 중 몇 개를 골라 50초짜리 공연을 기획하는 경우의 수는 다음과 같다.

- 30초짜리 1개, 20초짜리 1개 구성: $_1C_1 \times {}_2C_1 \times 2! = 4$(가지)
- 30초짜리 1개, 10초짜리 2개 구성: $_1C_1 \times {}_3C_2 \times 3! = 18$(가지)
- 20초짜리 2개, 10초짜리 1개 구성: $_2C_2 \times {}_3C_1 \times 3! = 18$(가지)
- 20초짜리 1개, 10초짜리 3개 구성: $_2C_1 \times {}_3C_3 \times 4! = 48$(가지)

따라서 가능한 모든 경우의 수는 $4+18+18+48=88$(가지)이다.

05 ③

상온 보관 시 세균의 수는 한 시간마다 두 배씩 증식하고, 냉장 보관 시 세균의 수는 한 시간마다 70마리씩 증식한다.

- 상온 보관 8시간 후

  세균의 수는 상온 보관이 $10 \times 2^8 = 2,560$(마리)이고, 이때 냉장 보관 8시간 후 세균의 수는 $10+70 \times 8 = 570$(마리)이다. 8시간 후 세균 A의 수는 총 $2,560+570=3,130$(마리)로 3,000마리 이상이 되므로 8시간 동안 보관할 수 없다.

- 상온 보관 7시간 후

  세균의 수는 상온 보관이 $10 \times 2^7 = 1,280$(마리)이고, 이때 냉장 보관이 $10+70 \times 7 = 500$(마리)로 세균 A의 수는 총 3,000마리 미만이다.

따라서 두 햄버거를 최대한 보관할 수 있는 시간은 7시간이다.

06 ⑤

B제품의 직전 분기 대비 판매량 감소율은 3/4분기에 $\frac{1}{7}$, 4/4분기에 $\frac{1+\alpha}{6}$(단, $\alpha>0$)이다. $\frac{1}{7}$은 $\frac{1+\alpha}{6}$보다 분자는 작고 분모가 크므로 $\frac{1}{7}<\frac{1+\alpha}{6}$가 성립한다. 즉, 감소율은 3/1분기가 4/4분기보다 낮다.

| 오답풀이 |

① A제품과 B제품 모두 1/4분기부터 3/4분기까지의 판매량 합은 각각 150개로 동일하다. 따라서 4/4분기에 판매량이 더 많은 A제품이 전체 판매량도 더 많다.
② A제품은 '감소 → 증가 → 증가'이고, B제품은 '증가 → 감소 → 감소'로 서로 정반대이다.
③ 판매량 차이는 '40개 → 30개 → 10개 → 10개 미만'으로 점점 감소한다.
④ 2/4분기에 대한 설명이다.

07 ④

2019년 12월의 원/달러 환율이 1,156.4원/달러이므로

원/달러의 2020년 월별 절상률은 $\dfrac{1,156.4-\text{현재 월 환율}}{\text{현재 월 환율}}\times100$이다.

2019년 12월의 원/100엔 환율이 1,059.8원/100엔이므로

원/100엔의 2020년 월별 절상률은 $\dfrac{1,059.8-\text{현재 월 환율}}{\text{현재 월 환율}}\times100$이다.

이를 계산하면 다음과 같다.

[표] 절상률 (단위: %)

구분	1월	2월	3월	4월	5월	6월	7월	8월	9월	10월	11월	12월
원/달러	−3.0	−4.7	−5.0	−5.1	−6.6	−3.9	−2.9	−2.6	−1.1	1.9	4.5	6.5
원/100엔	−3.0	−4.9	−5.7	−7.3	−8.3	−5.1	−7.1	−5.7	−4.3	−2.7	−0.5	0.8

이에 따라 ④가 적절하다.

| 오답풀이 |

① 원/100엔과 원/달러의 수치가 반대로 표시되어 있어 적절하지 않은 그래프이다.

08 ③

2019년 개인사업체의 사업체당 평균 종사자 수에 가장 가까운 값은 $\dfrac{8,277,718}{3,247,792}≒2.5$(명)이다.

09 ②

다음과 같이 문자표를 먼저 적어 놓는다.

A	B	C	D	E	F	G	H	I	J	K	L	M
1	2	3	4	5	6	7	8	9	10	11	12	13
N	O	P	Q	R	S	T	U	V	W	X	Y	Z
14	15	16	17	18	19	20	21	22	23	24	25	26

주어진 도식을 보면 ☆ → ▲ → ☄ → ● 순으로 규칙을 파악해야 한다.

• ☆: 기호가 하나인 연산이 없으므로 기호가 두 개인 연산 중 구성성분이 그대로인 ● → ☄를 하나의 도식으로 생각하면 ● → ☄는 ZKQB → KZQB로 추론할 수 있다. 순서 바꾸기 또는 숫자연산 규칙 모두 가능하지만, 숫자연산 규칙이라면 너무 극단적인 덧셈뺄셈이 되어버린다. 따라서 순서 바꾸기 규칙이라고 가정하면, ABCD → BACD이다. ☆을 구하기 위해 EDW5에 ● → ☄를 역으로 적용하면 DEW5이다. 따라서 ☆은 BHU8 → DEW5로 추론할 수 있다. 명백한 숫자연산 규칙으로, (+2, −3, +2, −3)이다.

• ▲: 7V70에 ☆을 역으로 적용하면 5Y53이다. 따라서 ▲은 1B34 → 5Y53으로 추론할 수 있다. 명백한 숫자연산 규칙으로, (+4, −3, +2, −1)이다.

• ☄: NB17에 ▲을 역으로 적용하면 JE98이다. 따라서 ☄는 8E9J → JE98로 추론할 수 있다. 명백한 순서 바꾸기 규칙으로, ABCD → DBCA이다.

• ●: KZQB에 ☄를 역으로 적용하면 BZQK이다. 따라서 ●는 ZKQB → BZQK로 추론할 수 있다. 명백한 순서 바꾸기 규칙으로, ABCD → DACB이다.

따라서 KKEN → ● → NKEK → ▲ → RHGJ → ☆ → TEIG이다.

10 ⑤

10개의 방에 7명의 직원들이 배정받았으므로, 빈방은 3개가 나온다. 빈방 1개는 1층에 있으므로 2층에는 2개의 빈방이 있다. 따라서 양 옆방이 모두 비어 있는 B는 2층에 배정받았다. A는 아랫방이 비어 있다고 했으므로 2층에 배정받았다. A가 속한 층의 양 끝방은 모두 배정받았다고 했으므로 203호가 B, 202호와 204호는 빈방이며, 103호는 E가 배정받았다.

		B		
		E		

D는 양 끝방에 배정받지 않았으므로 102호 또는 104호에 배정받았다. F는 G의 바로 옆방에 배정받았고, G의 바로 윗방은 비어 있지 않으므로 배정되는 경우는 다음과 같다.

A or C		B		C or A
	D	E	F	G

C or A		B		A or C
G	F	E	D	

따라서 A는 항상 양 끝방이므로 항상 옳지 않다.

| 오답풀이 |

① C는 201호 또는 205호에 배정받았다.
② B는 203호에 배정받았다.
③ F는 102호 또는 104호에 배정받았다.
④ E는 항상 D의 바로 옆방이다.

11 ②

무의 혈액형은 한 가지 유형의 혈액형에만 수혈될 수 있으므로 AB형이다. AB형은 1명이다. 을은 갑에게 헌혈을 할 수 없다. 따라서 을은 O형이 아니다. 갑은 병에게 헌혈을 할 수 있고, 병은 갑에게 헌혈을 할 수 없다. 따라서 갑은 O형이다. 정은 을에게 헌혈을 할 수 없고, 병에게 헌혈을 할 수 있다. 따라서 정은 O형이 아니고, A형 또는 B형인데 A형이 아니므로 B형이다. 따라서 병은 B형이고, 을은 A형이다.

12 ③

2열 도형은 1열과 3열 도형을 합치고 공통되는 부분은 음영을 제거한 것이다.

문제풀이 TIP

3×3박스 안에 4×4 도형이 열 또는 행으로 일정한 규칙이 있는 형태이다. 이때 행별로 1열 → 2열 → 3열로 규칙이 적용되는 경우도 있고, 열별로 1행 → 2행 → 3행으로 규칙이 적용되는 경우도 있으므로 어느 방향으로 규칙이 적용되었는지를 빠르게 파악해 문제를 해결하도록 한다. 각 박스 안의 도형의 음영 개수를 세서 규칙의 방향을 파악하거나 도형의 각 행과 열의 음영의 변화를 쪼개어 비교하여 파악할 수도 있다.

13 ⑤

전제2를 만족하는 벤다이어그램은 [그림1]과 같다.

[그림1]

여기에 전제1을 덧붙인 기본적인 벤다이어그램은 [그림2]와 같이 나타낼 수 있으며, '맛있음'과 '건강식' 바깥의 공통영역에 해당하는 색칠된 부분이 반드시 존재해야 한다.

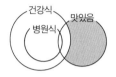

[그림2]

[그림2]에서 매개념 '건강식'을 제외한 '병원식'과 '맛있음' 사이의 관계를 보면, 둘 사이에 뚜렷한 포함관계가 존재하진 않으나 최소한 색칠한 부분만큼은 '맛있음'과 '~병원식' 모두 공통으로 포함하고 있다는 것을 알 수 있다. 즉, '맛있음'과 '~병원식' 사이엔 반드시 공통영역이 존재한다. 따라서 정답은 ⑤이다.

문제풀이 TIP

전제1에 "~ 중에 ~이 있다."라는 some 개념이 있으므로 벤다이어그램을 활용한다. 건강식을 '건', 맛있는 것을 '맛', 병원식을 '병'이라고 표시하자. some 개념이 없는 전제2부터 벤다이어그램으로 표현하면 [그림3]과 같다.

[그림3]

여기에 전제1을 덧붙인 기본적인 벤다이어그램은 [그림4]와 같이 나타낼 수 있으며, '맛'과 '건' 바깥의 공통영역에 해당하는 색칠된 부분이 반드시 존재해야 한다.

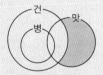

[그림4]

여기서 소거법을 사용하여 정답을 찾아보자. [그림4]를 보면 ①은 옳지 않다는 것을 알 수 있다. 한편 [그림4]의 색칠된 부분이 존재하기만 하면 '맛'의 범위를 [그림5]와 같이 더 줄이거나, [그림6]과 같이 더 늘릴 수도 있다.

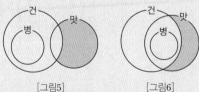

[그림5]   [그림6]

[그림5]의 경우 ②, ④가 옳지 않으며, [그림6]의 경우 ③이 옳지 않다는 것을 알 수 있다. 어떠한 경우에도 항상 참인 결론을 골라야 하므로 ①~④는 정답이 될 수 없고 소거법에 의해 ⑤가 정답임을 알 수 있다.

14 ④

- 수도: 도를 닦음
- 고행: 몸으로 견디기 어려운 일들을 통하여 수행을 쌓는 일

두 단어의 관계는 유의관계이다. '지주'는 "어떠한 물건이 쓰러지지 아니하도록 버티어 괴는 기둥"이라는 뜻이므로 같은 뜻의 '공주'와 유의관계이다.

| 오답풀이 |

① 지식: 어떤 대상에 대하여 배우거나 실천을 통하여 알게 된 명확한 인식이나 이해
② 벗: 비슷한 또래로서 서로 친하게 사귀는 사람
③ 격류: 사납고 빠르게 흐르는 물
⑤ 도상: 어떤 일이 진행되는 과정이나 도중

15 ⑤

하나의 플랫폼에서 애플리케이션을 구축하고 배포 및 운영하여 서비스를 제공하는 방식은 클라우드 컴퓨팅의 특징이다.

| 오답풀이 |

① 제시된 글의 세 번째 문단을 통해서는 알 수 없는 내용이다.
② 두 번째 문단을 통해 알 수 있는 내용이다.
③ 마지막 문단의 애플리케이션 로직을 엣지로 옮기면 영업을 방해하는 악의적 구매자들을 엣지에서부터 차단하는 것이 가능하다는 내용을 통해 알 수 있다.
④ 첫 번째, 세 번째 문단을 통해 알 수 있는 내용이다.

CHAPTER 01 | 이산수학

2 | 이산수학 연습문제

이산수학									P. 134
01	21	02	31	03	29	04	47	05	57
06	F	07	T	08	T	09	T	10	F
11	5조각	12	2조각	13	3조각	14	7조각	15	4조각

[01~05]

무게추를 가벼운 무게부터 순서대로 정렬하면 {1, 2, 3, 5}가 된다. 이를 이용해 잴 수 있는 무게는 1, 2, 3, 4, 5, 6, 7, 8, 9, 10, 11로 [0, 11]의 범위를 가지므로 잴 수 없는 무게의 최솟값은 12이다.

이를 바탕으로 문제를 풀이한다.

01 21

잴 수 있는 무게는 무게추를 통해 만들 수 있는 자연수 합의 구간과 같다. 수직선 상에서 구간을 끊기도록 하는 자연수가 바로 잴 수 없는 무게의 최솟값이 된다. 제시된 무게를 가벼운 순서대로 정렬하면 {1, 1, 2, 3, 6, 7, 30}이 된다. 첫 번째 무게추로는 [0, 1] 구간을 잴 수 있는데, 두 번째 무게추를 사용하면 (기존에 측정할 수 있는 무게)+(두 번째 무게추의 무게)만큼을 잴 수 있으므로 [1, 2]를 잴 수 있게 된다. 따라서 1, 1을 통해서는 [0, 2] 구간을 연이어 잴 수 있게 된다. 세 번째 무게추를 사용하면 [0, 2] 구간에서 [2, 4] 만큼을 잴 수 있게 되므로 총 [0, 4] 구간을 연이어 잴 수 있게 된다. 이러한 방식으로 무게를 재면, [0, 1], [1, 2], [2, 4], [3, 7], [6, 13], [7, 20], [30, 50]의 범위를 가지게 된다. 겹치는 구간을 포함하여 이어보면 [0, 20], [30, 50]의 범위를 가진다. 따라서 잴 수 없는 무게의 최솟값은 21이다.

02 31

가벼운 순서대로 정렬하면 {1, 2, 3, 4, 4, 7, 9}가 된다. 따라서 잴 수 있는 구간은 [0, 30]으로 잴 수 없는 무게의 최솟값은 31이다.

03 29

가벼운 순서대로 정렬하면 {1, 1, 1, 2, 3, 4, 6, 10}이 된다. 따라서 잴 수 있는 구간은 [0, 28]로 잴 수 없는 무게의 최솟값은 29이다.

04 47

가벼운 순서대로 정렬하면 {1, 2, 2, 3, 4, 6, 8, 20}이 된다. 따라서 잴 수 있는 구간은 [0, 46]으로 잴 수 없는 무게의 최솟값은 47이다.

05 57

가벼운 순서대로 정렬하면 {1, 1, 2, 5, 8, 10, 10, 19, 60}이 된다. 따라서 잴 수 있는 구간은 [0, 56], [60, 116] 두 개로 나누어지고, 이때 잴 수 없는 무게의 최솟값은 57이다.

문제풀이 TIP

무게추를 더하여 구할 수 있는 수의 범위를 수직선을 그려서 구해보면 문제를 쉽게 해결할 수 있다.

[06~10]

Luhn 공식에 따르면 신용카드 번호는 2069 4851 4842 9371로 변환된다. 합을 구하면 73이 되고, 10으로 나누어 떨어지지 않으므로 유효하지 않은 번호이다.
이를 바탕으로 문제를 풀이한다.

06 F

Luhn 공식에 따르면 신용카드 번호는 0391 7272 9928 3627로 변환된다. 합을 구하면 77이 되고, 10으로 나누어 떨어지지 않으므로 유효하지 않은 번호이다.

07 T

Luhn 공식에 따르면 신용카드 번호는 9328 3091 3024 5560으로 변환된다. 합을 구하면 60이 되고, 10으로 나누어 떨어지므로 유효한 번호이다.

08 T

Luhn 공식에 따르면 신용카드 번호는 2977 9747 4142 7730으로 변환된다. 합을 구하면 80이 되고, 10으로 나누어 떨어지므로 유효한 번호이다.

09 T

Luhn 공식에 따르면 신용카드 번호는 9271 5766 0101 8485로 변환된다. 합을 구하면 70이 되고, 10으로 나누어 떨어지므로 유효한 번호이다.

10 F

Luhn 공식에 따르면 신용카드 번호는 2968 7827 4200 0043으로 변환된다. 합을 구하면 62가 되고, 10으로 나누어 떨어지지 않으므로 유효하지 않은 번호이다.

[11~15]

우선 16cm의 엿가락을 반으로 자르면 8cm의 엿가락이 두 조각 생긴다. 두 엿가락 중 하나의 길이는 6cm보다 길므로 하나는 버리고 다른 하나를 다시 반으로 자른다. 8cm의 엿가락을 반으로 자르면 4cm의 엿가락이 두 조각 생기는데, 두 엿가락 중 하나의 길이가 6cm보다 짧으므로 가지고 있는 엿가락 중에서 길이가 가장 짧은 4cm의 엿가락을 반으로 자른다. 이때 4cm, 2cm, 2cm의 엿가락이 3개 생기는데 방금 자른 엿가락의 절반 중 하나인 2cm의 엿가락을 버리면 남은 엿가락들의 길이의 합이 6cm로 X와 같아진다.

따라서 4cm, 2cm인 2조각의 엿가락을 포장하여 판매한다.

이를 바탕으로 문제를 풀이한다.

11 5조각

N=64, X=31일 때, 64의 반은 32로 31보다 크므로 두 조각 중 하나를 버린다. 32의 반은 16으로 31보다 작으므로 두 조각 중 하나를 반으로 자른다. 세 조각 중 방금 자른 엿가락을 버리면 16+8=24로 31보다 작으므로 길이가 가장 짧은 8cm인 엿가락을 반으로 자른다. 네 조각 중 방금 자른 엿가락을 버리면 16+8+4=28로 31보다 작으므로 길이가 가장 짧은 4cm인 엿가락을 반으로 자른다. 위와 같은 과정을 반복하면 포장하여 판매하는 엿가락은 16cm, 8cm, 4cm, 2cm, 1cm인 5조각이다.

12 2조각

N=64, X=3일 때, 조건의 과정을 반복하면 포장하여 판매하는 엿가락은 2cm, 1cm인 2조각이다.

13 3조각

N=128, X=7일 때, 조건의 과정을 반복하면 포장하여 판매하는 엿가락은 4cm, 2cm, 1cm인 3조각이다.

14 7조각

N=128, X=127일 때, 조건의 과정을 반복하면 포장하여 판매하는 엿가락은 64cm, 32cm, 16cm, 8cm, 4cm, 2cm, 1cm인 7조각이다.

15 4조각

N=512, X=172일 때, 512의 반은 256으로 172보다 크므로 두 조각 중 하나를 버린다. 256의 반은 128로 172보다 작으므로 두 조각 중 하나를 반으로 자른다. 세 조각 중 방금 자른 엿가락을 버리면 128+64=192로 172보다 크므로 방금 자른 엿가락 중 하나를 버리고 길이가 가장 짧은 64cm인 엿가락을 반으로 자른다. 세 조각 중 방금 자른 엿가락을 버리면 128+32=160으로 172보다 작으므로 길이가 가장 짧은 32cm인 엿가락을 반으로 자른다. 위와 같은 과정을 반복하면 포장하여 판매하는 엿가락은 128cm, 32cm, 8cm, 4cm인 4조각이다.

문제풀이 TIP

위의 엿가락 자르기 방법을 이해하면, 구한 엿가락의 수는 X를 2진수로 나타냈을 때 1인 자릿수의 개수와 같다는 사실을 알 수 있다. 예를 들어 172를 2진수로 바꾸면 10101100(2)으로 1인 자릿수는 4개이므로 X가 172일 때 포장하여 판매하는 엿가락은 4조각임을 알 수 있다.

2 | 수열&자료 연습문제

수열&자료									P. 142
01	B	02	A	03	B	04	A	05	B
06	{1, 0, 4, 6, 9}								
07	{10, 11, 7, 6, 4}								
08	{2, 0, 6, 10, 10}								
09	{7, 13, 29, 61, 1, 2}								
10	{3, 5, 9, 17, 33, 65, 129}								
11	2가지	12	1가지	13	6가지	14	3가지	15	6가지

[01~05]

A가 1개, B가 3개를 가져가는 경우 B가 승리한다. 혹은 A가 3개, B가 1개를 가져가는 경우에도 B가 승리한다. 따라서 N=4인 경우 승리하는 플레이어는 B이다.

이를 바탕으로 문제를 풀이한다.

01 B

K번째 돌을 가져오기 위해서, (K−2)번째 돌을 가져오면 승리할 수 있다. 이러한 규칙을 고려하여 점화식을 세우면 D(K)=D(K−2)가 된다. 또한, D(1)=A, D(2)=B라는 초깃값에서 시작하면 다음과 같다.

D(3)=D(1)=A
D(4)=D(2)=B
D(5)=D(3)=D(1)=A
D(6)=D(4)=D(2)=B

따라서 승리하는 플레이어는 B이다.

02 A

점화식을 통해 D(1)=D(3)=D(5)=⋯=A, D(2)=D(4)=⋯=B라는 사실을 알 수 있다. 따라서 N이 홀수인 경우에는 A가, 짝수인 경우에는 B가 승리한다. 따라서 N=7인 경우 승리하는 플레이어는 A이다.

03 B

N이 짝수이므로 승리하는 플레이어는 B이다.

04 A

N이 홀수이므로 승리하는 플레이어는 A이다.

05 B

N이 짝수이므로 승리하는 플레이어는 B이다.

[06~10]

주어진 수열 $\{1, 2, 3, 4, 5\}$에서 $[2, 3]$ 구간을 1이라는 값으로 비트간 XOR을 적용하는 것은 수열의 두 번째 수부터 세 번째 수까지 1이라는 값으로 비트간 XOR을 적용하는 것과 같으므로 새로운 수열은 $\{1, 2XOR1, 3XOR1, 4, 5\}$가 된다. 이때 비트 연산에서 XOR은 두 이진수의 각 자릿수를 비교해 값이 같으면 0을, 다르면 1로 계산하므로 2XOR1과 3XOR1을 다음과 같이 계산할 수 있다.

$2XOR1 = 10_{(2)}XOR1_{(2)} = 11_{(2)} = 3$

$3XOR1 = 11_{(2)}XOR1_{(2)} = 10_{(2)} = 2$

따라서 새로운 수열은 $\{1, 3, 2, 4, 5\}$이다.

이를 바탕으로 문제를 풀이한다.

06 $\{1, 0, 4, 6, 9\}$

주어진 수열은 $\{1, 0, 0, 2, 9\}$이고, $a=3$, $b=4$, $c=4$이므로 새로운 수열의 값은 $\{1, 0, 0XOR4, 2XOR4, 9\}$이므로 비트간 XOR을 적용하면 다음과 같다.

$0XOR4 = 0_{(2)}XOR100_{(2)} = 100_{(2)} = 4$

$2XOR4 = 10_{(2)}XOR100_{(2)} = 110_{(2)} = 6$

따라서 새로운 수열은 $\{1, 0, 4, 6, 9\}$이다.

07 $\{10, 11, 7, 6, 4\}$

주어진 수열은 $\{9, 8, 7, 6, 4\}$이고, $a=1$, $b=2$, $c=3$이므로 새로운 수열의 값은 $\{9XOR3, 8XOR3, 7, 6, 4\}$이므로 비트간 XOR을 적용하면 다음과 같다.

$9XOR3 = 1001_{(2)}XOR11_{(2)} = 1010_{(2)} = 10$

$8XOR3 = 1000_{(2)}XOR11_{(2)} = 1011_{(2)} = 11$

따라서 새로운 수열은 $\{10, 11, 7, 6, 4\}$이다.

08 $\{2, 0, 6, 10, 10\}$

주어진 수열은 $\{0, 2, 4, 8, 10\}$이고, $a=1$, $b=4$, $c=2$이므로 새로운 수열의 값은 $\{0XOR2, 2XOR2, 4XOR2, 8XOR2, 10\}$이므로 비트간 XOR을 적용하면 다음과 같다.

$0XOR2 = 0_{(2)}XOR10_{(2)} = 10_{(2)} = 2$

$2XOR2 = 10_{(2)}XOR10_{(2)} = 0_{(2)} = 0$

$4XOR2 = 100_{(2)}XOR10_{(2)} = 110_{(2)} = 6$

$8XOR2 = 1000_{(2)}XOR10_{(2)} = 1010_{(2)} = 10$

따라서 새로운 수열은 $\{2, 0, 6, 10, 10\}$이다.

09 {7, 13, 29, 61, 1, 2}

주어진 수열은 {7, 15, 31, 63, 1, 2}이고, $a=2$, $b=4$, $c=2$이므로 새로운 수열의 값은 {7, 15XOR2, 31XOR2, 63XOR2, 1, 2}가 된다. 이때, 15, 31, 63은 각각 2진수로 변환 했을 경우 $1111_{(2)}$, $11111_{(2)}$, $111111_{(2)}$로 모든 자릿수가 1이므로, 연산 값인 $10_{(2)}$에서 1인 자릿수만 0으로 출력된다는 것을 알 수 있다.

$15XOR2=1101_{(2)}=13$

$31XOR2=11101_{(2)}=29$

$63XOR2=111101_{(2)}=61$

따라서 새로운 수열은 {7, 13, 29, 61, 1, 2}이다.

10 {3, 5, 9, 17, 33, 65, 129}

주어진 수열은 {2, 4, 8, 16, 32, 64, 128}이고, $a=1$, $b=7$, $c=1$이므로 새로운 수열의 값은 {2XOR1, 4XOR1, 8XOR1, 16XOR1, 32XOR1, 64XOR1, 128XOR1}가 된다. 이때, 2, 4, 8, 16, 32, 64, 128은 각각 2진수로 변환 했을 경우 $10_{(2)}$, $100_{(2)}$, $1000_{(2)}$, $10000_{(2)}$, $100000_{(2)}$, $1000000_{(2)}$, $10000000_{(2)}$이므로, 연산 값인 $1_{(2)}$을 적용하면 원래 숫자에서 1을 더한 것과 같다.

따라서 새로운 수열은 {3, 5, 9, 17, 33, 65, 129}이다.

[11~15]

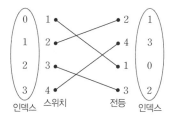

해당 문제는 증가하는 최장증가부분수열(Longest Increasing Subsequence)를 이용하는 문제이다.

왼쪽의 스위치에 [0, 1, 2, 3]의 인덱스를 부여하면 오른쪽의 전등에 [1, 3, 0, 2]의 인덱스가 부여된다. 두 수열의 최장증가부분수열을 구하면, (0, 2), (1, 2), (1, 3)의 3가지 경우가 나온다. 즉 인덱스에 해당하는 숫자들인 (1, 3), (2, 3), (2, 4)가 방을 최대로 밝혔을 때의 스위치 조합이다.

따라서 최대한 많은 전등을 켰을 때 켜지는 전등은 2개이고, 가능한 조합은 3가지임을 알 수 있다.

이를 바탕으로 문제를 풀이한다.

11 2가지

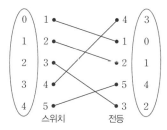

왼쪽의 스위치에 [0, 1, 2, 3, 4]의 인덱스를 부여하면, 오른쪽의 전등에 [3, 0, 1, 4, 2]의 인덱스가 부여된다. 두 수열의 최장증가부분수열을 구하면 (0, 1, 2), (0, 1, 4)이다. 즉 인덱스에 해당하는 숫자들인 스위치 (1, 2, 3), (1, 2, 5)가 방을 최대로 밝혔을 때의 스위치 조합이다.

따라서 최대한 많은 전등을 켰을 때 켜지는 전등은 3개이고, 가능한 조합은 2가지이다.

12 1가지

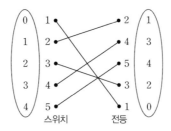

왼쪽의 스위치에 [0, 1, 2, 3, 4]의 인덱스를 부여하면, 오른쪽의 전등에 [1, 3, 4, 2, 0]의 인덱스가 부여된다. 두 수열의 최장증가부분수열을 구해보면 (1, 3, 4)이다. 즉 인덱스에 해당하는 숫자들인 스위치 (2, 4, 5)가 방을 최대로 밝혔을 때의 스위치 조합이다.

따라서 최대한 많은 전등을 켰을 때 켜지는 전등은 3개이고, 가능한 조합은 1가지이다.

13 6가지

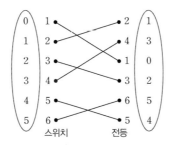

왼쪽의 스위치에 [0, 1, 2, 3, 4, 5]의 인덱스를 부여하면, 오른쪽의 전등에 [1, 3, 0, 2, 5, 4]의 인덱스가 부여된다. 두 수열의 최장증가부분수열을 구해보면 (0, 2, 4), (0, 2, 5), (1, 2, 4), (1, 2, 5), (1, 3, 4), (1, 3, 5)이다. 즉 인덱스에 해당하는 숫자들인 스위치 (1, 3, 5), (1, 3, 6), (2, 3, 5), (2, 3, 6), (2, 4, 5), (2, 4, 6)이 방을 최대로 밝혔을 때의 스위치 조합이다.

따라서 최대한 많은 전등을 켰을 때 켜지는 전등은 3개이고, 가능한 조합은 6가지이다.

14 3가지

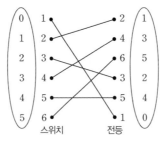

왼쪽의 스위치에 [0, 1, 2, 3, 4, 5]의 인덱스를 부여하면, 오른쪽의 전등에 [1, 3, 5, 2, 4, 0]의 인덱스가 부여된다. 두 수열의 최장증가부분수열을 구해보면 (1, 2, 4), (1, 3, 4), (1, 3, 5)이다. 즉 인덱스에 해당하는 숫자들인 스위치 (2, 3, 5), (2, 4, 5), (2, 4, 6)이 방을 최대로 밝혔을 때의 스위치 조합이다.

따라서 최대한 많은 전등을 켰을 때 켜지는 전등은 3개이고, 가능한 조합은 3가지이다.

15 6가지

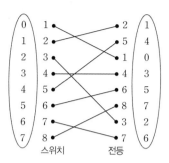

왼쪽의 스위치에 [0, 1, 2, 3, 4, 5, 6, 7]의 인덱스를 부여하면, 오른쪽의 전등에 [1, 4, 0, 3, 5, 7, 2, 6]의 인덱스가 부여된다. 두 수열의 최장증가부분수열을 구해보면 (0, 3, 5, 6), (0, 3, 5, 7), (1, 3, 5, 6), (1, 3, 5, 7), (1, 4, 5, 6), (1, 4, 5, 7)이다. 즉 인덱스에 해당하는 숫자들인 스위치 (1, 4, 6, 7), (1, 4, 6, 8), (2, 4, 6, 7), (2, 4, 6, 8), (2, 5, 6, 7), (2, 5, 6, 8)이 방을 최대로 밝혔을 때의 스위치 조합이다.

따라서 최대한 많은 전등을 켰을 때 켜지는 전등은 4개이고, 가능한 조합은 6가지이다.

2 | 동적계획법 연습문제

동적계획법									P. 150
01	27	02	18	03	22	04	26	05	36
06	3회	07	3회	08	4회	09	5회	10	6회
11	3	12	2	13	3	14	3	15	5

[01~05]

연속된 3잔을 마시지 않고 맥주잔을 선택하는 방법에는 여러 가지가 있지만, 3, 5, 1을 선택해서 마시면 최대로 마실 수 있다. 만약 3, 2, 1을 마시게 된다면 6만큼을, 2, 5를 마시게 된다면 7만큼을 마시게 되므로 최댓값이 아니다. 따라서 사라가 최대로 마실 수 있는 맥주의 총량은 9이다.

이를 바탕으로 문제를 풀이한다.

01 27

5, 8, 8, 6을 고르면 최대한 많이 마실 수 있다.

B[K]=K번째 잔까지 맥주잔을 선택했을 때 최대한 마실 수 있는 맥주의 양이라고 가정하면, (K−1)번째 잔을 마신 경우, (K−1)번째 잔을 마시지 않은 경우, (K−1)과 K번째 잔을 연속으로 마시지 않은 경우를 고려하여 점화식을 세울 수 있다.

$B[K]= Max(B[K-3]+A[K-1]+A[K], B[K-2]+A[K], B[K-1])$

$B[1]=5$

$B[2]=13$

$B[3]=18$

$B[4]=Max(B[1]+A[3]+A[4], B[2]+A[4], B[3])=23$

$B[5]=Max(B[2]+A[4]+A[5], B[3]+A[5], B[4])=27$

$B[6]=Max(B[3]+A[5]+A[6], B[4]+A[6], B[5])=27$

02 18

3, 5, 9, 1을 고르면 최대한 많이 마실 수 있다.

$B[1]=3$

$B[2]=5$

$B[3]=8$

$B[4]=Max(B[1]+A[3]+A[4], B[2]+A[4], B[3])=9$

$B[5]=Max(B[2]+A[4]+A[5], B[3]+A[5], B[4])=17$

$B[6]=Max(B[3]+A[5]+A[6], B[4]+A[6], B[5])=18$

03 22

4, 1, 3, 6, 8을 고르면 최대한 많이 마실 수 있다.
B[1]=4, B[2]=5, B[3]=6
B[4]=Max(B[1]+A[3]+A[4], B[2]+A[4], B[3])=9
B[5]=Max(B[2]+A[4]+A[5], B[3]+A[5], B[4])=14
B[6]=Max(B[3]+A[5]+A[6], B[4]+A[6], B[5])=14
B[7]=Max(B[4]+A[6]+A[7], B[5]+A[7], B[6])=22

04 26

9, 8, 4, 2, 3을 고르면 최대한 많이 마실 수 있다.
B[1]=9, B[2]=17, B[3]=17
B[4]=Max(B[1]+A[3]+A[4], B[2]+A[4], B[3])=21
B[5]=Max(B[2]+A[4]+A[5], B[3]+A[5], B[4])=22
B[6]=Max(B[3]+A[5]+A[6], B[4]+A[6], B[5])=23
B[7]=Max(B[4]+A[6]+A[7], B[5]+A[7], B[6])=26

05 36

1, 9, 8, 7, 6, 5를 고르면 최대한 많이 마실 수 있다.
B[1]=1, B[2]=10, B[3]=11
B[4]=Max(B[1]+A[3]+A[4], B[2]+A[4], B[3])=18
B[5]=Max(B[2]+A[4]+A[5], B[3]+A[5], B[4])=21
B[6]=Max(B[3]+A[5]+A[6], B[4]+A[6], B[5])=25
B[7]=Max(B[4]+A[6]+A[7], B[5]+A[7], B[6])=29
B[8]=Max(B[5]+A[7]+A[8], B[6]+A[8], B[7])=31
B[9]=Max(B[6]+A[8]+A[9], B[7]+A[9], B[8])=36
B[10]=Max(B[7]+A[9]+A[10], B[8]+A[10], B[9])=36

문제풀이 TIP

K와 (K−1), (K−2)번째 맥주잔의 관계를 생각하여 마실 수 있는 맥주의 총량을 점화식으로 표현하면 문제를 쉽게 해결할 수 있다.

[06~10]

정수 5를 1로 만드는 방법은 다음과 같다.
1. 5는 2와 3으로 나누어 떨어지지 않으므로 1을 뺀다.
2. 4는 2로 나누어 떨어지므로 2로 나눈다.
3. 2는 2로 나누어 떨어지므로 2로 나눈다.
따라서 5를 1로 만드는 데에 필요한 연산 횟수의 최솟값은 3회이다.
위의 방법을 동적 프로그래밍으로 해결하는 방법에 대해서 생각해보자.
정수가 비교적 낮은 수라면 손수 해결할 수 있지만, 정수가 연산하기 힘든 큰 수라면 Memoization 기법을 활용해 점화식을 이용하는 것이 구하기 편하다. 또한, 무작정 큰 수로 나눈다고 해서 해결되는 문제가 아니다. 따라서 위의 연산을 대입하여 점화식을 만들면 다음과 같다.

DP[i]=정수 i를 3가지 연산을 통해 1로 만들기 위해 필요한 연산 횟수의 최솟값이라고 가정했을 때, 이 값은 정수 ($i-1$)을 1로 만들기 위해 필요한 연산 횟수의 최솟값에 1을 더한 것과, 2 또는 3으로 나누어 떨어지는 경우 그 몫에 +1을 한 것 중 작은 값이라는 것을 알 수 있다. 이를 식으로 나타내면 DP[i]=Min(DP[$i-1$]+1, DP[$i/3$]+1, DP[$i/2$]+1)이고, 예를 들면 다음과 같이 계산할 수 있다.

DP[1]=0

DP[2]=1

DP[3]=1

DP[4]=2

DP[5]=DP[4]+1=3

DP[6]=Min(DP[5]+1, DP[2]+1, DP[3]+1)=2

...

등으로 나열하여 계산할 수 있다.

이를 바탕으로 문제를 풀이한다.

06 3회

10을 세 가지 연산을 통해 1로 만드는 데에는 여러 방법이 있으나, 그중에 최소 횟수를 구하는 방법은 다음과 같다.

1. 10에서 1을 뺀다.
2. 9는 3으로 나누어 떨어지므로 3으로 나눈다.
3. 3은 3으로 나누어 떨어지므로 3으로 나눈다.

주어진 정수 10을 1로 만드는 데에 필요한 연산 횟수는 3회이다.

흔히 접할 수 있는 오답은 10이 2로 나누어 떨어지기 때문에, 먼저 2로 나누는 과정부터 진행하는 것이다.

이 경우, $10 \rightarrow 5 \rightarrow 4 \rightarrow 2 \rightarrow 1$이 되므로 필요한 연산 횟수는 4회이고, 이는 최소 횟수가 아니다.

따라서 10를 1로 만드는 데에 필요한 연산 횟수의 최솟값은 3회이다.

07 3회

12는 2와 3으로 모두 나누어 떨어지므로 여러 경우를 모두 고려하여 최솟값을 구한다. 예를 들면, 다음과 같은 경우가 있다.

- 경우 1
  1. 12는 2로 나누어 떨어지므로 2로 나눈다.
  2. 6은 2로 나누어 떨어지므로 2로 나눈다.
  3. 3은 3으로 나누어 떨어지므로 3으로 나눈다.
- 경우 2
  1. 12는 2로 나누어 떨어지므로 2로 나눈다.
  2. 6은 3으로 나누어 떨어지므로 3로 나눈다.
  3. 2는 2로 나누어 떨어지므로 2로 나눈다.
- 경우 3
  1. 12는 3으로 나누어 떨어지므로 3으로 나눈다.
  2. 4는 2로 나누어 떨어지므로 2로 나눈다.
  3. 2는 2로 나누어 떨어지므로 2로 나눈다.

따라서 12를 1로 만드는 데에 필요한 연산 횟수의 최솟값은 3회이다.

08 4회

동적 프로그래밍으로 문제를 해결하면, 19는 2와 3으로 나누어 떨어지지 않기 때문에, DP[19]=DP[18]+1이고, DP[18]=Min(DP[17]+1, DP[6]+1, DP[9]+1)=3이다.
따라서 19를 1로 만드는 데에 필요한 연산 횟수의 최솟값은 4회이다.

09 5회

동적 프로그래밍으로 문제를 해결하면, 55는 2와 3으로 나누어 떨어지지 않기 때문에, DP[55]=DP[54]+1이고, DP[54]=Min(DP[53]+1, DP[18]+1, DP[27]+1)이다. 이때 DP[18]은 08에서 구했듯이 3이고, DP[27]=Min(DP[26]+1, DP[9]+1)=3이므로 DP[54]=4이다.
따라서 55를 1로 만드는 데에 필요한 연산 횟수의 최솟값은 5회이다.

10 6회

동적 프로그래밍으로 문제를 해결하면, 109는 2와 3으로 나누어 떨어지지 않기 때문에, DP[109]=DP[108]+1이고, DP[108]=Min(DP[107]+1, DP[36]+1, DP[54]+1)이다. 먼저, DP[36]=Min(DP[35]+1, DP[12]+1, DP[18]+1)에서, DP[12]=3이고 DP[18]=4이므로 DP[36]=4임을 알 수 있다. 또한 DP[54]는 09에서 구했듯이 4이다.
따라서 109를 1로 만드는 데에 필요한 연산 횟수의 최솟값은 6회이다.

[11~15]

1, 2, 5는 점점 증가하는 수열이고, 이 집합에서 {5, 4}만이 유일하게 수가 점점 작아지는 부분 집합이다. 따라서 감소하는 부분 수열 중 가장 긴 값의 길이는 2이다.
이를 바탕으로 문제를 풀이한다.

11 3

L(i)을 i번째 원소까지 가장 긴 감소하는 부분 수열의 길이라고 가정하자. L(1)=1이고 점화식을 구해보면, 1보다 크거나 같고 n보다 작은 j 중에서 X[j]>X[i]일 때 Max(L(j))+1이 된다.
L(1)=1, L(2)=1, L(3)=1
L(4)=Max(L(2), L(3))+1=2
L(5)=1
L(6)=Max(L(2), L(3), L(4), L(5))+1=L(4)+1=3
따라서 감소하는 부분 수열 중 가장 긴 값의 길이는 3이다.

12 2

L(1)=1, L(2)=1
L(3)=Max(L(2))+1=2
L(4)=1
L(5)=Max(L(2), L(4))+1=2
L(6)=Max(L(4))+1=2
L(7)=Max(L(4))+1=2
따라서 감소하는 부분 수열 중 가장 긴 값의 길이는 2이다.

13 3

L(1)=1
L(2)=Max(L(1))+1=2
L(3)=Max(L(1), L(2))+1=L(2)+1=3
L(4)=Max(L(1))+1=2
L(5)=Max(L(1))+1=2
L(6)=Max(L(1))+1=2
L(7)=Max(L(1), L(4), L(5), L(6))+1=3
L(8)=Max(L(1))+1=2
따라서 감소하는 부분 수열 중 가장 긴 값의 길이는 3이다.

14 3

L(1)=1
L(2)=1
L(3)=Max(L(2))+1=2
L(4)=1
L(5)=1
L(6)=Max(L(2), L(3), L(4), L(5))+1=3
L(7)=1
L(8)=1
L(9)=Max(L(7), L(8))+1=2
L(10)=Max(L(2), L(4), L(5), L(7), L(8), L(9))+1=3
따라서 감소하는 부분 수열 중 가장 긴 값의 길이는 3이다.

15 5

L(1)=1
L(2)=1
L(3)=Max(L(1), L(2))+1=2
L(4)=Max(L(2))+1=2
L(5)=Max(L(2), L(4))+1=3
L(6)=Max(L(2), L(4), L(5))+1=4
L(7)=Max(L(1), L(2), L(4), L(5), L(6))+1=5
L(8)=1
L(9)=Max(L(2), L(8))+1=2
L(10)=Max(L(2), L(4), L(5), L(8), L(9))+1=4
L(11)=Max(L(1), L(2), L(4), L(5), L(6), L(8), L(9), L(10))+1=5
따라서 감소하는 부분 수열 중 가장 긴 값의 길이는 5이다.

문제풀이 TIP

점화식을 구하면 문제를 쉽게 해결할 수 있다.

2 | 그리디 연습문제

그리디									P. 158
01	34개	02	90개	03	94개	04	213개	05	230개
06	13,424	07	123,544	08	18,276,237	09	876,513,256	10	98,625,415,699
11	6	12	7	13	2	14	52	15	93

[01~05]

도영이가 3일 동안 3그루의 포도나무를 선택하는 순서에 대해서 고민해야 한다. 3번째 → 2번째 → 1번째 순서대로 포도를 수확하면 1(1일째)+5(2일째)+12(3일째)=18(개)의 포도를 수확할 수 있다. 1번째 → 2번째 → 3번째 순서대로 포도를 수확하면 4(1일째)+5(2일째)+5(3일째)=14(개)의 포도를 수확할 수 있으므로 최댓값이 아니다. 따라서 도영이가 수확할 수 있는 포도의 최대 개수는 18개이다.

이를 바탕으로 문제를 풀이한다.

01 34개

4 → 3 → 2 → 1 순서로 포도를 수확하면 7+5+5+17=34(개)가 최대 개수가 된다.

02 90개

4 → 5 → 3 → 2 → 1 순서로 포도를 수확하면 6+6+10+27+41=90(개)가 최대 개수가 된다.

03 94개

1 → 3 → 6 → 2 → 4 → 7 → 5 순서로 포도를 수확하면 1+4+9+11+16+21+32=94(개)가 최대 개수가 된다.

04 213개

1 → 2 → 4 → 3 → 5 → 7 → 6 → 9 → 8 순서로 포도를 수확하면 2+3+7+11+20+25+34+49+62=213(개)가 최대 개수가 된다.

05 230개

1 → 6 → 2 → 7 → 3 → 8 → 4 → 9 → 5 → 10 순서로 포도를 수확하면 1+7+6+13+15+23+28+37+45+55=230(개)가 최대 개수가 된다.

문제풀이 TIP

가장 많은 포도를 수확하기 위해서는 하룻밤 동안 자라는 포도의 개수가 가장 많은 나무를 마지막 날에 수확해야 한다. 따라서 B_i의 값이 낮은 순서대로 정렬하여 포도나무를 골라 수확하는 것이 최대 개수를 쉽게 구하는 방법이다.

[06~10]

해당 문제를 그리디 알고리즘(Greedy Algorithm)으로 해결하는 방법은 다음과 같다.

1. 정수 X의 가장 낮은 자릿수부터 차례대로 체크하면서 처음으로 숫자가 이전 숫자보다 작아지는 자릿수를 찾는다.

2. 해당 자릿수 Z를 찾은 경우 Z와 Z보다 낮은 자릿수(이전까지 체크한)의 숫자들이 몇 번 등장했는지 횟수를 체크한다.

3. Z보다 높은 자릿수까지는 그대로 사용한다.

4. 3번의 뒤에는, Z 자릿수에 있는 수보다 크면서 그중에서는 가장 작은 수 1개를 붙인다.

5. 그 후는 2번에서 체크한 모든 수들을 가장 낮은 수부터 카운팅 횟수만큼 붙인다.

X=123의 경우 Z 위치는 10의 자릿수, 즉 2가 된다. Z와 Z보다 낮은 자릿수의 숫자들이 몇 번 등장했는지 횟수를 체크하면 2는 1회, 3은 1회가 된다. → "1"

이후, Z보다 높은 자릿수인 1을 그대로 사용하고, 2, 3 중에 2보다 크고 그중에서는 가장 작은 수인 3을 붙인다. → "13"

그 후에는 2번에서 체크한 모든 수들을 가장 낮은 수부터 카운팅 횟수만큼 붙인다.(남은 카운팅은 숫자 2를 1회 사용한 것) → "132"

이를 바탕으로 문제를 풀이한다.

06 13,424

위 해설에 따라 그리디 알고리즘으로 가장 낮은 자릿수부터 역순으로 숫자를 체크한다.

1. 처음으로 숫자가 이전 숫자보다 작아지는 자릿수 Z는 2이다. 따라서 2의 뒤에 있는 숫자(4, 4) 중 2보다 크고 그중에서는 가장 작은 수인 4를 붙인다. → "134"

2. 남은 숫자를 작은 수부터 카운팅 횟수만큼 붙인다. → "13,424"

07 123,544

그리디 알고리즘으로 가장 낮은 자릿수부터 역순으로 숫자를 체크한다.

1. 처음으로 숫자가 이전 숫자보다 작아지는 자릿수 Z는 4이다. 따라서 4의 뒤에 있는 숫자(5, 4) 중 4보다 크고 그중에서는 가장 작은 수인 5를 붙인다. → "1,235"

2. 남은 숫자를 작은 수부터 카운팅 횟수만큼 붙인다. → "123,544"

08 18,276,237

그리디 알고리즘으로 가장 낮은 자릿수부터 역순으로 숫자를 체크한다.

1. 처음으로 숫자가 이전 숫자보다 작아지는 자릿수 Z는 3이다. 따라서 3의 뒤에 있는 숫자(7, 6, 2) 중 3보다 크고 그중에서는 가장 작은 수인 6을 붙인다. → "18,276"

2. 남은 숫자를 작은 수부터 카운팅 횟수만큼 붙인다. → "18,276,237"

09 876,513,256

그리디 알고리즘으로 가장 낮은 자릿수부터 역순으로 숫자를 체크한다.

1. 처음으로 숫자가 이전 숫자보다 작아지는 자릿수 Z는 2이다. 따라서 2의 뒤에 있는 숫자(6, 5, 3) 중 2보다 크고 그중에서는 가장 작은 수인 3을 붙인다. → "876,513"

2. 남은 숫자를 작은 수부터 카운팅 횟수만큼 붙인다. → "876,513,256"

10 98,625,415,699

그리디 알고리즘으로 가장 낮은 자릿수부터 역순으로 숫자를 체크한다.

1. 처음으로 숫자가 이전 숫자보다 작아지는 자릿수 Z는 1이다. 따라서 1의 뒤에 있는 숫자(9, 9, 6, 5, 4) 중 1보다 크고 그중에서는 가장 작은 수인 4를 붙인다. → "986,254"
2. 남은 숫자를 작은 수부터 카운팅 횟수만큼 붙인다. → "98,625,415,699"

[11~15]

2명의 친구에게 10개의 미니 초콜릿을 나눠줄 때, 원하는 초콜릿의 개수가 각각 3개, 8개이므로 1명에게는 1개의 초콜릿을 부족하게 나눠주어야 한다. 따라서 (2개, 8개) 혹은 (3개, 7개)로 분배하게 된다면 최소 실망지수는 1이 된다.

이를 바탕으로 문제를 풀이한다.

11 6

만약 초콜릿을 적게 원하는 사람부터 순서대로 분배하면, 마지막 사람은 4개의 초콜릿을 받지 못하게 된다. 즉, 이 경우 실망지수는 16이 되는데, 이 값은 최소가 아니다. 반대로 생각해서, 부족한 초콜릿의 개수는 총 4개이고, 초콜릿을 많이 원하는 친구들에게 우선적으로 나눠주되, 다른 친구들과 비슷하게 줄 수 있도록 분배하면 실망지수는 최솟값이 된다. 따라서 초콜릿을 가장 많이 원하는 친구부터 받지 못하는 초콜릿의 개수를 {2, 1, 1}로 분배하면 최소 실망지수는 6이다.

12 7

친구들이 원하는 초콜릿의 개수는 총 25개로, 나눠주지 못하는 초콜릿은 5개이다. 따라서 초콜릿을 가장 많이 원하는 친구부터 받지 못하는 초콜릿의 개수를 {2, 1, 1, 1}로 분배하면 최소 실망지수는 7이 된다.

13 2

친구들이 원하는 초콜릿의 개수는 총 32개로, 나눠주지 못하는 초콜릿은 2개이다. 따라서 초콜릿을 가장 많이 원하는 친구부터 받지 못하는 초콜릿의 개수를 {1, 1, 0, 0, 0}으로 분배하면 최소 실망지수는 2가 된다.

14 52

친구들이 원하는 초콜릿의 개수는 총 46개로, 나눠주지 못하는 초콜릿은 16개이다. 따라서 초콜릿을 가장 많이 원하는 친구부터 받지 못하는 초콜릿의 개수를 {4, 3, 3, 3, 3}으로 분배하면 최소 실망지수는 52가 된다.

15 93

친구들이 원하는 초콜릿의 개수는 총 127개로, 나눠주지 못하는 초콜릿은 27개이다. 따라서 초콜릿을 가장 많이 원하는 친구부터 받지 못하는 초콜릿의 개수를 {4, 4, 4, 3, 3, 3, 3, 3}으로 분배하면 최소 실망지수는 93이 된다.

문제풀이 TIP
줄 수 있는 초콜릿의 개수가 아닌, 주지 못하는 초콜릿의 개수에 초점을 두고 계산하면 더 쉽고 빠르게 문제를 풀 수 있다.

	CT(Computational Thinking)								P. 162
01	8가지	02	32가지	03	128가지	04	2^{13}가지	05	2^{98}가지
06	{3, 4, 5, 6}								
07	{0, 1, 2, 3, 4, 5, 6, 7, 8, 9}								
08	{7, 8, 9, 10}								
09	{9, 10, 11, 12}								
10	{2, 3, 4, 5, 6, 7, 8}								
11	18	12	13	13	21	14	7	15	15
16	6	17	18	18	21	19	160	20	119
21	15	22	50	23	250	24	126	25	251

[01~05]

X(N)=N개의 돌다리가 있을 때 강을 건너가는 경우의 수라고 가정하자.

즉, N개의 돌다리가 있을 때 강을 건너가는 경우의 수는 (N−1)번째 돌다리를 밟은 뒤 바로 N번째 돌다리를 밟는 경우, (N−2)번째 돌다리를 밟은 뒤 바로 N번째 돌다리를 밟는 경우, ⋯ , 1번째 돌다리를 밟은 뒤 바로 N번째 돌다리를 밟는 경우의 수를 모두 더한 것과 같다. 이를 활용하여 X(N), X(N−1), ⋯ , X(1)을 식으로 나타내면 다음과 같다.

X(N)=X(N−1)+X(N−2)+X(N−3)+⋯+X(1)

X(N−1)=X(N−2)+X(N−3)+⋯+X(1)

X(N−2)=X(N−3)+X(N−4)+⋯+X(1)

⋯

X(1)=1

이에 따라 다음과 같은 식을 유도할 수 있다.

$X(N)=2 \times \{X(N-2)+X(N-3)+\cdots+X(1)\}=2^2 \times \{X(N-3)+X(N-4)+\cdots+X(1)\}=\cdots=2^{N-2} \times X(1)$

이때, X(1)=1이므로 $X(N)=2^{N-2}$임을 알 수 있다.

따라서 N=4일 때, 강을 건너가는 경우의 수는 $2^{4-2}=4$(가지)이다.

이를 바탕으로 문제를 풀이한다.

01 8가지

N=5일 때, 강을 건너가는 경우의 수는 $2^{5-2}=8$(가지)이다.

02 32가지

N=7일 때, 강을 건너가는 경우의 수는 $2^{7-2}=32$(가지)이다.

03 128가지

N=9일 때, 강을 건너가는 경우의 수는 $2^{9-2}=128$(가지)이다.

04 2^{13}가지

N=15일 때, 강을 건너가는 경우의 수는 $2^{15-2}=2^{13}$(가지)이다.

05 2^{98}가지

N=100일 때, 강을 건너가는 경우의 수는 $2^{100-2}=2^{98}$(가지)이다.

[06~10]

18을 만약 길이가 2인 수열의 합으로 나타내면 {9, 9}가 된다. 하지만 이는 연속된 정수 수열이 아니므로 길이가 3인 수열의 합으로 나타낸다면 {5, 6, 7}로 표현된다. 따라서 음이 아니면서 가장 짧은 연속된 정수 수열은 {5, 6, 7}이다.
이를 바탕으로 문제를 풀이한다.

06 {3, 4, 5, 6}

$A=(x)+(x+1)+\cdots+(x+B-1)$로 나타냈을 때, 이를 풀어쓰면 $A=x\times B+\dfrac{B\times(B-1)}{2}$라는 식으로 표현할 수 있다. 이때 $x\times B=A-\dfrac{B\times(B-1)}{2}$가 되고, B로 양변을 나누면 $x=\left\{A-\dfrac{B\times(B-1)}{2}\right\}\div B$가 된다. x가 정수가 될 수 있도록 하려면, $A-\dfrac{B\times(B-1)}{2}$이 B로 나누어 떨어져야 한다. 즉, 이때 $x=3$이 되므로 이를 만족하는 수열은 {3, 4, 5, 6}이다.

07 {0, 1, 2, 3, 4, 5, 6, 7, 8, 9}

위의 $x=\left\{A-\dfrac{B\times(B-1)}{2}\right\}\div B$를 이용하면 $x=0$이 된다. 따라서 이를 만족하는 수열은 {0, 1, 2, 3, 4, 5, 6, 7, 8, 9}이다.

08 {7, 8, 9, 10}

위의 $x=\left\{A-\dfrac{B\times(B-1)}{2}\right\}\div B$를 이용하면 $x=7$이 된다. 따라서 이를 만족하는 수열은 {7, 8, 9, 10}이다.

09 {9, 10, 11, 12}

위의 $x=\left\{A-\dfrac{B\times(B-1)}{2}\right\}\div B$를 이용하면 $x=9$가 된다. 따라서 이를 만족하는 수열은 {9, 10, 11, 12}이다.

10 {2, 3, 4, 5, 6, 7, 8}

위의 $x=\left\{A-\dfrac{B\times(B-1)}{2}\right\}\div B$를 이용하면 $x=(35-15)\div 6 ≒ 3.3$이 된다. 따라서 조건을 만족하는 길이가 6인 수열은 존재하지 않는다. 이에 따라 수열의 길이를 7로 생각해보면 $x=(35-21)\div 7=2$이므로 이를 만족하는 수열은 {2, 3, 4, 5, 6, 7, 8}이다.

문제풀이 TIP

연속된 음이 아닌 정수 수열의 합은 $A=(x)+(x+1)+(x+2)+\cdots+(x+k-1)$로 나타낼 수 있다.

[11~15]

먼저, N번째 벽까지 칠하는 데 필요한 최소 비용은 ((N−1)번째 벽까지 칠하는 데 필요한 최소 비용)+(N번째 벽을 칠하는 데 필요한 비용)이다. 다만, 색마다 칠할 때 드는 비용이 다르므로 이를 고려해주어야 한다. DP[N][색깔]을 N개의 벽을 칠하면서 N번째 벽을 '색깔'로 칠하는 데 필요한 최소 비용, C[N][색깔]을 N번째 벽을 '색깔'로 칠하는 데 필요한 비용이라고 하고 식을 세우면 다음과 같다.

DP[N][빨강]=Min(DP[N−1][주황], DP[N−1][노랑])+C[N][빨강]

DP[N][주황]=Min(DP[N−1][빨강], DP[N−1][노랑])+C[N][주황]

DP[N][노랑]=Min(DP[N−1][빨강], DP[N−1][주황])+C[N][노랑]

이때 Min(a, b)는 a와 b 중 더 작은 값을 뜻하며, 이를 이용하여 N번째 벽까지 칠하는 데 필요한 최소 비용을 구하면 다음과 같다.

1) N=1인 경우

DP[1][빨강]=10

DP[1][주황]=10

DP[1][노랑]=20

2) N=2인 경우

DP[2][빨강]=Min(DP[1][주황], DP[1][노랑])+C[2][빨강]=10+20=30

DP[2][주황]=Min(DP[1][빨강], DP[1][노랑])+C[2][주황]=10+10=20

DP[2][노랑]=Min(DP[1][빨강], DP[1][주황])+C[2][노랑]=10+20=30

3) N=3인 경우

DP[3][빨강]=Min(DP[2][주황], DP[2][노랑])+C[3][빨강]=20+30=50

DP[3][주황]=Min(DP[2][빨강], DP[2][노랑])+C[3][주황]=30+10=40

DP[3][노랑]=Min(DP[2][빨강], DP[2][주황])+C[3][노랑]=20+20=40

따라서 DP[3][주황] 또는 DP[3][노랑]의 값인 40이 정답이다.

이를 바탕으로 문제를 풀이한다.

11 18

예제의 해설을 참고하여 비용의 최솟값을 구하면 다음과 같다.

DP[1][빨강]=1

DP[1][주황]=3

DP[1][노랑]=5

DP[2][빨강]=Min(DP[1][주황], DP[1][노랑])+C[2][빨강]=3+9=12

DP[2][주황]=Min(DP[1][빨강], DP[1][노랑])+C[2][주황]=1+3=4

DP[2][노랑]=Min(DP[1][빨강], DP[1][주황])+C[2][노랑]=1+4=5

DP[3][빨강]=Min(DP[2][주황], DP[2][노랑])+C[3][빨강]=4+2=6

DP[3][주황]=Min(DP[2][빨강], DP[2][노랑])+C[3][주황]=5+10=15

DP[3][노랑]=Min(DP[2][빨강], DP[2][주황])+C[3][노랑]=4+5=9

DP[4][빨강]=Min(DP[3][주황], DP[3][노랑])+C[4][빨강]=9+11=20

DP[4][주황]=Min(DP[3][빨강], DP[3][노랑])+C[4][주황]=6+12=18

DP[4][노랑]=Min(DP[3][빨강], DP[3][주황])+C[4][노랑]=6+13=19

따라서 모든 벽을 칠하는 비용의 최솟값은 마지막 벽을 주황색으로 칠하는 경우인 18이다.

12 13

예제의 해설을 참고하여 비용의 최솟값을 구하면 다음과 같다.

DP[1][빨강]＝4

DP[1][주황]＝7

DP[1][노랑]＝4

…

DP[4][빨강]＝Min(DP[3][주황], DP[3][노랑])＋C[4][빨강]＝10＋11＝21

DP[4][주황]＝Min(DP[3][빨강], DP[3][노랑])＋C[4][주황]＝10＋12＝22

DP[4][노랑]＝Min(DP[3][빨강], DP[3][주황])＋C[4][노랑]＝10＋3＝13

따라서 모든 벽을 칠하는 비용의 최솟값은 마지막 벽을 노란색으로 칠하는 경우인 13이다.

13 21

예제의 해설을 참고하여 비용의 최솟값을 구하면 다음과 같다.

DP[1][빨강]＝1

DP[1][주황]＝3

DP[1][노랑]＝5

…

DP[5][빨강]＝Min(DP[4][주황], DP[4][노랑])＋C[5][빨강]＝18＋3＝21

DP[5][주황]＝Min(DP[4][빨강], DP[4][노랑])＋C[5][주황]＝19＋3＝22

DP[5][노랑]＝Min(DP[4][빨강], DP[4][주황])＋C[5][노랑]＝18＋3＝21

따라서 모든 벽을 칠하는 비용의 최솟값은 마지막 벽을 빨간색이나 노란색으로 칠하는 경우인 21이다.

14 7

예제의 해설을 참고하여 비용의 최솟값을 구하면 다음과 같다.

DP[1][빨강]＝1

DP[1][주황]＝3

DP[1][노랑]＝3

…

DP[5][빨강]＝Min(DP[4][주황], DP[4][노랑])＋C[5][빨강]＝5＋3＝8

DP[5][주황]＝Min(DP[4][빨강], DP[4][노랑])＋C[5][주황]＝5＋2＝7

DP[5][노랑]＝Min(DP[4][빨강], DP[4][주황])＋C[5][노랑]＝12＋1＝13

따라서 모든 벽을 칠하는 비용의 최솟값은 마지막 벽을 주황색으로 칠하는 경우인 7이다.

15 15

예제의 해설을 참고하여 비용의 최솟값을 구하면 다음과 같다.

DP[1][빨강]＝8

DP[1][주황]＝2

DP[1][노랑]＝1

…

DP[5][빨강]＝Min(DP[4][주황], DP[4][노랑])＋C[5][빨강]＝11＋1＝12

DP[5][주황]＝Min(DP[4][빨강], DP[4][노랑])＋C[5][주황]＝6＋6＝12

DP[5][노랑]＝Min(DP[4][빨강], DP[4][주황])＋C[5][노랑]＝6＋6＝12
DP[6][빨강]＝Min(DP[5][주황], DP[5][노랑])＋C[6][빨강]＝12＋3＝15
DP[6][주황]＝Min(DP[5][빨강], DP[5][노랑])＋C[6][주황]＝12＋7＝19
DP[6][노랑]＝Min(DP[5][빨강], DP[5][주황])＋C[6][노랑]＝12＋5＝17
따라서 모든 벽을 칠하는 비용의 최솟값은 마지막 벽을 빨간색으로 칠하는 경우인 15이다.

[16~20]

DP[i]를 수열 X의 i번째 수를 마지막으로 하는 최대 연속 합, X[i]를 i번째 수라고 하면 다음과 같은 식을 세울 수 있다.
DP[i]＝X[i]＋Max(DP[i-1], 0)
최종적으로 구하고자 하는 값은 DP[i]의 최댓값이므로 이를 구하면 다음과 같다.
DP[1]＝10
DP[2]＝11
DP[3]＝14
DP[4]＝12
DP[5]＝13
이에 따라 주어진 수열 중 3번째 수를 마지막으로 하는 연속 합이 14로 가장 크다는 것을 알 수 있다.
따라서 주어진 수열에서 {10, 1, 3}을 선택했을 때 합이 14로 가장 크다.
이를 바탕으로 문제를 풀이한다.

16 6

DP[1]＝2
DP[2]＝0＋Max(DP[1], 0)＝0＋2＝2
DP[3]＝(-1)＋Max(DP[2], 0)＝(-1)＋2＝1
DP[4]＝4＋Max(DP[3], 0)＝4＋1＝5
DP[5]＝1＋Max(DP[4], 0)＝1＋5＝6
따라서 주어진 수열에서 {2, 0, -1, 4, 1}을 선택했을 때 합이 6으로 가장 크다.

17 18

DP[1]＝3
DP[2]＝4＋Max(DP[1], 0)＝4＋3＝7
DP[3]＝5＋Max(DP[2], 0)＝5＋7＝12
DP[4]＝6＋Max(DP[3], 0)＝6＋12＝18
DP[5]＝(-10)＋Max(DP[4], 0)＝(-10)＋18＝8
DP[6]＝(-1)＋Max(DP[5], 0)＝(-1)＋8＝7
DP[7]＝9＋Max(DP[6], 0)＝9＋7＝16
따라서 주어진 수열에서 {3, 4, 5, 6}을 선택했을 때 합이 18로 가장 크다.

18 21

DP[1]=2
DP[2]=2+Max(DP[1], 0)=2+2=4
DP[3]=2+Max(DP[2], 0)=2+4=6
DP[4]=(−1)+Max(DP[3], 0)=(−1)+6=5
DP[5]=9+Max(DP[4], 0)=9+5=14
DP[6]=1+Max(DP[5], 0)=1+14=15
DP[7]=1+Max(DP[6], 0)=1+15=16
DP[8]=1+Max(DP[7], 0)=1+16=17
DP[9]=4+Max(DP[8], 0)=4+17=21
DP[10]=(−5)+Max(DP[9], 0)=(−5)+21=16
따라서 주어진 수열에서 {2, 2, 2, −1, 9, 1, 1, 1, 4}를 선택했을 때 합이 21로 가장 크다.

19 160

DP[1]=100
DP[2]=(−1)+Max(DP[1], 0)=(−1)+100=99
DP[3]=(−2)+Max(DP[2], 0)=(−2)+99=97
DP[4]=(−3)+Max(DP[3], 0)=(−3)+97=94
DP[5]=(−4)+Max(DP[4], 0)=(−4)+94=90
DP[6]=(−10)+Max(DP[5], 0)=(−10)+90=80
DP[7]=70+Max(DP[6], 0)=70+80=150
DP[8]=10+Max(DP[7], 0)=10+150=160
DP[9]=(−20)+Max(DP[8], 0)=(−20)+160=140
따라서 주어진 수열에서 {100, −1, −2, −3, −4, −10, 70, 10}을 선택했을 때 합이 160으로 가장 크다.

20 119

DP[1]=12
DP[2]=50+Max(DP[1], 0)=50+12=62
DP[3]=(−10)+Max(DP[2], 0)=(−10)+62=52
DP[4]=8+Max(DP[3], 0)=8+52=60
DP[5]=(−3)+Max(DP[4], 0)=(−3)+60=57
DP[6]=20+Max(DP[5], 0)=20+57=77
DP[7]=42+Max(DP[6], 0)=42+77=119
DP[8]=(−32)+Max(DP[7], 0)=(−32)+119=87
DP[9]=(−1)+Max(DP[8], 0)=(−1)+87=86
DP[10]=5+Max(DP[9], 0)=5+86=91
따라서 주어진 수열에서 {12, 50, −10, 8, −3, 20, 42}를 선택했을 때 합이 119로 가장 크다.

[21~25]

- 보석＝A(5, 10), B(20, 20), C(15, 30)
- 주머니의 무게 X_i＝[10, 20]

위와 같이 조건이 제시된 경우, 먼저 첫 번째 주머니에는 A(5, 10) 보석을, 두 번째 주머니에는 C(15, 30) 보석을 들고 나오는 경우가 가장 높은 가격이므로 40이 된다.

이 문제를 그리디 알고리즘(Greedy Algorithm) 또는 우선순위 큐(Priority Queue)로 푸는 방법은 다음과 같다.

먼저 보석과 주머니를 무게가 낮은 순으로 정렬한다.

- 보석: A(5, 10), C(15, 30), B(20, 20)
- 주머니: X_1(10), X_2(20)

가장 무게가 가벼운 보석과 무게가 낮은 주머니를 비교하고, 보석이 들어갈 수 있으면 우선순위 큐에 집어넣는다. 모두 넣은 후에는 큐의 Top(우선순위 값)부터 하나씩 pop(추출)하여 보석을 주머니의 무게와 비교하여 큐가 빌 때까지 넣으면 이때의 경우가 보물섬에서 들고 나올 수 있는 보석의 최대 가격이 된다.

무게가 10인 주머니에 들어갈 수 있는 보석은 A뿐이고, 무게가 20인 주머니에 들어갈 수 있는 보석은 C와 B로 2개인데 이를 우선순위 큐에 넣고, 우선순위(가격이 높은 순서)가 높은 순서대로 pop하여 주머니에 넣으면 무게가 20인 주머니에 들어가는 보석은 C이다.

따라서 A를 X_1에 넣고, C를 X_2에 넣는 경우 보석의 가격이 최대가 된다.

이를 바탕으로 문제를 풀이한다.

21 15

보석과 주머니를 무게가 가볍고 낮은 순으로 정렬하면 다음과 같다.

- 보석: E(1, 5), D(2, 5), C(3, 5), B(4, 5), A(5, 5)
- 주머니: [1, 2, 3]

보석과 주머니의 무게를 비교하여 보석을 하나씩 주머니에 넣고, 주머니가 가득 차거나 보석을 전부 담았을 경우가 되면 멈춘다.

이 경우 주머니에 넣고 나올 수 있는 보석은 E, D, C이고, 최대 가격은 15이다.

22 50

이 경우에는 무게가 같지만 가격이 다른 보석이 존재한다. 일단, 보석과 주머니를 무게가 가볍고 가격은 높은 순으로 정렬하면 다음과 같다.

- 보석: C(15, 30), B(15, 20), D(20, 10), A(20, 5)
- 주머니: [10, 10, 15, 20]

먼저 무게가 10인 주머니에 들어갈 수 있는 보석은 없으므로 넘어간다. 그다음으로 무게가 15인 주머니에 들어갈 수 있는 보석은 C와 B이다. 보석 2개를 우선순위 큐에 넣고, 우선순위(가격이 높은 순서)가 높은 순서대로 pop하여 주머니에 넣는다. 따라서 무게가 15인 주머니에 들어가는 보석은 C가 된다.

그다음으로 무게가 20인 주머니에 들어갈 수 있는 보석은 B, D, A이다. 보석 3개를 우선순위 큐에 넣고, 우선순위(가격이 높은 순서)가 높은 순서대로 pop하여 주머니에 넣는다. 따라서 무게가 20인 주머니에 들어가는 보석은 B가 된다.

이 경우 주머니에 넣고 나올 수 있는 보석은 C, B이고, 최대 가격은 50이다.

23 250

보석과 주머니를 무게가 가볍고 가격은 높은 순으로 정렬하면 다음과 같다.

- 보석: A(3, 10), C(5, 10), D(10, 100), B(10, 10), F(20, 20), E(30, 100), G(30, 30)
- 주머니: [10, 20, 50, 100]

먼저 무게가 10인 주머니에 들어갈 수 있는 보석은 A, C, D, B이다. 보석 4개를 우선순위 큐에 넣고, 우선순위(가격이 높은 순서)가 높은 순서대로 pop하여 주머니에 넣는다. 따라서 무게가 10인 주머니에 들어가는 보석은 D이다.

그다음으로 무게가 20인 주머니에 들어갈 수 있는 보석은 A, C, B, F이다. 보석 4개를 우선순위 큐에 넣고, 우선순위(가격이 높은 순서)가 높은 순서대로 pop하여 주머니에 넣는다. 따라서 무게가 20인 주머니에 들어가는 보석은 F이다.

무게가 50인 주머니에 들어갈 수 있는 보석은 A, C, B, E, G로 5개이고, 우선순위 큐에 넣은 다음 우선순위(가격이 높은 순서)가 높은 순서대로 pop하여 주머니에 넣으면 무게가 50인 주머니에 들어가는 보석은 E이다. 이러한 방식에 의해 마지막으로 무게가 100인 주머니에 들어가는 보석은 G가 된다.

이 경우 주머니에 넣고 나올 수 있는 보석은 D, F, E, G이고, 최대 가격은 250이다.

24 126

보석과 주머니를 무게가 가볍고 가격은 높은 순으로 정렬하면 다음과 같다.

- 보석: F(1, 1), A(5, 5), C(20, 100), G(20, 20), D(50, 100), E(100, 100), B(100, 10)
- 주머니: [5, 10, 15, 20, 25, 30]

먼저 무게가 5인 주머니에 들어갈 수 있는 보석은 F, A이다. 보석 2개를 우선순위 큐에 넣고, 우선순위(가격이 높은 순서)가 높은 순서대로 pop하여 주머니에 넣으면 무게가 5인 주머니에 들어가는 보석은 A이다.

그다음으로 무게가 10인 주머니에 들어갈 수 있는 보석은 F뿐이다. 무게가 15인 주머니에 들어갈 수 있는 보석은 없다. 무게가 20인 주머니에 들어갈 수 있는 보석은 C, G로 2개이고 이를 우선순위 큐에 넣고, 우선순위(가격이 높은 순서)가 높은 순서대로 pop하여 주머니에 넣으면 무게가 20인 주머니에 들어가는 보석은 C이고, 무게가 25인 주머니에 들어갈 수 있는 보석은 G이다. 마지막으로 무게가 30인 주머니에 들어갈 수 있는 보석은 없다.

이 경우 주머니에 넣고 나올 수 있는 보석은 A, F, C, G이고, 최대 가격은 126이다.

25 251

보석과 주머니를 무게가 가볍고 가격은 높은 순으로 정렬하면 다음과 같다.

- 보석: C(1, 100), A(1, 1), E(2, 5), G(15, 15), H(20, 2), F(35, 45), D(90, 5), B(100, 100)
- 주머니: [1, 7, 9, 95, 100]

먼저 무게가 1인 주머니에 들어갈 수 있는 보석은 C, A이다. 보석 2개를 우선순위 큐에 넣고, 우선순위(가격이 높은 순서)가 높은 순서대로 pop하여 주머니에 넣으면 무게가 1인 주머니에 들어가는 보석은 C이다.

그다음으로 무게가 7인 주머니에 들어갈 수 있는 보석은 A, E이므로 가격이 더 높은 E가 주머니에 들어가고 무게가 9인 주머니에 들어가는 보석은 A이다. 무게가 95인 주머니에 들어갈 수 있는 보석 G, H, F, D 4개를 우선순위 큐에 넣고, 우선순위(가격이 높은 순서)가 높은 순서대로 pop하여 주머니에 넣으면 무게가 95인 주머니에 들어가는 보석은 F이다.

마지막으로 무게가 100인 주머니에 들어갈 수 있는 보석은 G, H, D, B로 4개이고, 이를 우선순위 큐에 넣고, 우선순위(가격이 높은 순서)가 높은 순서대로 pop하여 주머니에 넣으면 무게가 100인 주머니에 들어가는 보석은 B이다.

이 경우 주머니에 넣고 나올 수 있는 보석은 C, E, A, F, B이고, 최대 가격은 251이다.

기출변형 모의고사

수리/추리논리																			P. 172
01	⑤	02	②	03	③	04	③	05	①	06	③	07	②	08	③	09	①	10	②
11	①	12	②	13	④	14	④	15	⑤										

01 ⑤

1, 3번째 행은 1칸씩 오른쪽으로 이동하고 2, 4번째 행은 1칸씩 왼쪽으로 이동하는 규칙이다.

02 ②

각 기호마다 일정한 규칙을 가지고 있다.

● : 오른쪽으로 2칸, 아래로 1칸 이동하고, 다음으로 왼쪽으로 2칸 아래로 1칸의 규칙을 반복한다.

← : 반시계 방향으로 90도 회전하면서 왼쪽으로 1칸 이동하고, 다음으로 반시계 방향으로 90도 회전하면서 아래로 1칸의 규칙을 반복한다.

◈ : 오른쪽 대각선 위로 이동 다음으로 왼쪽 대각선 위로 이동의 규칙을 반복한다.

03 ③

벽과 공 사이의 거리와 공을 차고 받은 시간으로 공의 속력을 구하는 문제이다. 영호가 2초 동안 이동한 거리는 6m이므로 평균 속력은 3m/s이다. 영호가 공을 찬 후 공이 벽까지 이동한 거리는 18m이고 공이 벽을 튕겨져 나와 다시 영호가 받을 때까지 이동한 거리는 12m이다. 총 30m를 2초 동안 이동하였으므로 공의 평균 속력은 15m/s이다. 따라서 a는 3m/s, b는 15m/s이므로 $b-a=12$(m/s)이다.

04 ③

[기존 자료]를 통해 알 수 있는 내용을 정리하면 다음과 같다.

• e−a−h 또는 h−a−e로 한 층이 구성됨을 알 수 있다.

• e사 바로 아래층이 공실이라고 하였으므로 e, a, h사가 속한 층은 2층 혹은 3층임을 알 수 있다.

• b사는 3층에 위치하지 않음을 알 수 있다.

• c사는 203호이므로 e, a, h가 3층이고, 2층은 2개 호실로만 구성되어 있음을 알 수 있다. 또한 e사의 바로 아래층은 공실이어야 하므로 3층은 e−a−h로 구성됨도 알 수 있다.

301호	302호	303호
e사	a사	h사
201호	202호	203호
공실		c사
101호	102호	103호

- 1층은 b−f−g 또는 g−f−b로 구성되는데, b사 위층은 회의실 공사를 하는 입주사가 있어야 하므로 g−f−b로 구성됨을 알 수 있다.

301호	302호	303호
e사	a사	h사
201호	**202호**	**203호**
공실		c사
101호	**102호**	**103호**
g사	f사	b사

따라서 d사의 호수는 202호이다.

05 ①

50대 이상에서 가장 선호하지 않는 분야는 선호도가 2.8+2.1=4.9(%)인 경제·경영이다.

| 오답풀이 |

② 문학의 선호도는 연령대별로 가장 높다.
③ 장르소설의 선호 비율은 19~29세가 20%로 가장 높고 60세 이상이 8.6%로 가장 낮다.
④ 40~49세의 철학·종교 선호도는 6.9%로 2배인 13.8%보다 높은 분야는 문학(29.1%)과 장르소설(15%)로 총 2개이다.
⑤ 정치·시사 도서의 선호 비율은 3% → 3.4% → 3.9% → 4.0% → 4.7%로 연령대가 높을수록 높아진다.

06 ③

- 갑이 첫날과 마지막 날에, 정이 가와 함께 화요일에 당직을 선다는 내용을 도식화하면 다음과 같다.

구분	월	화	수	목	금
선임	갑	정			갑
신입		가			

- 갑은 다와는 함께 당직을 서지 않고 이틀 이상 연속으로 당직을 서지 않으므로 월요일에 당직을 서는 신입 연구원은 나이다. 또한 첫날 당직을 선 사람은 목요일에도 당직을 서야하므로 나는 월요일과 목요일에 당직을 선다.
- 갑은 다와 당직을 서지 못하고 나는 이틀 연속 당직을 설 수 없으므로 금요일에 당직을 서는 신입 연구원은 가이다. 또한 화요일은 가, 목요일은 나 당직이므로 수요일 당직은 다밖에 할 수가 없다.

구분	월	화	수	목	금
선임	갑	정			갑
신입	나	가	다	나	가

- 정이 이틀 연속 당직을 할 수 없고, 갑은 다와 당직을 서지 못하므로 수요일 당직은 을 또는 병이 가능하다.
- 갑이 이틀 연속 당직, 을은 나와 당직을 서지 못하므로 목요일 당직은 병 또는 정이 가능하다. 다만 수요일이 병일 경우 목요일은 정만 가능하다.

구분	월	화	수	목	금
선임	갑	정	을	병/정	갑
신입	나	가	다	나	가

구분	월	화	수	목	금
선임	갑	정	병	정	갑
신입	나	가	다	나	가

따라서 수요일에 을이 당직을 서는 경우 다와 함께 당직을 서게 되므로 ③은 항상 참이다.

① 수요일에 병이 당직을 서는 경우 선임 연구원 을은 당직을 서지 않는다.
② 선임과 신입 연구원 모두 사흘 동안 당직을 서는 인원은 없다.
④ 가는 화요일에 정과 함께 당직을 선다.
⑤ 목요일에는 병 또는 정이 당직을 선다.

문제풀이 TIP

조건추리 유형은 확실한 것을 중심으로 풀어나가야 한다. 두 번째와 다섯 번째 [조건]의 경우 요일과 인원이 확정되어 있으므로 여기서 부터 추리를 시작해나간다.

07 ②

하루에 A가 하는 일의 양을 a, B가 하는 일의 양을 b, C가 하는 일의 양을 c라고 하면 다음과 같은 연립방정식을 세울 수 있다.
$20a=1$
$12a+12b=1$
$15a+15c=1$
위 3개의 식을 연립하여 풀면 $a=\dfrac{1}{20}$, $b=\dfrac{1}{30}$, $c=\dfrac{1}{60}$ 이다. 따리서 A, B, C를 함께 가동하면 $\dfrac{1}{20}+\dfrac{1}{30}+\dfrac{1}{60}=\dfrac{1}{10}$이므로 10일 만에 생산을 완료할 수 있다.

08 ③

하트 문양의 카드를 뒤집으면 반드시 2가 나와야 한다는 조건에서 '하트 → 2'라는 명제는 성립하지만 그 역인 '2 → 하트'는 성립하지 않는다. 다른 문양이 있어도 2가 나올 수 있다는 것이다. 따라서 하트 문양 카드를 제외한 다른 문양의 카드와 숫자 2 카드는 뒤집어 보지 않아도 된다는 결론이 도출된다.
다만 본 명제의 대우 명제인 '2를 제외한 숫자 → 하트 문양 ×'를 확인하기 위해서 숫자 2를 제외한 숫자가 적힌 카드는 반드시 뒤집어야 한다.

09 ①

마지막 10분을 준하 혼자 포장하였다고 했으므로 이때 포장한 개수는 y개이다.
쉬는 시간까지 포함한 시간을 한 타임이라고 한다면 준하의 한 타임은 12분, 재석의 한 타임은 18분이다.
함께 일한 총 시간이 82−10=72(분)이므로 준하는 6타임, 재석이는 4타임이다.
준하가 6타임 동안 포장한 제품 개수와 재석이가 4타임 동안 포장한 제품 개수와 추가로 준하가 혼자 일한 10분 동안 포장한 제품 개수 y개를 모두 합하면 다음과 같은 식과 y의 값을 구할 수 있다.
$6y+4\times11+y=100 \rightarrow y=8$

10 ②

6% 농도의 소금물 양을 y라고 하면 21% 농도의 소금물 양은 $(300-y)$이다. 이를 바탕으로 식을 세우면 다음과 같다.
$0.06y+0.21(300-y)=0.15\times300 \rightarrow y=120$
따라서 6% 농도의 소금물은 120g이다.

11 ①

먼저 예약한 사람이 선택한 시간대부터 마감된다는 내용을 통해서 예약 순서와 식사 순서가 일치하지 않음을 알 수 있다. 예약 및 식사 순서가 빠른 순으로 확정적인 [조건]의 내용을 표로 정리하면 다음과 같다.

구분	1	2	3	4	5	6
예약		e			c	
식사		c				

a는 f보다 먼저 예약을 했고, d는 f 바로 다음에 예약을 한다고 했으므로 정리하면 a−f−d이다. 이때 e는 d보다, d는 b보다 먼저 예약을 한다고 했는데, e보다 먼저 예약한 사람은 한 명뿐이라고 했으므로 a가 가장 먼저 예약을 했음을 알 수 있다.

또한 a는 f보다 늦게 식사를, d는 f 바로 앞 타임에 식사를, e는 d보다, d는 b보다 먼저 식사를 한다고 했으므로 정리하면 e−d−f−a, d−b이다. 이때 c보다 먼저 식사를 하는 사람은 한 명이라고 했으므로 e가 가장 먼저 식사를 함을 알 수 있다.

이를 정리하면 다음과 같다.

구분	1	2	3	4	5	6
예약	a	e	f	d	c	b
식사	e	c	d	f	a 또는 b	b 또는 a

따라서 두 번째로 예약을 한 e가 가장 먼저 식사를 한다.

| 오답풀이 |

② c는 두 번째로 식사를 한다.
③ a와 b 중 누가 먼저 식사를 하는지는 알 수 없다.
④ 마지막으로 예약한 사람은 b인데, b는 다섯 번째 또는 마지막에 식사를 한다.
⑤ f 바로 다음에 식사를 하는 사람은 a 또는 b이다.

문제풀이 TIP

선택지와 [조건]의 관계를 확인하여 바로 제거할 수 있는 선택지가 있는지 확인하는 것이 좋다. [조건]에서 c보다 먼저 식사를 하는 사람은 한 명 뿐이라고 했으므로 ②는 옳지 않음을 바로 알 수 있다.
또한 해당 문제와 같이 a와 b의 식사 순서가 확정되지 않은 경우, 즉 2가지 이상의 경우로 결론이 나는 경우, 해당 부분이 출제포인트가 될 가능성이 높다는 점을 미리 염두에 두면 좋다.

12 ②

속력＝거리÷시간이므로 갑 대리가 출장지까지 가는 데 걸린 시간은 $400÷80=5$(시간)이다. 갑 대리와 을 사원이 동시에 도착하였는데 을 사원은 1시간 늦게 출발하였으므로 4시간 만에 도착한 것을 알 수 있다.
을 사원이 속도를 올리기 전 자동차의 속력을 x라고 하였을 때, 400km의 거리를 3시간 동안에는 x의 속력으로, 나머지 1시간은 $(x+20)$의 속력으로 운전하였으므로 $3x+(x+20)=400 → x=95$(km/h)이다.

13 ④

바탕색과 기호는 각각 일정한 규칙을 가지고 있다.
바탕색은 맨 왼쪽 그림 기준 가장 위에 회색으로 색칠한 한 칸만 반시계 방향으로 1칸씩 이동하고 다른 회색 칸과 겹칠 경우 흰색으로 표시된다.
각 기호는 흰색 바탕에서는 검은색으로 표시되고, 회색 바탕에서는 흰색으로 표시된다. ○, ◇는 시계방향으로 1칸씩 이동하고, ♡는 반시계방향으로 1칸씩 이동한다.

14 ④

사고건수 대비 부상자의 비율은 다음과 같다.

구분	사고유형	사고건수 대비 부상자 비율
차량 대 사람	횡단	1.03
	차도 통행	0.99
	길 가장자리 통행	1.02
	보도 통행	1.04
	기타/불명	1.03
차량 대 차량	충돌	1.55
	추돌	1.80
	기타/불명	1.45

따라서 가장 높은 비율은 추돌 사고유형이다.

| 오답풀이 |

① 각 항목에서 사망자 수가 두 번째로 많은 유형은 모두 기타/불명 사고유형이고, 차량 대 사람 항목의 기타/불명 사고유형의 사고건수는 가장 많지만 차량 대 차량 항목의 경우 두 번째로 많으므로 옳지 않다.

② 전체 부상자는 13,551＋3,654＋2,122＋2,096＋15,757＋132,932＋59,441＋66,737＝296,290(명)이다. 이때 충돌 사고유형 부상자가 차지하는 비율은 $\frac{132,932}{296,290} \times 100 ≒ 45(\%)$이다. 따라서 절반 이상을 차지한다는 내용은 옳지 않다.

③ 부상자 수 대비 사고건수의 비율이 100% 초과라는 것은 사고건수＞부상자 수를 의미한다. 하지만 차량 대 사람의 경우 차도 통행을 제외한 모든 사고유형이, 차량 대 차량의 경우 모든 사고 유형에서 사고건수＜부상자 수이므로 옳지 않다.

⑤ 길 가장자리 통행 사고유형의 사고건수 2,079건보다 보도 통행 사고유형의 사고건수 2,015건이 더 적다.

문제풀이 TIP

② 과반에 대한 계산을 할 때 모든 항을 더할 필요는 없다. 결국 과반은 132,932명이 기준이므로 나머지 사고유형 중 추돌(약 60,000 명)과 기타/불명(약 16,000명, 약 67,000명)만 더해도 14만 명이 넘으므로 과반이 아님을 빠르게 알 수 있다.

15 ⑤

각 합격자를 A~G로 나타내면 다음과 같다.

구분	합격자
경력직	공학 전공 1명(A), 경영 전공 1명(B), 경제 전공 1명(C), 회계 전공 1명(D)
신입	공학전공 1명(E), 경제 전공 1명(F), 회계 전공 1명(G)

마케팅팀의 경우 필요 요건에서 순위가 있으므로 우선 배정한다. 1순위는 경영 전공 경력직이므로 B가 배정된다. 그 다음으로 경력직을 필요로 하는 인사팀과 기획팀 중 인사팀의 필요 요건은 전공 무관이므로 경영 or 회계 전공이 필요 요건인 기획팀에 D를 먼저 배정한다.

개발팀의 경우 경력직 1명 or 신입 2명을 필요로 하는데, 합격한 신입은 총 3명이므로 각각 2명, 1명의 신입을 필요로 하는 회계팀과 생산팀에 신입이 배정되어야 한다. 이에 따라 개발팀은 공학 전공 경력직인 A가 배정되고, 남은 C가 인사팀에 배정된다.

따라서 경영 전공은 마케팅팀에, 경제 전공은 인사팀에 배정된다.

CT										P. 180
01	14	02	14	03	19	04	26	05	36	
06	30점	07	24점	08	36점	09	48점	10	72점	
11	16	12	16	13	49	14	36	15	169	
16	4가지	17	8가지	18	9가지	19	21가지	20	37가지	
21	15	22	0	23	24	24	21	25	32	

[01~05]

1이 쓰여진 첫 번째 카드만 뒤집으면 {3, 3, 2}가 되므로 최대 합인 8을 구할 수 있다. 만약 플레이어가 1번째부터 3번째 카드까지 뒤집는 경우에는 {3, 1, 2}가 되어 합이 6이 되므로 이는 최대 합이 아니다.

이를 바탕으로 문제를 풀이한다.

01 14

3번째 카드인 1부터 5번째 카드인 1까지 뒤집으면 {3, 3, 3, 2, 3}이 되므로 최대 합은 14이다.

02 14

4번째, 5번째 카드를 뒤집으면 {1, 3, 2, 3, 3, 2}가 되므로 최대 합은 14이다.

03 19

주어진 카드 나열에는 1이 없으므로 찬스를 사용하지 않는 것이 최대 합을 구하는 방법이다.

04 26

2번째 카드인 1부터 7번째 카드인 1까지 뒤집으면 {2, 3, 3, 2, 3, 2, 3, 3, 3, 2}가 되므로 최대 합은 26이 된다.

05 36

10번째부터 15번째 카드까지 뒤집으면 {1, 1, 3, 1, 1, 3, 3, 3, 3, 3, 2, 3, 3, 3, 3}이 된다. 이 경우 최대 합은 36이 된다. 카드 배열이 길어지면, 연속된 배열로 묶었을 때 3이 1이 되는 경우와 1이 3이 되는 경우를 비교하여 바뀌는 값이 커지면 뒤집기 찬스를 쓰고, 그렇지 않으면 쓰지 않는 것이 최대 합을 구하는 방법이 된다. 만약 1번째부터 15번째 카드까지 뒤집는 경우, {3, 3, 1, 3, 3, 1, 1, 1, 1, 3, 2, 3, 3, 3, 3}이 되므로 이 경우에는 합이 34가 된다. 따라서 최대 합이 아니다.

문제풀이 TIP

최대 합을 구한다는 것은 1을 3으로 뒤집는 횟수가 가장 많다는 것과 같다. 즉, 뒤집기 게임의 최대 합은 투이진 카드들의 부분 배열 중에서 1을 가장 많이 포함하고 있는 연속된 배열을 선택해 뒤집는 것과 같다.

[06~10]

주어진 식인 $|a-b|+|b-c|+|c-a|$는 '(가장 큰 값-가장 작은 값)×2'와 같다는 사실을 알 수 있다. 따라서 가장 큰 값과 가장 작은 값을 2개씩 골라(이때 최대, 최소값을 고른 후 남은 1개는 어떤 숫자여도 상관없게 된다.) 그 차이에 2배를 곱한 값을 합하면 최대치가 된다. 따라서 처음에 (1, 6)을, 두 번째에 (2, 4)를 고르면 최대 점수는 $(6-1)×2+(4-2)×2=14$(점)이다.

이를 바탕으로 문제를 풀이한다.

06 30점

주어진 공깃돌을 크기 순서대로 정렬하면 {1, 1, 2, 4, 8, 9}이다. 따라서 2번의 기회 동안 (1, 9), (1, 8)을 고르면 최대 점수는 30점이다.

07 24점

순서대로 정렬하면 {1, 1, 3, 5, 6, 8}이다. 따라서 2번의 기회 동안 (1, 8), (1, 6)을 고르면 최대 점수는 24점이다.

08 36점

순서대로 정렬하면 {2, 3, 5, 6, 7, 7, 7, 10, 11}이다. 따라서 3번의 기회 동안 (2, 11), (3, 10), (5, 7)을 고르면 최대 점수는 36점이다.

09 48점

순서대로 정렬하면 {2, 2, 2, 3, 4, 7, 9, 10, 11}이다. 따라서 3번의 기회 동안 (2, 11), (2, 10), (2, 9)를 고르면 최대 점수는 48점이다.

10 72점

순서대로 정렬하면 {3, 4, 5, 7, 8, 9, 10, 11, 13, 14, 14, 14}이다. 따라서 4번의 기회 동안 (3, 14), (4, 14), (5, 14), (7, 13)을 고르면 최대 점수는 72점이다.

[11~15]

주어진 점들을 내부에 포함하지 않으면서 원점을 포함하는 크기가 최대인 직사각형을 구하는 법을 생각해보자. 문제에 제시된 [그림]과 같이 주어진 점들에 모두 가로, 세로 수직선을 그어 교점으로 가장 작은 직사각형을 구하면 $(-2, 1)$, $(3, 1)$, $(-2, -3)$, $(3, -3)$이 된다. 따라서 직사각형 내부의 가장 큰 정사각형의 크기는 16이 된다.

이를 바탕으로 문제를 풀이한다.

11 16

원점을 포함하기 위해서는 가장 작은 절댓값을 가진 양의 x좌표와 음의 x좌표의 차, 양의 y좌표와 음의 y좌표의 차로 직사각형을 만들어 그 내부의 가장 큰 정사각형의 크기를 구하면 되는 문제이다. 따라서 이 경우에는 $x=-3$, $x=2$, $y=-1$, $y=3$으로 이루어진 직사각형에서 더 작은 변의 길이인 4를 한 변의 길이로 가지는 정사각형이 가장 크다.

12 16

주어진 점을 통해 $x=-2$, $x=3$, $y=-1$, $y=3$으로 이루어진 직사각형에서 더 작은 변의 길이인 4를 한 변의 길이로 가지는 정사각형이 가장 크다.

13 49

주어진 점을 통해 $x=-4$, $x=7$, $y=-3$, $y=4$로 이루어진 직사각형에서 더 작은 변의 길이인 7을 한 변의 길이로 가지는 정사각형이 가장 크다.

14 36

주어진 점을 통해 $x=-2$, $x=6$, $y=-3$, $y=3$으로 이루어진 직사각형에서 더 작은 변의 길이인 6을 한 변의 길이로 가지는 정사각형이 가장 크다.

15 169

주어진 점을 통해 $x=-12$, $x=1$, $y=-12$, $y=5$으로 이루어진 직사각형에서 더 작은 변의 길이인 13을 한 변의 길이로 가지는 정사각형이 가장 크다.

문제풀이 TIP

원점을 포함하는 정사각형을 그려야 하므로 좌표상에서 주어진 점을 지나는 가로, 세로 선을 그어보면 문제를 해결할 아이디어를 떠올릴 수 있다.

[16~20]

자연수 4를 주어진 조건에 맞게 1, 2, 3의 합으로 나타내는 방법은 $1+2+1$, $1+3$, $3+1$로 총 3가지이다. 이를 바탕으로 문제를 풀이한다.

16 4가지

$1+3+1$, $2+1+2$, $2+3$, $3+2$로 총 4가지이다.

17 8가지

주어진 문제를 점화식으로 해결한다. 먼저 같은 수를 연속해서 사용할 수 없다는 조건을 제외하고 1, 2, 3의 합으로 자연수 N을 만드는 방법의 개수 식을 구해보면 $D(n)=D(n-1)+D(n-2)+D(n-3)$이 된다. 하지만 우리가 구하고자 하는 것은 연속으로 같은 수를 사용할 수 없을 때이므로 마지막으로 오는 숫자가 1인 경우에는 그 앞의 숫자가 2 또는 3이, 2인 경우에는 1 또는 3이, 3인 경우에는 1 또는 2가 되어야 한다. 따라서 이차원 배열로 생각하여 마지막에 오는 숫자가 i일 때, 1, 2, 3의 합으로 자연수 N을 만드는 방법이 개수 식을 구해보면

$D(n)(i)=D(n)(1)+D(n)(2)+D(n)(3)$

$\qquad =D(n-1)(2)+D(n-1)(3)+D(n-2)(1)+D(n-2)(3)+D(n-3)(1)+D(n-3)(2)$

$D(1)(1)=D(2)(2)=D(3)(1)=D(3)(2)=D(3)(3)=1$

$D(4)(1)=2 D(4)(2)=0 D(4)(3)=1$

$D(5)=D(5)(1)+D(5)(2)+D(5)(3)$

$\qquad =D(4)(2)+D(4)(3)+D(3)(1)+D(3)(3)+D(2)(1)+D(2)(2)=0+1+1+1+0+1=4$

$D(6)=D(5)(2)+D(5)(3)+D(4)(1)+D(4)(3)+D(3)(1)+D(3)(2)=2+1+2+1+1+1=8$

18 9가지

$D(6)=D(5)(2)+D(5)(3)+D(4)(1)+D(4)(3)+D(3)(1)+D(3)(2)=2+1+2+1+1+1=8$
$D(7)=D(6)(2)+D(6)(3)+D(5)(1)+D(5)(3)+D(4)(1)+D(4)(2)=3+2+1+1+2+0=9$

19 21가지

$D(8)=D(7)(2)+D(7)(3)+D(6)(1)+D(6)(3)+D(5)(1)+D(5)(2)=2+2+3+2+1+2=12$
$D(9)=D(8)(2)+D(8)(3)+D(7)(1)+D(7)(3)+D(6)(1)+D(6)(2)=5+3+5+2+3+3=21$

20 37가지

$D(8)=D(7)(2)+D(7)(3)+D(6)(1)+D(6)(3)+D(5)(1)+D(5)(2)=2+2+3+2+1+2=12$
$D(9)=D(8)(2)+D(8)(3)+D(7)(1)+D(7)(3)+D(6)(1)+D(6)(2)=5+3+5+2+3+3=21$
$D(10)=D(9)(2)+D(9)(3)+D(8)(1)+D(8)(3)+D(7)(1)+D(7)(2)=7+6+4+3+5+2=27$
$D(11)=D(10)(2)+D(10)(3)+D(9)(1)+D(9)(3)+D(8)(1)+D(8)(2)=7+7+8+6+4+5=37$

문제풀이 TIP

주어진 조건이 없을 때의 점화식을 생각해 본 후 조건을 추가하여 상황을 나누면 문제를 쉽게 해결할 수 있다.

[21~25]

1시간: 피로도 5, 업무량 3
2시간: 피로도 10, 업무량 6
3시간(휴식): 피로도 8, 업무량 6
4시간(휴식): 피로도 6, 업무량 6
5시간(휴식): 피로도 4, 업무량 6
6시간(휴식): 피로도 2, 업무량 6
7시간(휴식): 피로도 0, 업무량 6
8시간: 피로도 5, 업무량 9
9시간: 피로도 10, 업무량 12
10시간(휴식): 피로도 8, 업무량 12
...
23시간: 피로도 10, 업무량 24
24시간(휴식): 피로도 8, 업무량 24
따라서 하루에 가능한 최대 업무량은 24이다.
이를 바탕으로 문제를 풀이한다.

21 15

1시간: 피로도 10, 업무량 5
2시간(휴식): 피로도 9, 업무량 5
...
11시간(휴식): 피로도 0, 업무량 5
12시간: 피로도 10, 업무량 10
...

22시간(휴식): 피로도 0, 업무량 10
23시간: 피로도 10, 업무량 15
24시간(휴식): 피로도 9, 업무량 15
따라서 하루에 가능한 최대 업무량은 15이다.

22   0

1시간이라도 근무할 시 피로도가 최대치를 넘으므로 하루에 수행 가능한 업무량은 0이다.

23   24

1시간: 피로도 8, 업무량 4
2시간(휴식): 피로도 6, 업무량 4
…
5시간(휴식): 피로도 0, 업무량 4
6시간: 피로도 8, 업무량 8
…
10시간(휴식): 피로도 0, 업무량 8
11시간: 피로도 8, 업무량 12
…
21시간: 피로도 8, 업무량 20
22시간(휴식): 피로도 6, 업무량 20
23시간: 피로도 14, 업무량 24
24시간(휴식): 피로도 12, 업무량 24
따라서 하루에 가능한 최대 업무량은 24이다.

24   21

1시간: 피로도 4, 업무량 3
2시간: 피로도 8, 업무량 6
3시간: 피로도 12, 업무량 9
4시간(휴식): 피로도 11, 업무량 9
5시간: 피로도 15, 업무량 12
6시간(휴식): 피로도 14, 업무량 12
…
9시간(휴식): 피로도 11, 업무량 12
10시간: 피로도 15, 업무량 15
…
20시간: 피로도 15, 업무량 21
21시간(휴식): 피로도 14, 업무량 21
22시간(휴식): 피로도 13, 업무량 21
23시간(휴식): 피로도 12, 업무량 21
24시간(휴식): 피로도 11, 업무량 21
따라서 하루에 가능한 최대 업무량은 21이다.

25 32

1시간: 피로도 9, 업무량 4

2시간: 피로도 18, 업무량 8

3시간(휴식): 피로도 14, 업무량 8

4시간(휴식): 피로도 10, 업무량 8

5시간: 피로도 19, 업무량 12

6시간(휴식): 피로도 15, 업무량 12

7시간(휴식): 피로도 11, 업무량 12

8시간: 피로도 20, 업무량 16

...

23시간(휴식): 피로도 12, 업무량 32

24시간(휴식): 피로도 8, 업무량 32

따라서 하루에 가능한 최대 업무량은 32이다.

문제풀이 TIP

매번 시행할 때마다 최선의 선택을 하는 방식으로 최대치를 구한다.

01	④	02	③	03	④	04	⑤	05	⑤	06	③	07	③	08	①	09	④	10	①
11	③	12	⑤	13	④	14	④	15	③										

01 ④

우리나라는 도심지 대부분에 아파트가 들어서 있어서 시내에 전기차 충전소를 설치하기 어려운 환경이다. 따라서 시내 주유소에서 전기차를 쉽게 충전할 수 없으므로 충전을 위해 집에서 멀리 떨어진 외곽으로 나가야 하는 경우가 빈번함을 알 수 있다.

| 오답풀이 |

① 2021년 9월 기준 국내 전기차 등록 대수는 20만 1,520대를 기록했고, 전기차를 상용화하기 시작한 2013년(1,464대) 대비 100배 이상 늘어났다.

② 지문에서 스마트 그리드를 도입하면 효율성을 극대화할 수 있다고 언급되어 있을 뿐, 스마트 그리드를 도입하지 않으면 전기차를 충전할 수 없다는 내용은 알 수 없다.

③ 효율성을 극대화할 수 있다고 언급되어 있을 뿐 전기요금을 절약할 수 있는지는 알 수 없다.

⑤ 2030년 12조 원 규모로 성장할 배터리 재활용 시장을 선점하려면 지금부터 관련 법과 제도를 정비해야 한다고 지문에서 언급하였다.

문제풀이 TIP

주어진 지문에서 드러난 사실만을 고려하여 정답을 찾아야 한다. 지문에서 다루고 있는 대상과 그 대상을 통해 얻어지는 것이 무엇인지를 생각하면서 지문을 읽으면 빠르게 문제를 풀 수 있다.

02 ③

①, ②, ④, ⑤는 주체와 그 주체의 행위를 밝혀 능동형 문장을 구성할 수 있는 관계이다. '후보−당선'의 경우에는 '후보가 당선되다' 등의 피동형 문장으로 구성되므로 단어 쌍의 관계가 나머지와 다르다.

03 ④

경쟁사 조사 업무(a)와 거래처 미팅 업무(b)를 제외하고 금일 처리해야 할 업무를 고르는 경우의 수는 $_4C_2=6$(가지)이다.

b업무를 a업무보다 먼저 처리해야 하므로 가능한 경우는 다음과 같다.

• b를 첫 번째로 처리하는 경우(b___)

  $3!=6$(가지)이다.

• b를 두 번째로 처리하는 경우(_b__)

  _ba_인 경우 $2!=2$(가지)와 _b_a인 경우 $2!=2$(가지)로 총 4가지이다.

• b를 세 번째로 처리하는 경우(__ba)

  $2!=2$(가지)이다.

따라서 금일 B대리가 업무를 처리하는 경우의 수는 $6\times(6+4+2)=72$(가지)이다.

04 ⑤

섹션 a와 b에 사람을 나누는 방법과 그 경우의 수를 구하면 다음과 같다.

a 8명, b 2명: $_{10}C_2 = \dfrac{10!}{8!2!} = \dfrac{10 \times 9}{2} = 45$(가지)

a 7명, b 3명: $_{10}C_3 = \dfrac{10!}{7!3!} = \dfrac{10 \times 9 \times 8}{3 \times 2} = 120$(가지)

a 6명, b 4명: $_{10}C_4 = \dfrac{10!}{6!4!} = \dfrac{10 \times 9 \times 8 \times 7}{4 \times 3 \times 2} = 210$(가지)

따라서 X팀이 섹션을 나누어 참석하는 경우의 수는 $45+120+210=375$(가지)이다.

문제풀이 TIP

그룹을 나누는 문제에서 두 그룹이 제시되는 경우, 한 그룹의 인원이 정해지면 나머지 한 그룹은 자동으로 정해진다.

05 ⑤

10월 24일은 화요일이라 했으므로 10월 31일 또한 화요일이다.

11월과 4월이 30일이므로 총 60일이고, 12월, 1월, 3월은 31일이므로 총 93일이고, 2020년이 윤년이라고 하였으므로 4년 뒤인 2024년도 윤년이며 2월은 29일이다.

이에 따라 11월부터 4월까지의 기간은 총 $60+93+29=182$(일)이다. 182를 7로 나누면 나누어 떨어지므로 4월 30일은 화요일임을 알 수 있다.

따라서 5월 5일은 일요일이다.

06 ③

당직을 하지 않는 사람이 거짓말을 한다. 영철이의 말에 따르면 윤재는 주말에 당직을 하지 않는다. 영철이의 말이 참이면 윤재는 당직을 하지 않고, 영철이의 말이 거짓이면 영철이가 당직을 하지 않는다.

성주의 말이 참이라면 성주는 동혁이와 같은 날 당직이고, 동혁이의 말도 참이 된다. 이때 동혁이는 종원이와 같은 날 당직이라고 했으므로 모순이 된다. 따라서 성주의 말은 거짓이 되며, 성주는 당직을 하지 않는다.

성주가 당직을 하지 않고, 영철, 윤재 중 1명이 당직을 하지 않으므로 유진, 동혁, 종원은 당직을 하고 참을 말한다. 따라서 유진이는 일요일에 당직을 하고, 동혁이와 종원이는 같은 날 당직을 하므로 토요일에 당직을 한다. 윤재의 말에 따르면 영철이가 토요일에 당직을 한다고 하였는데 토요일 당직은 동혁, 종원이므로 윤재의 말은 거짓이다. 따라서 윤재가 당직을 하지 않고, 영철이가 일요일에 당직을 한다.

따라서 일요일에 당직을 하는 사람은 유진, 영철이다.

07 ③

관악산―북악산이고, 인왕산>도봉산, 북한산>도봉산이다. 따라서 북악산과 도봉산은 가장 먼저 등반할 수 없고, 북한산도 가장 먼저 등반하지 않는다. 따라서 관악산 또는 인왕산을 가장 먼저 등반한다.

만약 관악산을 가장 먼저 등반했다면 바로 다음으로 북악산을 등반한다. 인왕산은 세 번째로 등반하지 않으므로 네 번째에 등반한다. 따라서 도봉산은 마지막으로 등반하고, 북한산은 세 번째로 등반한다.

만약 관악산을 두 번째로 등반했다면 바로 다음으로 북악산을 등반한다. 인왕산을 가장 먼저 등반한다면 북한산은 도봉산보다 먼저 등반하므로 북한산을 네 번째, 도봉산을 다섯 번째로 등반한다.

만약 관악산을 세 번째로 등반했다면 바로 다음으로 북악산을 등반한다. 북한산은 가장 먼저 등반하지 않으므로 두 번째에 등반한다. 인왕산은 첫 번째, 도봉산을 다섯 번째로 등반한다.

관악산을 네 번째로 등반하면 북악산을 다섯 번째로 등반하게 되므로 모순이다.

따라서 가능한 경우는 다음과 같다.

	1	2	3	4	5
	관악산	북악산	북한산	인왕산	도봉산
	인왕산	관악산	북악산	북한산	도봉산
	인왕산	북한산	관악산	북악산	도봉산

| 오답풀이 |

① 북한산을 세 번째, 인왕산을 네 번째로 등반하는 경우가 있다.

② 관악산을 세 번째로 등반하는 경우가 있다.

④ 북한산을 두 번째, 북악산을 네 번째로 등반하는 경우가 있다.

⑤ 관악산을 가장 먼저 등반하는 경우가 있다.

08 ①

A는 테니스 동호회, C는 등산 동호회, D는 탁구 동호회에 가입하였다. B는 A가 가입한 동호회인 테니스 동호회에 가입하지 않고, 축구 동호회에도 가입하지 않았으므로 등산, 탁구 동호회에 가입하였다. 따라서 A는 테니스, 축구 동호회에 가입하였다. C는 A가 가입한 동호회인 테니스, 축구 동호회에 가입하지 않았으므로 등산, 탁구 동호회에 가입하였다. 축구 동호회에는 2명이 가입해야 하는데 B, C가 가입하지 않았으므로 D가 가입하였다. 이를 정리하면 다음과 같다.

구분	테니스	등산	축구	탁구
A	○	×	○	×
B	×	○	×	○
C	×	○	×	○
D	×	×	○	○

따라서 D는 축구 동호회에 가입하였다.

| 오답풀이 |

② B와 D는 모두 탁구 동호회에 가입하였다.

③ C는 B와 모두 같은 동호회에 가입하였다.

④ C가 가입한 등산 동호회에는 D가 가입하지 않았다.

⑤ 탁구 동호회에는 B, C, D 3명이 가입하였다.

09 ④

지역별 외국선이 차지하는 비중은 다음과 같다.

일본	기타 아시아	기타 대륙	기타
$\dfrac{29,016}{44,743} \times 100 \fallingdotseq 64.9(\%)$	$\dfrac{265,958}{320,417} \times 100 \fallingdotseq 83.0(\%)$	$\dfrac{476,868}{494,409} \times 100 \fallingdotseq 96.5(\%)$	$\dfrac{749}{795} \times 100 \fallingdotseq 94.2(\%)$

따라서 세 번째로 높은 지역은 기타 아시아이다.

| 오답풀이 |

① [표1]의 총합계를 통해 꾸준히 증가함을 확인할 수 있다.

② [표2]의 지역별 수입 합계와 수출 합계 비교를 통해 확인할 수 있다.

③ 수출 해운 화물의 국적선과 외국선 수송량 차이는 다음과 같다.

2013년	2014년	2015년	2016년	2017년	2018년	2019년
270,614	293,965	292,663	311,423	319,688	317,858	343,750

따라서 수송량 차이가 300백만 RT 이상인 해는 2016~2019년으로 총 4개이다.

⑤ $\frac{17,764}{54,187} \times 100 \fallingdotseq 32.8(\%)$로 30% 이상이다.

10 ①

E는 F와 결승에서 만날 수 없으므로 같은 준결승 조이거나 같은 예선 조인데, D는 F와 예선에서 시합을 하므로 D와 F가 같은 예선 조, D, F와 E는 같은 준결승 조임을 알 수 있다. 또한, A는 B, H와 결승에서 만날 수 있으므로 A와 B, H는 다른 준결승 조이고 B와 H는 같은 준결승 조이거나 같은 예선 조이다. 이때 이미 D, F, E는 같은 준결승 조이므로 B, H는 해당 준결승 조에 들어갈 수 없다. 따라서 D, F, E, A가 같은 준결승 조이며, B, H, C, G가 같은 준결승 조이다. C가 예선2조이므로 B, H, G는 각각 예선1조 또는 예선2조이다. D와 F는 같은 예선 조이므로 E와 A가 같은 예선 조이며, 각각 예선3조 또는 예선4조이다. 이에 따라 가능한 모든 경우는 다음과 같다.

예선1조	예선2조	예선3조	예선4조
B, G	C, H	D, F	A, E
B, H	C, G	D, F	A, E
G, H	B, C	D, F	A, E
B, G	C, H	A, E	D, F
B, H	C, G	A, E	D, F
G, H	B, C	A, E	D, F

따라서 A와 E는 예선3조에서 만나거나 예선4조에서 만난다.

11 ③

남은 3곳의 계약을 따내는 경우의 수는 다음과 같다.
- A사가 총 3군데 계약을 따낼 확률: $_3C_2 \times (0.6)^2 \times (0.4)^1 = 0.432$
- A사가 총 4군데 계약을 따낼 확률: $_3C_3 \times (0.6)^3 \times (0.4)^0 = 0.216$

따라서 A사가 B사보다 더 많은 계약을 따낼 확률은 $0.432 + 0.216 = 0.648 = 64.8(\%)$이다.

12 ⑤

ⓒ 2000년만 '전문대졸 < 고졸 < 대졸 이상'이며, 나머지는 '고졸 < 전문대졸 < 대졸 이상'이다.

ⓒ 2000년 대비 2016년 임금의 증가율은 다음과 같다.

- 남자: $\frac{2,365 - 1,126}{1,126} \times 100 \fallingdotseq 110(\%)$

- 여자: $\frac{2,187 - 999}{999} \times 100 \fallingdotseq 118.9(\%)$

따라서 여자와 남자의 임금 증가율은 각각 110% 이상이다.

ⓔ 남녀의 임금비는 다음과 같다.

2010년	2011년	2012년	2013년	2014년	2015년	2016년
1.123	1.084	1.080	1.080	1.076	1.085	1.081

따라서 남녀의 임금비는 매년 1 이상이다.

⊙ 2016년의 전년 대비 임금 증가율은 다음과 같다.

고졸	전문대졸	대졸 이상
3.9%	1.9%	2.4%

따라서 학력과 임금 증가율은 아무 관계가 없다.

문제풀이 TIP

⊙ 고졸의 임금이 제일 적은 상태에서 가장 큰 폭으로 증가하였으므로, 고졸의 증가율이 가장 높다는 것을 쉽게 알 수 있다. 따라서 학력이 높을수록 임금 증가율이 높은 것은 아니다. ⊙이 옳지 않으므로 선택지 구조상 ⓒ은 확인할 필요가 없다.
ⓔ 남녀의 임금비가 1 이상이려면 (남자 임금비)>(여자 임금비)여야 한다. 따라서 남자 임금비가 여자 임금비보다 큰 지 여부만 빠르게 확인해 나갈 수 있도록 한다.

13 ④

남자와 여자의 전년 대비 임금 증가율은 다음과 같다.

구분	2012	2013	2014	2015	2016
남자	3.8%	3.5%	4.9%	1.5%	2.7%
여자	4.1%	3.6%	5.2%	0.8%	3.1%

따라서 정답은 2015년이다.

문제풀이 TIP

2015년의 경우 여자의 임금 상승폭은 16이고, 남자의 임금 상승폭은 35로 여자의 2배이다. 그에 반해 기준이 되는 2014년 임금 차이는 10% 남짓하므로 남자의 임금 상승률이 더 높다는 것을 쉽게 알 수 있다.

14 ④

전제1을 만족하는 벤다이어그램은 [그림1]과 같다.

[그림1]

이 상태에서 '문제'와 '필기시험' 사이에 공통영역이 존재한다는 결론을 반드시 만족하기 위해선 [그림2]와 같이 '필기시험'이 '체스'를 포함하면 된다.

[그림2]

[그림2]의 경우 문제를 잘 푸는 모든 사람이 필기시험에 강한 사람이 되었지만, some 개념은 all 개념을 포함하므로 결론을 위배하는 것은 아니다. 따라서 정답은 ④이다.

결론에 "어떤 ~는 ~이다."라는 some 개념이 있으므로 벤다이어그램을 활용한다. 문제를 잘 푸는 사람을 '문', 체스를 잘하는 사람을 '체', 필기시험에 강한 사람을 '필'이라고 표시하자.

전제1을 벤다이어그램으로 표현하면 [그림3]과 같다.

[그림3]

이 상태에서 ①을 만족하도록 '필'의 벤다이어그램을 그려보도록 하자. ①을 만족하기 위해선 '체'가 '필'을 포함하고 있어야 하므로 [그림4]와 같이 나타낼 수 있다.

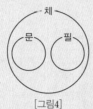

[그림4]

[그림4]에서는 문제를 잘 푸는 모든 사람이 필기시험에 강하지 않다. 즉, ①을 전제2로 세울 경우 결론이 도출되지 않으므로 ①은 전제2로 적절하지 않다.

이와 같은 방식으로 전제1과 ②~⑤를 만족하는 벤다이어그램을 각각 그렸을 때, 결론을 위배하는 반례가 하나라도 발생한다면 해당 선택지를 소거할 수 있다. ②는 [그림5], ③은 [그림6], ⑤는 [그림7]을 반례로 들 수 있으므로 정답이 될 수 없다.

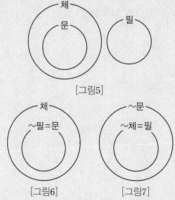

[그림5]

[그림6]　　　[그림7]

반면 ④를 전제2로 세우면 항상 결론을 만족하므로 정답은 ④이다.

15 ③

1열 도형은 2열과 3열 도형에서 공통되는 음영을 나타낸 것이다.

01	6개	02	8개	03	9개	04	15개	05	68개
06	9자루	07	15자루	08	14자루	09	12자루	10	86자루
11	2	12	6	13	38	14	191	15	11
16	13가지	17	24가지	18	44가지	19	274가지	20	927가지
21	18,447	22	38,773	23	4,059	24	2,618	25	265,162

[01~05]

중복되는 모양 없이 서로 다른 직사각형을 만드는 모든 가짓수를 구하는 방법은 가로와 세로의 조합을 찾는 경우의 수로 구할 수 있다.

즉, 가로의 길이를 1부터 시작하여 1씩 증가시키면서, 가로×세로의 길이가 N보다 작거나 같을 때까지 센다. 이때 중복을 막기 위해 세로의 길이를 가로의 길이보다 같거나 큰 수부터 증가시킨다.

예를 들어 N=4인 경우, 다음과 같은 조합으로 직사각형을 만들 수 있다.

• 가로: 1, 세로: 1, 2, 3, 4
• 가로: 2, 세로: 2

따라서 만들 수 있는 직사각형은 총 5개이다.

이를 바탕으로 문제를 풀이한다.

01 6개

N=5인 경우, 다음과 같은 조합으로 직사각형을 만들 수 있다.

• 가로: 1, 세로: 1, 2, 3, 4, 5
• 가로: 2, 세로: 2

따라서 만들 수 있는 직사각형은 총 6개이다.

02 8개

N=6인 경우, 다음과 같은 조합으로 직사각형을 만들 수 있다.

• 가로: 1, 세로: 1, 2, 3, 4, 5, 6
• 가로: 2, 세로: 2, 3

따라서 만들 수 있는 직사각형은 총 8개이다.

03 9개

N=7인 경우, 다음과 같은 조합으로 직사각형을 만들 수 있다.

• 가로: 1, 세로: 1, 2, … , 7
• 가로: 2, 세로: 2, 3

따라서 만들 수 있는 직사각형은 총 7+2=9(개)이다.

04 15개

N＝10인 경우, 다음과 같은 조합으로 직사각형을 만들 수 있다.
- 가로: 1, 세로: 1, 2, … , 10
- 가로: 2, 세로: 2, 3, 4, 5
- 가로: 3, 세로: 3

따라서 만들 수 있는 직사각형은 총 10＋4＋1＝15(개)이다.

05 68개

N＝35인 경우, 다음과 같은 조합으로 직사각형을 만들 수 있다.
- 가로: 1, 세로: 1, 2, … , 35
- 가로: 2, 세로: 2, 3, 4, … , 17
- 가로: 3, 세로: 3, 4, … , 11
- 가로: 4, 세로: 4, 5, 6, 7, 8
- 가로: 5, 세로: 5, 6, 7

따라서 만들 수 있는 직사각형은 총 35＋16＋9＋5＋3＝68(개)이다.

[06~10]

만약 쌀 22kg을 배달해야 하는데, 포대자루의 사이즈가 4kg, 6kg이라면 A가 배달할 수 있는 포대자루 조합은 다음과 같다.

(4kg, 6kg)＝(1자루, 3자루), (4자루, 1자루)

4kg 1자루와 6kg 3자루의 조합이 최소한의 포대자루 개수를 배달하는 경우이므로 총 1＋3＝4(자루)를 배달해야 한다.

이를 바탕으로 문제를 풀이한다.

06 9자루

N＝39, X＝2, Y＝9인 경우,

최소한의 포대자루 개수를 배달해야 하므로 9kg 포대자루 개수가 가장 많아야 한다. 39/9＝4 … 3인데, 9kg 포대자루를 4자루로 하면 남은 3kg은 2kg 포대자루로 구성할 수 없다.

9kg 포대자루 개수를 3자루로 하면, 2kg 포대자루 개수는 (39－27)/2＝12/2＝6(자루)이다.

따라서 총 3＋6＝9(자루)를 배달해야 한다.

07 15자루

N＝81, X＝3, Y＝7인 경우,

최소한의 포대자루 개수를 배달해야 하므로 7kg 포대자루 개수가 가장 많아야 한다. 81/7＝11 … 4인데, 7kg 포대자루를 11자루로 하면 남은 4kg은 3kg 포대자루로 구성할 수 없다.

7kg 포대자루 개수를 10자루로 하면 81－70＝11(kg)이 남는데 11kg 역시 3kg 포대자루로 구성할 수 없다.

7kg 포대자루 개수를 9자루로 하면, 3kg 포대자루 개수는 (81－63)/3＝18/3＝6(자루)이다.

따라서 총 9＋6＝15(자루)를 배달해야 한다.

08 14자루

N=111, X=4, Y=9인 경우,

최소한의 포대자루 개수를 배달해야 하므로 9kg 포대자루 개수가 가장 많아야 한다. 111/9=12 … 3인데, 9kg 포대자루를 12자루로 하면 남은 3kg은 4kg 포대자루로 구성할 수 없다.

9kg 포대자루 개수를 11자루로 하면, 4kg 포대자루 개수는 (111 - 99)/4=12/4=3(자루)이다.

따라서 총 11＋3=14(자루)를 배달해야 한다.

09 12자루

N=131, X=10, Y=11인 경우,

최소한의 포대자루 개수를 배달해야 하므로 11kg 포대자루 개수가 가장 많아야 한다. 131/11=11 … 10이므로 11kg 포대자루를 11자루로 하면 남은 10kg은 10kg 포대자루 1자루만 필요하다.

따라서 총 11＋1=12(자루)를 배달해야 한다.

10 86자루

N=1,024, X=8, Y=12인 경우,

최소한의 포대자루 개수를 배달해야 하므로 12kg 포대자루 개수가 가장 많아야 한다. 1,024/12=85 … 4인데, 12kg 포대자루를 85자루로 하면 남은 4kg은 8kg 포대자루로 구성할 수 없다.

12kg 포대자루를 84자루로 하면, 8kg 포대자루 개수는 (1,024 - 1,008)/8=16/8=2(자루)이다.

따라서 총 84＋2=86(자루)를 배달해야 한다.

[11~15]

수열 $\{N_1, N_2\}$에 대해 항등식 $R=N-Q \times D$를 생각하면 다음과 같은 식을 세울 수 있다.

$R_1=N_1-Q_1 \times D$

$R_2=N_2-Q_2 \times D$

위의 식을 변형하면 $N_1=R_1+Q_1 \times D$, $N_2=R_2+Q_2 \times D$이고, 나머지가 같다면 $R_1=R_2$이므로 $N_1-N_2=(Q_1-Q_2) \times D$이다. 즉, 모든 수를 어떤 자연수 D로 나누었을 때 모든 수의 나머지가 같다면 수열의 각 수의 차이로 새로운 수열을 구성했을 때 그 수열의 모든 수의 최대공약수는 D와 같다.

이에 따라 제시된 수열을 오름차순으로 나열하면 $\{2, 4, 6, 9, 10\}$이고 연속된 두 수의 차이를 구하여 새로운 수열로 나타내면 $\{2, 2, 3, 1\}$이다. 이때 1, 2, 3의 최대공약수는 1이다.

따라서 D가 될 수 있는 가장 큰 수는 1이다.

이를 바탕으로 문제를 풀이한다.

11 2

제시된 수열을 오름차순으로 나열하면 $\{2, 10, 12, 18, 32\}$이고, 연속된 두 수의 차이를 구하여 새로운 수열로 나타내면 $\{8, 2, 6, 14\}$이다. 이때 최대공약수는 가장 작은 수인 2보다 작거나 같고, 네 수는 모두 짝수이므로 최대공약수는 2이다.

따라서 D가 될 수 있는 가장 큰 수는 2이다.

12 6

제시된 수열을 오름차순으로 나열하면 {6, 18, 24, 48, 54}이고 연속된 두 수의 차이를 구하여 새로운 수열로 나타내면 {12, 6, 24, 6}이다. 이때 최대공약수는 가장 작은 수인 6보다 작거나 같고, 네 수는 모두 6의 배수이므로 최대공약수는 6이다.

따라서 D가 될 수 있는 가장 큰 수는 6이다.

13 38

제시된 수열을 오름차순으로 나열하면 {192, 230, 420, 648}이고 연속된 두 수의 차이를 구하여 새로운 수열로 나타내면 {38, 190, 228}이다. 이때 최대공약수는 가장 작은 수인 38보다 작거나 같고, 세 수는 모두 38의 배수이므로 최대공약수는 38이다.

따라서 D가 될 수 있는 가장 큰 수는 38이다.

14 191

제시된 수열을 오름차순으로 나열하면 {601, 1,365, 1,938, 2,320, 2,702}이고 연속된 두 수의 차이를 구하여 새로운 수열로 나타내면 {764, 573, 382, 382}이다. 이때 764−573=191이고, 네 수는 모두 191의 배수이므로 최대공약수는 191이다.

따라서 D가 될 수 있는 가장 큰 수는 191이다.

15 11

제시된 수열을 오름차순으로 나열하면 {282, 524, 700, 755, 865, 942, 1,184}이고 연속된 두 수의 차이를 구하여 새로운 수열로 나타내면 {242, 176, 55, 110, 77, 242}이다. 이때 최대공약수는 가장 작은 수인 55보다 작거나 같고, 55의 약수는 1, 5, 11, 55이므로 여섯 수의 최대공약수는 1, 5, 11, 55 중 하나인데 여섯 수는 모두 11의 배수이므로 최대공약수는 11이다.

따라서 D가 될 수 있는 가장 큰 수는 11이다.

[16~20]

A(N)=N을 1, 2, 3의 합으로 나타내는 경우의 수라고 가정한다.

N=4라면, 1, 2, 3의 합으로 4를 나타내는 방법은 다음과 같다.

1, 3
2, 2
3, 1
1, 1, 2
1, 2, 1
2, 1, 1
1, 1, 1, 1

다음과 같이도 풀이할 수 있다.

• 3을 1, 2, 3의 합으로 나타내는 방법: 1+1+1, 1+2, 2+1, 3
• 2를 1, 2, 3의 합으로 나타내는 방법: 1+1, 2
• 1을 1, 2, 3의 합으로 나타내는 방법: 1

위 경우의 수에서, 각 방법에 1, 2, 3을 더한 것이 A(4)와 같다는 것을 알 수 있다.

1, 2, 3의 합으로 나타내는 방법이 그 이전까지의 경우의 수에 각각 1, 2, 3을 더하면 만들 수 있다는 동적 프로그래밍의 원리를 떠올리면 쉽게 점화식을 구할 수 있다.

따라서 $A(n)=A(n-1)+A(n-2)+A(n-3)$이고, $A(4)=A(3)+A(2)+A(1)=4+2+1=7$이다.

이를 바탕으로 문제를 풀이한다.

16 13가지

$A(5)=A(4)+A(3)+A(2)=7+4+2=13$

따라서 1, 2, 3의 합으로 나타내는 방법의 수는 13가지이다.

17 24가지

$A(6)=A(5)+A(4)+A(3)=13+7+4=24$

따라서 1, 2, 3의 합으로 나타내는 방법의 수는 24가지이다.

18 44가지

$A(7)=A(6)+A(5)+A(4)=24+13+7=44$

따라서 1, 2, 3의 합으로 나타내는 방법의 수는 44가지이다.

19 274가지

$A(10)$을 구성하는 $A(9)$, $A(8)$, $A(7)$을 더 하위의 경우로 쪼개면 하나하나 계산할 필요 없이 답을 구할 수 있다.

$$
\begin{aligned}
A(10)&=A(9)+A(8)+A(7)\\
&=(A(8)+A(7)+A(6))+(A(7)+A(6)+A(5))+(A(6)+A(5)+A(4))\\
&=\{(A(7)+A(6)+A(5))+A(7)+A(6)\}+(A(7)+A(6)+A(5))+(A(6)+A(5)+A(4))\\
&=3A(7)+4A(6)+3A(5)+A(4)=3\times44+4\times24+3\times13+7=274
\end{aligned}
$$

따라서 1, 2, 3의 합으로 나타내는 방법의 수는 274가지이다.

20 927가지

$$
\begin{aligned}
A(12)&=A(11)+A(10)+A(9)\\
&=(A(10)+A(9)+A(8))+A(10)+A(9)=2A(10)+2A(9)+A(8)\\
&=2\times274+2(A(8)+A(7)+A(6))+(A(7)+A(6)+A(5))\\
&=2\times274+2\{(A(7)+A(6)+A(5))+A(7)+A(6)\}+(A(7)+A(6)+A(5))\\
&=2\times274+5A(7)+5A(6)+3A(5)\\
&=2\times274+5\times44+5\times24+3\times13=927
\end{aligned}
$$

따라서 1, 2, 3의 합으로 나타내는 방법의 수는 927가지이다.

문제풀이 TIP

동적계획법의 기본 원리를 고려해보고, 이전 단계와 현재 단계를 연관지어 문제를 해결하는 방법에 대해 생각한다.

각 알파벳이 숫자를 차지하는 비중을 구하고, 비중이 가장 큰 알파벳부터 큰 수를 부여해주면 쉽게 해결할 수 있다. 예를 들어, ABC, BCA가 주어진 경우, ABC=100A+10B+C이고, BCA=100B+10C+A가 된다. 두 수의 합은 101A+110B+11C가 되므로, 계수가 가장 큰 B에 9를, A에 8을, C에 7을 순서대로 부여해주면 합이 가장 큰 경우를 만들 수 있다.

따라서 가능한 수의 합 중 최댓값은 1,875이다.

이를 바탕으로 문제를 풀이한다.

21 18,447

ABCD=1,000A+100B+10C+D

DCBA=1,000D+100C+10B+A

주어진 모든 수를 합하면 1,001A+1,001D+110B+110C이다.

따라서 A, D, B, C에 순서대로 9, 8, 7, 6(비중이 동일한 경우, 수를 대입하는 순서는 상관 없음)을 부여해주면 최댓값은 9,009+8,008+770+660=18,447이다.

22 38,773

AABB=1,000A+100A+10B+B

ABAB=1,000A+100B+10A+B

ABBA=1,000A+100B+10B+A

BAAB=1,000B+100A+10A+B

주어진 모든 수를 합하면 3,221A+1,223B이다.

따라서 A에 9를, B에 8을 부여해주면 최댓값은 28,989+9,784=38,773이다.

23 4,059

ABC=100A+10B+C

DEF=100D+10E+F

GHI=100G+10H+I

IHG=100I+10H+G

FED=100F+10E+D

CBA=100C+10B+A

주어진 모든 수를 합하면 101A+101C+101D+101F+101G+101I+20B+20E+20H이다.

따라서 A=9, C=8, D=7, F=6, G=5, I=4, B=3, E=2, H=1을 부여해주면 최댓값은 3,939+120=4,059이다.

24 2,618

AAD=100A+10A+D

EBB=100E+10B+B

CFC=100C+10F+C

주어진 모든 수를 합하면 110A+101C+100E+11B+10F+D이다.

따라서 A=9, C=8, E=7, B=6, F=5, D=4를 부여해주면 최댓값은 990+808+700+66+50+4=2,618이다.

25 265,162

ABCDE＝10,000A＋1,000B＋100C＋10D＋E

BCDEF＝10,000B＋1,000C＋100D＋10E＋F

CDEFG＝10,000C＋1,000D＋100E＋10F＋G

주어진 모든 수를 합하면 11,100C＋11,000B＋10,000A＋1,110D＋111E＋11F＋G이다.

따라서 C＝9, B＝8, A＝7, D＝6, E＝5, F＝4, G＝3을 부여해주면 최댓값은 99,900＋88,000＋70,000＋6,660＋555＋44＋3＝265,162이다.

01 ①

현재 둘째의 나이를 x라고 하면 현재 첫째의 나이는 $x+4$이다. 현재 영희의 나이를 y라고 하면, 영희의 나이는 두 자녀의 나이의 합의 세 배이므로 $y=3(2x+4)=6x+12$가 성립한다.

5년 후 영희의 나이는 $y+5$, 두 자녀의 나이의 합은 $2x+14$이고 그 비가 7:4이므로 $7(2x+14)=4(y+5)$가 성립하고, 이 식에 $y=6x+12$를 대입하면 $x=3$이다.

따라서 현재 둘째의 나이는 3살이다.

02 ②

5% 농도의 소금물 100g 안에는 소금이 $\frac{5}{100}\times100=5(g)$, 7% 농도의 소금물 200g 안에는 소금이 $\frac{7}{100}\times200=14(g)$ 들어있다. 이에 따라 변화된 비커 A의 농도는 $\frac{5+14}{100+200}\times100=\frac{19}{3}(\%)$이다.

비커 B에 소금을 xg 추가했을 때 농도는 $\frac{5+x}{100+x}\times100$이고, 변화된 비커 A의 농도 $\frac{19}{3}\%$와 같아야 하므로 다음과 같은 식이 성립한다.

$$\frac{5+x}{100+x}\times100=\frac{19}{3} \rightarrow x=\frac{400}{281}$$

따라서 x의 값은 $\frac{400}{281}$이다.

03 ⑤

1월의 매출액 대비 영업이익은 $\frac{36}{200}\times100=18(\%)$, 12월은 $\frac{54}{300}\times100=18(\%)$이므로 서로 같다.

| 오답풀이 |

① [그래프]를 통해 7월 매출액이 2020년 중 월별 최대치임을 알 수 있다. 그리고 이때의 매출액 대비 영업이익은 $\frac{96}{400}\times100=24(\%)$이다.

② 8월의 매출액은 380천만 원이므로 7월 대비 $\frac{400-380}{400}\times100=5(\%)$ 감소하였다.

③ 매출액이 최저일 때는 1월의 200천만 원이고, 최고일 때는 7월의 400천만 원이다. 따라서 월별 매출액의 최고 수치와 최저 수치는 정확히 2배 차이가 난다.

④ 1월의 영업이익은 36천만 원이고, 7월의 영업이익은 96천만 원이므로 두 달에 대해서 영업이익의 차는 $96-36=60$(천만 원) 즉, 6억 원이다.

04 ①

②, ③, ④, ⑤는 모두 유의관계이고, ①은 반의관계이다.

• 예탁: 부탁하여 맡겨 둠
• 인출: 끌어서 빼냄. 예금 따위를 찾음

| 오답풀이 |

② 공포: 일반 대중에게 널리 알림

포고: 일반에게 널리 알림

③ 항설: 여러 사람의 입에서 입으로 옮겨지는 말

가설: 거리에 떠도는 말이나 화젯거리

④ 흠모: 기쁜 마음으로 공경하며 사모함

흔모: 기쁜 마음으로 공경하며 사모함

⑤ 추고: 거짓으로 핑계를 댐

가탁: 거짓으로 핑계를 댐

05 ③

수제화 부스는 가장 오른쪽에 위치하고 석민이가 운영하는 부스보다 왼쪽에 있는 부스를 운영하는 사람은 없으며, 기원이는 가장 오른쪽에서 두 번째에 위치한 부스를 운영한다.

						수제화 부스
석민					기원	

디저트 부스를 운영하는 사람은 하나이며, 애견용품 부스는 디저트 부스 바로 왼쪽에 위치하고 동희는 민규 바로 왼쪽에 위치한 부스를 운영하므로 다음과 같은 경우가 가능하다.

애견용품 부스	디저트 부스					수제화 부스
석민	하나	동희	민규		기원	

			애견용품 부스	디저트 부스		수제화 부스
석민		동희	민규	하나	기원	

진영이는 기원이와 이웃한 부스를 운영하므로 항상 수제화 부스를 운영한다.

06 ④

가희가 커피(참)를 시켰을 경우, 나희는 녹차(거짓)를 시키고 라희는 커피(참)를 시킨다. 나희의 말이 거짓이므로 커피를 시킨 사람은 두 명이 아니고, 가희가 녹차를 시켰다는 다희의 말도 거짓이 되어 다희는 녹차를 시킨 것이 된다. 이때 커피를 주문한 사람은 가희, 라희 두 명이므로 모순이 발생한다.

가희가 녹차(거짓)를 시켰을 경우, 나희는 커피(참)를 시키고 라희는 녹차(거짓)를 시킨다. 나희 말은 참이 되므로 커피를 시킨 사람은 두 명이고, 가희가 녹차를 시켰다는 다희의 말도 참이 되어 다희는 커피를 시킨 것이 된다. 이때 커피를 주문한 사람은 나희, 다희이고 모순이 발생하지 않는다.

07 ③

주어진 일의 양을 1이라고 하면 1시간 동안 사원은 $\frac{1}{5}$, 대리는 $\frac{1}{4}$만큼 일한다. 사원이 30분 동안 한 일의 양은 $\frac{1}{5} \times \frac{1}{2} = \frac{1}{10}$이므로 남은 일의 양은 $\frac{9}{10}$이다. 이에 따라 대리가 합류하여 남은 일을 하는 데 걸리는 시간은 $\frac{9}{10} \div \left(\frac{1}{5} + \frac{1}{4} \right) = 2$(시간)이다.

따라서 사원과 대리가 함께 일하는 시간은 2시간이다.

08 ①

정문으로 들어오는 사람의 수는 매분 40명씩 증가한다. 따라서 30분 동안 정문으로 들어온 관객 수의 합은 등차수열의 합 공식을 이용하면 $\dfrac{30 \times (2 \times 360 + 29 \times 40)}{2} = 28,200$(명)이다.

후문으로 들어오는 사람의 수는 매분 200명이다. 따라서 30분 동안 후문으로 들어온 관객 수의 합은 $30 \times 200 = 6,000$(명)이다.

따라서 30분 동안 정문과 후문으로 들어온 사람의 수의 합은 $28,200 + 6,000 = 34,200$(명)이고, 빈 객석은 $50,000 - 34,200 = 15,800$(석)이다.

09 ③

2012년 대비 2015년 징부연구개발사업투자비 증가율에 가장 가까운 값은 $\dfrac{\dfrac{3,200,000}{0.171} - \dfrac{2,700,000}{0.171}}{\dfrac{2,700,000}{0.171}} \times 100 = 19(\%)$ 이다.

문제풀이 TIP

0.171이 소거되고, 수치를 간단히 정리하면 $\dfrac{32-27}{27} \times 100 = \dfrac{5}{27} \times 100$이다. $\dfrac{5}{25} \times 100 = 20(\%)$이므로 $\dfrac{5}{27} \times 100$은 20%보다 조금 작은 수치임을 알 수 있다.

10 ②

우선 A조에는 기획부가 없으므로 A조에 홍보부, 영업부, 재무부가 있고, 나머지 B, C, D조에 기획부가 1명씩 있다. B조 사원의 부서는 C조 사원의 부서와 동일한데, 사원이 2명 있는 부서는 홍보부이므로 B조와 C조에 홍보부 사원이 있다. 재무부에는 과장이 2명 있으므로 B조와 D조에 재무부 과장이 있다. 또한 홍보부 사원 2명이 B조와 C조에 있으므로 남은 홍보부 직원인 홍보부 부장이 A조이고, 재무부 과장 2명이 B, D조이므로 재무부 차장도 A조이다. A조에 들어갈 영업부 직원은 부장과 차장이 될 수 없으므로 영업부 사원이 A조에 속해야 한다.

A조	B조	C조	D조
홍보부 부장 재무부 차장 영업부 사원	홍보부 사원 재무부 과장 기획부	홍보부 사원 기획부	재무부 과장 기획부

남은 영업부 직원 2명은 각각 C조와 D조에 들어가야 하는데, D조의 영업부와 기획부 직원의 직급이 같으므로 D조에는 영업부 부장과 기획부 부장이 들어가야 한다. 또한 C조와 D조의 직급은 겹치지 않으므로 C조에는 기획부 대리와 영업부 차장이 들어가며, B조의 기획부는 과장이다.

A조	B조	C조	D조
홍보부 부장 재무부 차장 영업부 사원	홍보부 사원 재무부 과장 기획부 과장	홍보부 사원 기획부 대리 영업부 차장	재무부 과장 기획부 부장 영업부 부장

B조에는 과장이 2명이므로 정답은 ②이다.

11 ①

사원 4명은 서로 붙어 앉으므로 사원 4명을 한 묶음으로 하여 전체 경우의 수를 원순열로 구하면 $(5-1)!$ $\times 4!=576$(가지)이다. 이 중에서 대리끼리 붙어 앉는 경우의 수인 $(4-1)!\times 4!\times 2!=288$(가지)를 제외해야 한다. 따라서 원탁에 앉을 수 있는 모든 경우의 수는 $576-288=288$(가지)이다.

12 ⑤

임의로 선택한 1개의 모니터 패널이 A회사로부터 납품받는 사건을 A, B회사로부터 납품받는 사건을 B, C회사로부터 납품받는 사건을 C, 불량품인 사건을 E라고 하면
$P(A)=0.2$, $P(B)=0.55$, $P(C)=1-(0.2+0.55)=0.25$이므로
$P(A\cap E)=P(A)\times P(E|A)=0.2\times 0.003=0.0006$
$P(B\cap E)=P(B)\times P(E|B)=0.55\times 0.002=0.0011$
$P(C\cap E)=P(C)\times P(E|C)=0.25\times 0.001=0.00025$
$\therefore P(E)=0.0006+0.0011+0.00025=0.00195$
따라서 구하고자 하는 확률은 $P(C|E)=\dfrac{P(C\cap E)}{P(E)}=\dfrac{0.00025}{0.00195}=\dfrac{5}{39}$이다.

13 ④

3열은 1열과 2열의 도형에서 공통으로 음영이 없는 곳을 표시한 것이다.

14 ⑤

전제2를 만족하는 벤다이어그램은 [그림1]과 같다.

[그림1]

여기에 전제1을 덧붙인 기본적인 벤다이어그램은 [그림2]와 같이 나타낼 수 있으며, '포장마차'와 '분식' 바깥의 공통영역에 해당하는 색칠된 부분이 반드시 존재해야 한다.

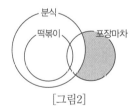

[그림2]

[그림2]에서 매개념 '분식'을 제외한 '떡볶이'와 '포장마차' 사이의 관계를 보면, 둘 사이에 뚜렷한 포함관계가 존재하진 않으나 최소한 색칠한 부분만큼은 '포장마차'와 '~떡볶이' 모두 공통으로 포함하고 있다는 것을 알 수 있다. 즉, '포장마차'와 '~떡볶이' 사이엔 반드시 공통영역이 존재한다. 따라서 정답은 ⑤이다.

전제1에 "～ 중에 ～이 있다."라는 some 개념이 있으므로 벤다이어그램을 활용한다. 분식을 '분', 포장마차에서 파는 것을 '포', 떡볶이를 '떡'이라고 표시하자. some 개념이 없는 전제2부터 벤다이어그램으로 표현하면 [그림3]과 같다.

[그림3]

여기에 전제1을 덧붙인 기본적인 벤다이어그램은 [그림4]와 같이 나타낼 수 있으며, '포'와 '분' 바깥의 공통 영역에 해당하는 색칠된 부분이 반드시 존재해야 한다.

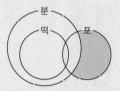

[그림4]

여기서 소거법을 사용하여 정답을 찾아보자. [그림4]를 보면 ①은 옳지 않다는 것을 알 수 있다. 한편 [그림4]의 색칠된 부분이 존재하기만 하면 '포'의 범위를 [그림5]와 같이 더 줄이거나, [그림6]과 같이 더 늘릴 수도 있다.

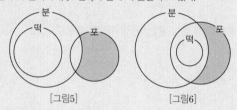

[그림5]   [그림6]

[그림5]의 경우 ②가 옳지 않으며, [그림6]의 경우 ③, ④가 옳지 않다는 것을 알 수 있다. 어떠한 경우에도 항상 참인 결론을 골라야 하므로 ①~④는 정답이 될 수 없고 소거법에 의해 ⑤가 정답임을 알 수 있다.

15 ①

확정적인 [조건]의 내용을 정리하면 다음과 같다.

춘범	우정	나미	혜영	지후
분식집				중국집
	서점		세탁소	

피자집에서 식사한 사람은 식사 후, 카페를 방문하였다. 피자집과 카페를 모두 방문할 수 있는 사람은 나미뿐이다.

춘범	우정	나미	혜영	지후
분식집		피자집		중국집
	서점	카페	세탁소	

마지막으로 중국집에서 식사를 한 사람은 코로나 확진자가 아니라고 했으므로 지후는 코로나 확진자가 아니다. 또한 코로나 확진자는 문구점에 방문하였다고 했으므로 문구점에 방문한 사람은 춘범이다.
따라서 춘범이 코로나 확진자이고, 식사를 한 장소는 분식집이다.

문제해결을 위해 모든 사람이 방문한 장소를 매칭할 필요는 없다. 코로나 확진자가 누구인지 파악할 수만 있다면 다른 사람의 방문 정보가 부족하더라도 문제를 해결할 수 있다.

01	11시간	02	10시간	03	14시간	04	28시간	05	40시간
06	3,059	07	96	08	5,985	09	105	10	233,415
11	1	12	4	13	5	14	4	15	6
16	80	17	14	18	40	19	20	20	50
21	4개	22	4개	23	4개	24	31개	25	211개

[01~05]

만약 클로이가 4개의 핸드폰과 3개의 충전기를 가지고 있고, 핸드폰은 충전을 위해 각각 4, 3, 1, 2시간을 필요로 한다면, 다음과 같이 풀이할 수 있다.

먼저, 각 핸드폰의 충전 시간이 오래 걸리는 순으로 3개를 정렬하면 4, 3, 2시간이므로 해당 3개의 핸드폰을 가장 먼저 충전한다. 이때 2시간이 지나면 2시간 충전이 필요한 핸드폰은 충전이 완료되므로 이어서 1시간 충전이 필요한 핸드폰을 충전한다.

따라서 충전이 4시간으로 가장 오래 걸리는 핸드폰의 충전 시간이 모든 핸드폰을 충전하기 위한 최소 시간이 된다. 이를 바탕으로 문제를 풀이한다.

01　11시간

충전하는 데 11, 9, 4시간이 걸리는 핸드폰을 먼저 충전하다가, 4시간 후 4시간 충전이 필요한 핸드폰의 충전이 완료되면 충전하는 데 3시간이 걸리는 핸드폰을 이어서 충전하고, 이후에는 충전하는 데 1시간이 걸리는 핸드폰을 이어서 충전한다.

따라서 모든 핸드폰을 충전하기 위한 최소 시간은 충전이 가장 오래 걸리는 핸드폰의 충전 시간인 11시간이다.

02　10시간

충전하는 데 9, 8, 6시간이 걸리는 핸드폰을 먼저 충전하다가, 6, 8, 9시간 후 각각 충전이 완료되면 충전하는 데 4, 2, 1시간이 걸리는 핸드폰을 각각 이어서 충전한다.

따라서 모든 핸드폰을 충전하기 위한 최소 시간은 10시간이다.

03　14시간

충전하는 데 10, 9, 8, 7시간이 걸리는 핸드폰을 충전하다가, 7, 8, 9, 10시간 후 각각 충전이 완료되면 충전하는 데 6, 5, 3, 4시간이 걸리는 핸드폰을 각각 이어서 충전한다. 이에 따라 처음 충전을 시작해서 12, 13시간 만에 7개의 핸드폰 충전이 완료되므로 나머지 2, 1시간이 걸리는 핸드폰을 각각 이어서 충전한다. 이를 표로 정리하면 다음과 같다.

충전 순서	충전기 1	충전기 2	충전기 3	충전기 4
1	10	9	8	7
2	4	3	5	6
3	—	2	1	—

따라서 모든 핸드폰을 충전하기 위한 최소 시간은 14시간이다.

04 28시간

충전하는 데 10, 9시간이 걸리는 핸드폰을 충전하다가, 9, 10시간 후 각각 충전이 완료되면 충전하는 데 8, 7시간이 걸리는 핸드폰을 각각 이어서 충전한다. 이에 따라 처음 충전을 시작해서 17시간 만에 4개의 핸드폰 충전이 완료된다.

충전하는 데 6, 5시간이 걸리는 핸드폰을 충전하다가, 5, 6시간 후 각각 충전이 완료되면 충전하는 데 4, 3시간이 걸리는 핸드폰을 각각 이어서 충전한다. 이에 따라 처음 17시간이 지나고, 추가로 9시간이 지나면 총 8개의 핸드폰이 충전된다. 마지막으로 충전하는 데 2, 1시간이 걸리는 핸드폰을 충전하면 모든 핸드폰의 충전이 완료된다.

따라서 모든 핸드폰을 충전하기 위한 최소 시간은 $17+9+2=28$(시간)이다.

05 40시간

충전하는 데 10시간이 걸리는 4개의 핸드폰을 먼저 충전하면 20시간 후 충전이 완료된다. 이후, 충전하는 데 10, 9시간이 걸리는 핸드폰을 충전하다가, 9, 10시간 후 각각 충전이 완료되면 충전하는 데 7시간, 5시간이 걸리는 핸드폰을 각각 이어서 충전한다.

5시간 후 충전이 먼저 끝난 충전기에 충전하는 데 3시간이 걸리는 핸드폰을 충전하고, 다른 하나의 충전기에는 충전하는 데 2시간이 걸리는 핸드폰을 충전한다. 이에 따라 처음 충전을 시작해서 $10+10+10+5+3=10+10+9+7+2=38$(시간) 만에 10개의 핸드폰이 충전된다. 마지막으로 충전하는 데 2, 1시간이 걸리는 핸드폰을 각각 충전하면 모든 핸드폰의 충전이 완료된다. 이를 표로 정리하면 다음과 같다.

충전 순서	충전기 1	충전기 2
1	10	10
2	10	10
3	10	9
4	5	7
5	3	2
6	1	2

따라서 모든 핸드폰을 충전하기 위한 최소 시간은 $38+2=40$(시간)이다.

> **문제풀이 TIP**
>
> 해당 문제는 Priority Queue(우선순위 큐), Min Heap에 대한 지식이 있다면 쉽게 풀 수 있다. 그러나 사전 지식이 없다고 하더라도 문제를 이해하면 충전 시간이 가장 긴 핸드폰부터 정렬한 채로 문제를 해결하는 것이 핵심 해결 포인트라는 점을 알 수 있다.

[06~10]

먼저, 가장 가치 있는 수의 우선순위를 정리하면 다음과 같다.

가장 큰 값의 홀수 > 홀수 > 가장 큰 값의 짝수 > 짝수

또한 홀수×홀수=홀수, 홀수×짝수=짝수, 짝수×짝수=짝수이므로 주어진 수에서 홀수가 1개 이상인 경우에는 모든 홀수만 곱한 것이 가장 가치 있는 수이고, 홀수가 없는 경우에는 모든 짝수를 곱한 것이 가장 가치 있는 수이다.

따라서 2, 3, 5 중에서 홀수만 곱했을 때 가장 가치 있는 수가 되므로 만들 수 있는 가장 가치 있는 수는 15이다.

이를 바탕으로 문제를 풀이한다.

06 3,059

주어진 수는 모두 홀수이므로 모든 홀수를 곱한 값이 가장 가치 있는 수이다. 따라서 만들 수 있는 가장 가치 있는 수는 $19 \times 23 \times 7 = 3,059$이다.

07 96

주어진 수는 모두 짝수이므로 모든 짝수를 곱한 값이 가장 가치 있는 수이다. 따라서 만들 수 있는 가장 가치 있는 수는 $8 \times 2 \times 6 = 96$이다.

08 5,985

주어진 수에서 홀수가 1개 이상이므로 홀수에 해당하는 19, 5, 7, 9를 모두 곱한 값이 가장 가치 있는 수이다. 따라서 만들 수 있는 가장 가치 있는 수는 $19 \times 5 \times 7 \times 9 = 5,985$이다.

09 105

주어진 수에서 홀수가 1개 이상이므로 홀수에 해당하는 3, 5, 7을 모두 곱한 값이 가장 가치 있는 수이다. 따라서 만들 수 있는 가장 가치 있는 수는 $3 \times 5 \times 7 = 105$이다.

10 233,415

주어진 수에서 홀수가 1개 이상이므로 홀수에 해당하는 57, 3, 7, 13, 15를 모두 곱한 값이 가장 가치 있는 수이다. 따라서 만들 수 있는 가장 가치 있는 수는 $57 \times 3 \times 7 \times 13 \times 15 = 233,415$이다.

[11~15]

길이가 N인 수열 X에 대해 $1 \leq i \leq N$인 DP[i]를 수열 X의 i번째 숫자를 마지막으로 하는 가장 긴 증가하는 부분 수열의 길이, X[i]를 수열 X의 i번째 수라고 하자. 이때 $1 \leq j \leq i-1$, X[i]>X[j]를 만족하는 임의의 j에 대해 DP[j]를 가장 큰 값이라고 하면 DP[i]=DP[j]+1이다.

이를 이용하여 수열 [1, 2, 4, 3, 15]의 증가하는 부분 수열의 길이를 구하면 다음과 같다.

DP[1]=1

DP[2]=DP[1]+1=2

DP[3]=DP[2]+1=3

DP[4]=DP[2]+1=3

($\because$ X[4]보다 작은 수는 X[1], X[2]이고, DP[1], DP[2] 중 가장 큰 값은 DP[2]인 2이므로 DP[4]=2+1=3이다.)

DP[5]=DP[4]+1=4

($\because$ X[5]보다 작은 수는 X[1], X[2], X[3], X[4]이고, DP[1], DP[2], DP[3], DP[4] 중 가장 큰 값은 DP[3] 또는 DP[4]인 3이므로 DP[5]=3+1=4이다.)

따라서 증가하는 부분 수열 중 길이가 가장 긴 부분 수열은 [1, 2, 4, 15], [1, 2, 3, 15]이 있고, 길이는 4이다.

위의 방법은 DP[i]의 값을 구할 때, 앞서 구했던 DP[j]의 값을 이용하는 Memoization 방법의 일종이다. 동적 프로그래밍의 원리를 떠올려, 한 단계씩 값을 구하면 쉽게 문제를 해결할 수 있다.

이를 바탕으로 문제를 풀이한다.

11 1

수열 [15, 13, 11, 9, 7, 1, 1]의 경우, 내림차순으로 나열된 수열이므로 증가하는 부분 수열의 길이는 2를 넘지 않는다.

따라서 증가하는 부분 수열 중 길이가 가장 긴 부분 수열의 길이는 1이다.

12 4

수열 [1, 4, 1, 3, 2, 9, 1, 5, 6]의 증가하는 부분 수열의 길이를 구하면 다음과 같다.

$DP[1]=1$

$DP[2]=DP[1]+1=2$

$DP[3]=1$

$DP[4]=DP[3]+1=2$

$DP[5]=DP[3]+1=2$

$DP[6]=DP[5]+1=3$

$DP[7]=1$

$DP[8]=DP[5]+1=3$

$DP[9]=DP[8]+1=4$

따라서 증가하는 부분 수열 중 길이가 가장 긴 부분 수열은 [1, 4, 5, 6], [1, 3, 5, 6], [1, 2, 5, 6]이 있고, 길이는 4이다.

13 5

수열 [1, 9, 8, 2, 3, 6, 10, 2]의 증가하는 부분 수열의 길이를 구하면 다음과 같다.

$DP[1]=1$

$DP[2]=DP[1]+1=2$

$DP[3]=DP[1]+1=2$

$DP[4]=DP[1]+1=2$

$DP[5]=DP[4]+1=3$

$DP[6]=DP[5]+1=4$

$DP[7]=DP[6]+1=5$

$DP[8]=DP[1]+1=2$

따라서 증가하는 부분 수열 중 길이가 가장 긴 부분 수열은 [1, 2, 3, 6, 10]이고, 길이는 5이다.

14 4

수열 [3, 1, 2, 1, 4, 1, 6, 1]의 증가하는 부분 수열의 길이를 구하면 다음과 같다.

$DP[1]=1$

$DP[2]=1$

$DP[3]=DP[2]+1=2$

$DP[4]=1$

$DP[5]=DP[3]+1=3$

$DP[6]=1$

$DP[7]=DP[5]+1=4$

$DP[8]=1$

따라서 증가하는 부분 수열 중 길이가 가장 긴 부분 수열은 [1, 2, 4, 6]이고, 길이는 4이다.

15 ⑥

수열 [1, 2, 3, 10, 9, 100, 1000, 7, 2]의 증가하는 부분 수열의 길이를 구하면 다음과 같다.

DP[1]=1
DP[2]=DP[1]+1=2
DP[3]=DP[2]+1=3
DP[4]=DP[3]+1=4
DP[5]=DP[3]+1=4
DP[6]=DP[5]+1=5
DP[7]=DP[6]+1=6
DP[8]=DP[3]+1=4
DP[9]=DP[1]+1=2

따라서 증가하는 부분 수열 중 길이가 가장 긴 부분 수열은 [1, 2, 3, 10, 100, 1,000], [1, 2, 3, 9, 100, 1,000]이 있고, 길이는 6이다.

[16~20]

무게 한계가 100 이하인 조합은 다음과 같다.
[교환일기, 네 컷 사진] → 가치 15
[네 컷 사진, 다이어리] → 가치 20
[교환일기] → 가치 10
[네 컷 사진] → 가치 5
[다이어리] → 가치 15

따라서 보관함에 물건들을 넣었을 때, 가장 가치가 높은 경우는 네 컷 사진과 다이어리를 넣었을 때이고, 그 가치는 20이다.

이를 바탕으로 문제를 풀이한다.

16 ⑧⓪

위의 문제를 동적 프로그래밍으로 해결하는 방법은 다음과 같다.

$DP[i][j]$를 i번째까지의 물건을 살펴볼 때, 보관함의 무게가 j인 경우 보관함에 들어간 물건 가치 합의 최댓값, $W[i]$를 i번째 물건의 무게, $V[i]$를 i번째 물건의 가치라고 가정하자.

이 경우, $DP[i][j]=Max(DP[i-1][j], DP[i-1][j-W[i]]+V[i])$가 된다.

먼저, 무게가 j인 보관함에 i번째 물건을 넣지 않았을 경우의 가치 합의 최댓값은 $DP[i-1][j]$이다. 그리고 무게가 j인 보관함에 i번째 물건을 넣었을 경우의 상황은 $DP[i-1][j-W[i]]+V[i]$가 된다. 즉 $(i-1)$번째 물건까지 넣고, 무게가 $(j-W[i])$인 보관함에 i번째 물건이 들어갔을 경우에 가치를 더하는 값이 되는 경우를 식으로 풀어낸 것이다. 이를 이용하여 식을 세우면 다음과 같다.

$DP[1][25]=50$
$DP[2][25]=70$
$DP[3][25]=3$번째까지의 물건을 살펴볼 때, 보관함의 무게가 25인 경우 보관함에 들어간 물건 가치 합의 최댓값이라면, 이는 $Max(DP[2][25], DP[2][25-10]+10)=Max(DP[2][25], DP[2][15]+10)=80$이다.
$DP[4][25]=4$번째까지의 물건을 살펴볼 때, 보관함의 무게가 25인 경우 보관함에 들어간 물건 가치 합의 최댓값이라면, 이는 $Max(DP[3][25], DP[3][25-40]+5)$인데 $DP[3][-15]$의 음수 부분은 무게가 초과되었다는 뜻이므로 $Max(DP[3][25])=DP[3][25]=80$이다.

17 14

DP[1][7]=13

DP[2][7]=Max(DP[1][7], DP[1][7−4]+8)=13

DP[3][7]=Max(DP[2][7], DP[2][7−3]+6)=14

DP[4][7]=Max(DP[3][7], DP[3][7−5]+12)=14

따라서 보관함에 보관할 수 있는 물건들의 가치가 최대인 경우에 그 가치는 14이다.

18 40

DP[1][20]=2

DP[2][20]=Max(DP[1][20], DP[1][20−2]+4)=6

DP[3][20]=Max(DP[2][20], DP[2][20−4]+8)=14

DP[4][20]=Max(DP[3][20], DP[3][20−8]+16)=30

DP[5][20]=Max(DP[4][20], DP[4][20−5]+10)=40

따라서 보관함에 보관할 수 있는 물건들의 가치가 최대인 경우에 그 가치는 40이다.

19 20

DP[1][7]=5

DP[2][7]=Max(DP[1][7], DP[1][7−7]+4)=5

DP[3][7]=Max(DP[2][7], DP[2][7−3]+7)=7

DP[4][7]=Max(DP[3][7], DP[3][7−2]+8)=15

DP[5][7]=Max(DP[4][7], DP[4][7−1]+5)=20

DP[6][7]=Max(DP[5][7], DP[5][7−4]+1)=20

따라서 보관함에 보관할 수 있는 물건들의 가치가 최대인 경우에 그 가치는 20이다.

20 50

DP[1][45]=2

DP[2][45]=Max(DP[1][45], DP[1][45−3]+4)=6

DP[3][45]=Max(DP[2][45], DP[2][45−5]+6)=12

DP[4][45]=Max(DP[3][45], DP[3][45−7]+8)=20

DP[5][45]=Max(DP[4][45], DP[4][45−9]+10)=30

DP[6][45]=Max(DP[5][45], DP[5][45−11]+12)=42

DP[7][45]=Max(DP[6][45], DP[6][45−13]+14)=50

DP[8][45]=Max(DP[7][45], DP[7][45−15]+16)=50

DP[9][45]=Max(DP[8][45], DP[8][45−17]+18)=50

따라서 보관함에 보관할 수 있는 물건들의 가치가 최대인 경우에 그 가치는 50이다.

[21~25]

15원을 만드는 방법은 다음과 같다.
- 1원 15개
- 5원 3개
- 1원 5개, 5원 2개
- 1원 10개, 5원 1개
- 10원 1개, 5원 1개

이에 따라 주어진 금액을 넘지 않는 가장 큰 동전부터 나열하면 필요한 동전 개수가 최소가 됨을 알 수 있다.

따라서 10원짜리 동전 1개, 5원짜리 동전 1개를 고르는 경우 필요한 동전 개수의 최솟값은 $1+1=2$(개)이다.

이를 바탕으로 문제를 풀이한다.

21 4개

80원을 넘지 않는 가장 큰 동전인 50원짜리 1개를 먼저 선택한다.

남은 금액인 30원을 채우기 위해 10원짜리 동전 3개를 선택한다.

따라서 필요한 동전 개수의 최솟값은 $1+3=4$(개)이다.

22 4개

211원을 넘지 않는 가장 큰 동전인 100원짜리 2개를 먼저 선택한다.

남은 금액인 11원을 채우기 위해 금액을 넘지 않으면서 가장 큰 동전인 10원짜리 동전 1개를 선택한다.

남은 금액인 1원을 채우기 위해 1원짜리 동전 1개를 선택한다.

따라서 필요한 동전 개수의 최솟값은 $2+1+1=4$(개)이다.

23 4개

1,006원을 넘지 않는 가장 큰 동전인 500원짜리 2개를 먼저 선택한다.

남은 금액인 6원을 채우기 위해 금액을 넘지 않으면서 가장 큰 동전인 5원짜리 동전 1개를 선택한다.

남은 금액인 1원을 채우기 위해 1원짜리 동전 1개를 선택한다.

따라서 필요한 동전 개수의 최솟값은 $2+1+1=4$(개)이다.

24 31개

9,988원을 넘지 않는 가장 큰 동전인 500원짜리 19개를 먼저 선택한다.

남은 금액인 488원을 채우기 위해 금액을 넘지 않으면서 가장 큰 동전인 100원짜리 동전 4개를 선택한다.

남은 금액인 88원을 채우기 위해 금액을 넘지 않으면서 가장 큰 동전인 50원짜리 동전 1개를 선택한다.

남은 금액인 38원을 채우기 위해 금액을 넘지 않으면서 가장 큰 동전인 10원짜리 동전 3개를 선택한다.

남은 금액인 8원을 채우기 위해 금액을 넘지 않으면서 가장 큰 동전인 5원짜리 동전 1개를 선택한다.

남은 금액인 3원을 채우기 위해 1원짜리 동전 3개를 선택한다.

따라서 필요한 동전 개수의 최솟값은 $19+4+1+3+1+3=31$(개)이다.

25 211개

101,010원을 넘지 않는 가장 큰 동전인 500원짜리를 먼저 선택하는데, 동전은 각각 200개씩 있으므로 500원짜리 200개를 선택한다.

남은 금액인 1,010원을 채우기 위해 금액을 넘지 않으면서 가장 큰 동전인 100원짜리 동전 10개를 선택한다.

남은 금액인 10원을 채우기 위해 10원짜리 동전 1개를 선택한다.

따라서 필요한 동전 개수의 최솟값은 200＋10＋1＝211(개)이다.

문제풀이 TIP

해당 문제는 매 순간마다 K원을 넘지 않으면서도 가장 큰 동전의 값을 고르는 경우를 구해나가는 그리디 알고리즘 방식으로 빠르게 해결이 가능하다.

정답과 해설

에듀윌 취업
SSAFY 통합 기본서
SW적성진단+에세이+면접 4일끝장

펴낸곳 (주)에듀윌　**펴낸이** 김재환　**출판총괄** 김형석
개발책임 김기임, 윤은영　**개발** 김성미, 금혜원
주소 서울시 구로구 디지털로34길 55 코오롱싸이언스밸리 2차 3층
대표번호 1600-6700　**등록번호** 제25100-2002-000052호
협의 없는 무단 복제는 법으로 금지되어 있습니다.

고객의 꿈, 직원의 꿈, 지역사회의 꿈을 실현한다

에듀윌 도서몰 book.eduwill.net
• 부가학습자료 및 정오표: 에듀윌 도서몰 → 도서자료실
• 교재 문의: 에듀윌 도서몰 → 문의하기 → 교재(내용, 출간) / 주문 및 배송